아직 희망을 버릴때가 아니다

아직 희망을
버릴때가 아니다

하종강 지음

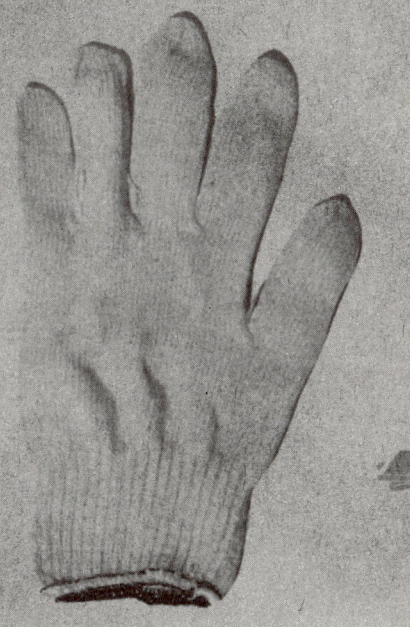

한겨레출판

머리말

 가장 먼저 시작한 책이 가장 늦게 나왔다. 고경태 기자의 주선으로 "책 한 권 내자"고 의기투합해 김수영 부장과 밥 한 그릇 같이 먹은 것이 기억에도 가물가물한 2003년 여름이었지 싶다. 그동안 다른 출판사에서 책을 내자는 연락이 올 때마다, 먼저 책을 내기로 약속한 곳이 있다고 답했고 그러면 그쪽에서는 계약서를 썼느냐고 물었다. 그때마다 나는 "밥 한 그릇 같이 먹으며 말로만 한 약속이지만 지켜야 한다"고 했다.
 몇 년을 뜸 들인 책이 나올 수 있게 된 것은 역설적이게도 내가 많이 아팠던 덕(?)이다. 지난여름, 의사에게 글쓰기는 물론 책 읽기조차 잠시 중단하라는 말을 들었다. 가능하면 깊이 생각하는 일도 하지 마라 했고, 정 무료하면 만화책 정도는 봐도 괜찮다고 했다. 딸아이가 내 수첩을 빼앗듯 들고 일일이 전화를 해서 두 달 쯤의 일정들을 모두 취소했고, 휴대폰으로 걸려오는 전화도 식구들이 대신 받았다.
 더운 여름이라 창문을 활짝 열고 방안에 누워 있으면 층이 낮은 우리 집 안방에서는 아파트 마당에서 사람들이 말하는 소리가 고스란히 들렸다. 엄마들이 아이들을 유치원에 보내며 인사하는 소리, 재활용 쓰레기를 수거하러 온 일꾼들이 일부 몰상식한 주민들의 비협조 때문에 혼잣말로 구시렁거리는 소리까지 다 들렸다. 누워 있으면서도 '저 사람들은 정규직일까?' 그것이 궁금했다. 꼬박 누워 있다가 병원에 가느라고 일주일 만에 집 밖으로 나오면 차창 밖의 풍경들과 사람들 모습만 봐도 마치 외출 나온 군인처럼 마음이 설레었다.

내가 그렇게 누워 있는 동안 영화 〈화려한 휴가〉와 〈디 워〉가 상영됐고, 허위학력 논란이 사회를 온통 들끓게 했고, 이랜드와 코스콤과 망향 휴게소 노동자들 싸움이 시작됐다. 나는 그 일들을 모두 통나무처럼 누운 채 '시체 놀이'를 하며 맞고 보내야 했다.

인간은 얼마나 간사한지 농성장에 같이 있지 않다는 것만으로도 쉽게 객관자가 돼버린 것 같았다. 내가 그렇게 편안히 누워 세상의 온갖 갈등을 바라보며 나름대로 생각을 정리하는 일은 마치 과일 알레르기로 죽을 고비를 몇 번씩 넘기며 고생하는 사람에게 "먹다 보면 익숙해질 거야"라고 교양 있는 말씨로 충고하는 행위처럼 느껴져 마음이 불편했다.

영화 〈화려한 휴가〉를 보며 눈물짓던 사람들은 "광주 정신을 되살리는 길은 일자리 창출"이라는 대선 후보의 말에 고개를 끄덕였고, 한 달 80만 원을 위해 목숨을 거는 비정규직 노동자들에게는 "불순한 민주노총에게 놀아난다"고 따가운 눈총을 주기도 했다. 어느덧 영화들은 모두 막을 내렸고, 허위학력 논란도 사람들의 머릿속에서 점차 잊혀져가고 있지만, 이랜드와 코스콤 노동자들의 농성 천막은 추운 칼바람 속에도 그대로 서 있고 망향 휴게소 노조 위원장은 지금도 차디찬 감옥에서 겨울을 난다.

꼬박 두 달을 누워 있다시피 보내고 일어나 앉아 비정규직 관련 자료들을 추렸다. 본격적으로 일을 시작하기 전이라 잠시 벌어진 틈새에 이

머리말

원고들도 손에 잡을 수 있었다.

  최근 몇 년 동안 나온 내 책들은 대부분 이 책에 실리기로 한 원고를 제외하는 조건으로 선택된 내용들이었다. 가장 처음에 내가 고른 글들 중에서 추려진 이 책은 나의 눈높이를 스스로 드러내는 것이어서 여간 조심스럽지 않다. '하종강은 딱 여기까지이다, 더도 덜도 아니다.' 그런 두려운 마음으로 세상에 내민다.

  "어느 날 문득 생각해보니 자기가 하는 일에 대해 내가 너무 모르고 있더라"는 아내의 말을 듣고, 내 주변의 일들을 아내에게 전해주기 위해 끼적거리기 시작한 것이 이 모든 기록들의 시작이었다. 아내에게 고맙다.

2008년 1월
새해의 기운이 아직 사라지기 전
하종강 씀

추천의 글

하종강 선배가 새로 낼 책의 추천 글을 써 달라고 연락을 했다. 비정규직이 된 뒤부터 대체로 사람들 앞에서 몸을 사리게 된 나는 당연히 사양했다. "추천 글은 유명하고 글도 잘 쓰는 분에게 써 달라고 하세요. 그래야 책이 많이 팔리지요."

하 선배는 "들레(내 별명)처럼 유명하지 않은, 그러나 나를 잘 아는 가까운 사람의 글을 꼭 받고 싶다. 평소 나한테 가졌던 억하심정을 가감 없이 써도 된다"고 했다. 꼼짝 못하고 원고 마감 날짜를 물을 수밖에…….

하종강의 글에는 그가 길에서 만났던 착한 사람들의 사연이 가득 들어 있다. 문명사회에서는 도저히 겪어서는 안 될 고통을 겪고 있는 사람들, 그래서 머리띠를 두르고 싸움을 할 수밖에 없었던 사람들……. 그 사람들은 인간 하종강에게 '존재의 이유'처럼 보인다.

내가 하종강을 만나 듣는 이야기의 90퍼센트는 늘 노동자들에 관한 내용으로 채워졌다. 그는 사랑에 달뜬 사람처럼 노동자들 이야기를 하다가 갑자기 목이 메어 말을 잇지 못할 때가 많았다. 눈물 괸 얼굴을 마주하면 '이 사람은 영혼이 맑은 사람' 이라는 느낌이 들곤 했다. 내가 아는 하종강은 '노동자는 선(善)'이라는 관점을 일관되게 지켜온 사람이다. 그는 논쟁에서 지더라도, 자신이 결코 외면할 수 없는 사람들의 편에 서기로 결심한 듯하다.

가난한 사람들의 고통을 역지사지(易地思之)하지 않는 세상, 기본권을 지키려는 정당한 싸움마저도 이기주의로 몰아붙이는 세상에서 싸우는 사람들에게 물을 떠주러 다니느라 바빴던 하종강은 작년에 꽤 심하게 앓았다. 전국을 뱅뱅 돌며 날마다 서너 차례씩 강연을 하고 차 안에서 웅크리고 자거나 밤을 새며 글을 쓴 지 20년이 넘었으니 무쇠가 아닌 그의 몸이 지칠 만했다.

위태로운 삶을 지켜보던 그의 아내 유명선 씨가 사람들에게 도움을 호소하자, 지인들이 내게도 연락을 해 "하종강 소장님 좀 어떻게 해보라"라고 했다. 하 선배에게 전화를 걸어 "일을 좀 줄이라"고 부탁드렸지만 별 소용이 없었다. 그의 아이들 지운이와 규운이에게 어렸을 때부터 "우리는 이렇게 행복하게 산다우 따위의 자랑 말고, 우리가 행복하게 사는 기록을 오래도록 남긴다는 의미 말고, 우리가 만드는 가족 신문이 이 땅의 어렵고 가난한, 죄 없이 고통받는 다른 사람들에게 작은 도움이라도 될 수 있는 방법을 찾을 때까지 가족 신문 만드는 것을 잠시 연기해야 한다"고 타일렀던 하종강의 인생이 좀 편해지려면, 그에게 일을 줄이라고 요구하는 것보다 죄 없이 고통받는 사람들을 줄이는 데 힘을 보태는 게 빠를지도 모르겠다.

우리 사회 노동문제의 가장 중요한 화두가 비정규직이라는 것, 양극화는 성장으로 해결되지 않는다는 것, 새 정부는 그에 대한 문제의식조차 없기 때문에 앞으로 더욱 심각해질 수 있을 것이라는 많은 사람들의 주장에 공감한다. 이해관계로 날이 선 세상에서 효율과 분배의 균형을 맞추는 게 결코 만만한 일이 아니라는 것을 나는 삶을 통해 몸서리치도록 깨우쳤다. 밥을 굶는 이웃에게 기꺼이 내 밥 한 술을 덜어주는 마음, 인간의 존엄함에 대한 성찰이 없는 사회가 '인간을 위한 제도'를 가질 수 있을 것이라고 기대하기는 어렵다.

하종강이 온 힘을 다해 말하고 글로 써왔던 사회적 약자들의 연대와 진정성은 '인간을 위한 제도'를 만드는 거름이 될 것이다. 또 제도와 현실 사이의 거리를 좁히는 의미 있는 대안이 될 것이다. 그래서 나는 하종강의 낮은 목소리가 세상 곳곳으로 따뜻하게 퍼져가기를 바란다.

하 선배는 "나에 대한 억하심정을 써도 된다"고 했는데 결국 칭찬만 하고 말았다. 멍석을 깔아주었는데도 노래를 못 부른 사람의 애석함이 없지 않지만, 줄 때는 넉넉하게……. 주먹 불끈 쥐고 말하며 추천의 글을 맺는다.

"하 선배, 힘내세요."

민들레 새잎을 기다리며, 광주에서
박영란 씀

차례

- 머리말 5
- 추천의 글 8

1부
어디서 무엇이 되어 다시 만나랴

검은 장갑	16
자장면과 볶음밥	22
어린이집 선생님	28
썩을 놈의 세상	36
참치잡이 외항 선원	41
할머니 이야기	47
43번지의 형제	60
어디서 무엇이 되어 다시 만나랴	63
나의 이상형	69
그래도 좋은 곳에	73
피눈물을 뿌리며	77
그 이름, 세 글자	81
고문이 나에게 가르쳐준 것	84

2부
죽는다 해도 지지는 않는다

골리앗 노동자	98
대천 철도 노동자	105
예쁜 옷과 고운 화장	111
약속은 지킨다	115
단벌 신사	122
'58년 개띠'	124
눈물의 생리휴가	129
역사의 기관차	133
무노동 무임금을 자본가에게	137
밑져야 본전	140

희망을 키워갈 때	143
노동조합을 만들고 달라진 것	146
노동조합의 영광을 가리는 길	149
할머니 환경 미화원	152
이제는 말할 수 있다	156

**3부
옷깃을 여미며**

막차에서 만난 사람	162
목포행 고속버스	165
'하종강의 노동 시대'	167
옷깃을 여미며	170
죽음 곁에서	172
무섭도록 성실한	175
노동 대학에 가다	179
안동에서 만난 아줌마	183
의사를 찾습니다	186
완주 기행	190
담배에 관한 추억	195
그의 손이 한 번 스치면	200
내 친구의 별명	203
주례를 서다	206

**4부
어느 편에 설 것인가?**

햄스터에게 배우다	216
그렇게 말할 수 있는 사람은 누구인가	219
스포츠 기자와 이라크 전쟁	222
어느 편에 설 것인가?	225
그들도 우리처럼	230
〈빌리 엘리어트〉와 〈인랑〉	234
살아남은 후배에게	237
노동절에 생각한다	244
'학벌'이란	247
톨스토이 예술론	252

5부
살며 사랑하며

첫눈	258
가족 신문	260
14년 만에 양복을 입다	266
아들과의 전쟁	273
시험 성적	277
세상의 모든 아버지들	282
찹쌀떡	287
돈 봉투와 휴지 한 상자	290
박ㅇ스와 떡과 편지	292
엄마의 생일 선물	296
이대로 살 수 없다!	300
아내에 관한 추억	302
광복절과 운동화	312

6부
아직 희망을 버릴 때가 아니다

노동문제, 좀 제대로 가르치자	316
제발 열등감이라도 좀 느끼며 살자	319
공무원 노조 탄압하는 정부의 '생떼'	322
여성 노동자 강주룡과 KTX 여승무원	325
대학생들의 시험 답안지	328
은행 지점장의 전화	331
병원 파업과 의료 공공성의 관계	334
노동자 권리와 역사의 순리	337
분단이 빼앗은 노동자 권리	340
전태일 정신을 아십니까?	343
노동조합은 '공공의 적'이 아니다	346
분노를 억누를 줄 아는 지혜	349
30년이 되도록 이뤄지지 않는 꿈	352
이주노동자들의 작은 승리, 큰 슬픔	355
어느 택시 기사와 나눈 대화	358
언제 적 '나체 시위'인가	361
부자 정치인의 계급의식	364
민주화의 진짜 주역들은	367

1부

어디서 무엇이 되어
다시 만나랴

내가 누구를 '후배'라고 부를 때는, 같은 꿈을 꾸고 있는 사람을 이르는 말이다. '같은 방향을 보고 있는 사람들', '같은 희망을 갖고 있는 사람들'을 모두 아우르는 말이다. 때로 그 '같은 꿈' 때문에 '같은 상처'를 입는 경험을 나누어 갖기도 해서 동질감은 더욱 짙어진다. 어쩌다 알게 된 이가 "뭐라고 부를까요?"라고 묻는 경우가 간혹 있다. 하 소장님? 하 선생님? 하종강 씨? 그가 만일 나와 같은 지향점을 하나라도 가지고 있는 사람이라면, 나는 심사숙고 끝에 '선배'라고 불러달라고 말한다. 때로는 그런 사람의 선배라는 것이 스스로 자랑스러울 정도로 과분한 이가 나의 후배가 될 때도 있다.

검은 장갑

산업재해 문제에 관심이 있는 의사, 간호사, 약사 등 보건 의료인들과 노동자들이 150명쯤 모여서 2박 3일 동안 '지지고 볶으며' 치르는 행사가 열렸다. '산업안전보건 활동을 위한 공동교육 훈련'. 몇 년이 지난 지금, 그 행사는 우리나라 산업안전보건 활동의 초석이 되었다고 평가받는다.

 행사의 첫날, 150여 명의 참가자들이 지역별로 무리지어 나가 일일이 자기소개를 하는 길고도 지루한 시간이 있었다. 한 손에 검은 장갑을 끼고 있던 내 바로 옆 청년이 자기 순서가 되자 "장갑 좀 벗어도 될까요?"라고 말하고는 한쪽 손과 입을 사용해 장갑을 벗으려고 애썼다. 내가 얼른 그 청년이 옆구리에 끼고 있던 마이크를 받아 줘었다.

 장갑 속에서 나온 그 청년의 오른손은 손가락 다섯 개가 모두 잘려 나가고 없었다. 손가락이 잘린 정도가 아니라 손등 부분이 어른 밥숟가락만큼 밖에 남아 있지 않았다. 참가자들 사이에 작은 웅성거림이 일었고 여자들 중의 몇 사람은 차마 볼 수 없다는 듯 고개를 숙였다. 모두 그 청년의 한 맺힌 외침을 예상하고 있었는데 그가 나지막한 목소리로 말했다.

"저처럼 말이지요. 순간적인 사고를 당해 손가락이 잘린 사람은 그래도 산재로 인정되어 보험 처리가 됩니다. 그러나 오랜 세월 동안 공장에 다니다가 자기도 모르는 사이에 골병들어버린 노동자는 좀처럼 직업병으로 인정받지 못해서 산재보험 처리가 되지 않습니다. 생활비는 고사하고 치료비조차 한 푼 안 나와요. 여기 보니까 훌륭하신 의사, 간호사 선생님들도 많이 오신 것 같은데 앞으로 공장에서 일하다가 폐병 걸리고 수은중독에 걸려 병원에 찾아오는 노동자가 있거든, 제발 좀 친절하게 잘 대해주세요."

그것뿐이었다. 그는 결국 자기가 다쳐서 원통하다는 말은 한마디도 하지 않았다. 다음이 내 차례였는데 잠시 숙연해진 사람들 앞에서 "노동상담하는 하종강입니다. 어쩌구……" 하려니 말하는 나도 참 부끄러울 지경이었다. 그렇게 시작된 2박 3일 동안 나는 그와 내내 붙어 있다시피 지냈고 공동교육 훈련이 끝난 얼마 뒤, 우리 사무실 내 책상 옆에 작은 책상을 하나 더 들여놓고, 마다하는 그를 한 식구로 맞았다.

그는 의경으로 복무했었는데 흔히 '백골단'이라고 불리는 사복체포조 출신이었다. 그의 표현대로 '세상에 대해 아무것도 모른 채, 휴가 가는 재미'에 열심히 시위 학생들을 체포했다. 체포한 학생이 거물이어야 휴가를 갈 수 있었기에 보고서에는 가능한 한 자기가 체포한 시위자가 거물인 것처럼 쓰기도 했다. 구호를 한 번 선창했으면 열 번쯤 선창했다고 쓰고. 그는 농담처럼 "그때 내 손이 죄를 많이 지어 이렇게 되었다"고 말하곤 했다.

제대를 앞두고 그는 함께 의경생활을 했던 친구와 같이 아예 경찰에 '말뚝을 박기로' 결심했다. 제대한 뒤 경찰 채용 시험일까지는 두어 달 정도 남아 있었는데, 그의 친구는 시험 준비를 한다고 도서관에 다녔고 그는 '의경 출신은 웬만하면 붙여준다는데 그깟 경찰 채용 시험을 따로 공부까지 해가면서 봐야 할 필요는 없을 것 같아서, 그동안 돈이나 벌어야겠다는 생각으로' 구로동의 플라스틱 부품 공장에 취업했다.

한 달 남짓 다닌 뒤 '이번 주 토요일까지만 일하고 나도 시험 준비해야지' 라는 생각으로 출근했던 날, 플라스틱 부품을 찍어야 할 기계가 그의 오른손을 찍어버리는 바람에 그는 오른손 손가락 다섯 개를 모두 잃었다. 기계가 닫혔다가 열린 다음에 제품을 꺼내는 방법만 배웠던 그는 기계를 여는 방법을 몰라, 기계 사이에 손이 끼인 채 한참이나 그대로 있어야 했다. 멀리 떨어진 곳에 있던 고참 노동자가 그의 비명을 듣고 달려와서 금형을 열고 그의 손을 꺼내주었다. 장갑 속에서 손을 빼내던 그는 손을 얼른 다시 집어넣고 말았다. 살은 모두 문드러져 없어져버리고 뼈만 앙상하게 남은 손가락들이 장갑에서 나왔던 것이다.

우리 사무실에서 일하는 동안 그는 내 옆 책상에 앉아 닥치는 대로 책과 자료 들을 읽었고 때로 답하기 어려운 질문들을 퍼붓기도 했다. 그럴수록 그가 해야 할 일을 분명히 느끼는 것 같더니 드디어 6개월째 되던 날 "내가 이런 곳에서 책상이나 지키고 있을 때가 아니다"라면서 사직서를 냈고 우리는 기꺼이 그것을 받았다.

그가 산업재해를 당한 노동자들로만 구성된 단체에서 중요한 직책으로 일하게 되었다기에 만났던 날은, 마침 국회에서 '화염병 사용 등의 처벌에 관한 법률'이 통과되던 날이었다. 그가 신문을 읽다가 실로 낙담하는 듯한 표정으로 말했다.

"이제 정말 큰일 났어요. 무서운 것은 화염병 밖에 없었거든요. 화염병 없으면 전경들만 살판 나는데……. 에이, 그렇다고 사용 못할 것도 없지, 계속 사용하면 되지요, 뭐."

얼마 뒤, 공장에서 일하다 어처구니없는 감전 사고로 노동자가 사망하는 사건이 터졌다. 회사 앞마당에서 장례식을 끝내고 대형 영정을 앞세운 상여 행렬이 회사 정문을 나섰으나 중무장을 한 전투경찰 대열이 절대로 노제(路祭)는 허용할 수 없다며 겹겹이 행렬을 막아섰다.

"여러분은 지금 명백한 불법행위를 하고 있다는 것을 알려드립니다. 회사 안으로 들어가지 않는다면 법을 집행해야 하는 저희들로서는 부득이……."

경찰서장의 가두방송이 쩡쩡 울려댔지만 동료의 죽음을 직접 목격했던 노동자들 중에 그걸 겁내는 사람은 이미 없었다.

"투쟁, 투쟁! 단결 투쟁! 흩어지면 죽는다! 흔들려도 우린 죽는다! 하나 되어 우리 나선다. 승리의 그날까지. 지키련다. 동지의 약속. 해골 두 쪽 나도 지킨다!"

노랫소리와 함께, 대열 선두에 있던 흰 와이셔츠에 검은 바지를 입고 머리띠를 두른 한 무리의 노동자들이 달려 나가 전경들과 뒤엉켰다. 순식간에 이는 고함 소리…….

아, 그때 나는 뿌연 흙먼지 속에서 분명히 보았다. 대열 맨 앞에서 전경의 방패를 부여잡고 몸부림치는 '검은 장갑'. 그날, 전경의 봉쇄를 여섯 번이나 뚫고 기어이 목적했던 곳에 장례 행렬이 도착할 때까지, 나는 전경과 몸싸움을 하는 대열의 선두에서 매번 '검은 장갑'을 볼 수 있었다. '백골단' 시절 그야말로 "승냥이처럼 달려가서 학생들의 덜미를 잡아채 그대로 아스팔트에 패대기치며 정확하고 빠른 동작으로 하복부를 내지르도록" 훈련받은 서러움을 저들에게 고스란히 되갚아주고 있는 것 같아, 나는 그의 모습을 보며 내내 눈물겨웠다.

공덕동 로터리 부근에서 노제가 열리는 중에 멀리서 나를 발견한 그가 사람들 머리 위로 깡충깡충 뛰어오르며 신이 나서 소리쳤다.

"하 선생님! 우리가 저지선을 여섯 번이나 돌파했어요! 완전히 깨부수었다구요!"

마치 태권도를 하듯 검은 장갑 낀 손을 휘저으며 참으로 실감나게 말했다.

그날 이후 나는 신촌에서도, 종로에서도, 미금시의 원진레이온 정문 앞에서도 뽀얀 최루가스 속에서 구호를 선창하거나 사람들에게 민중가요를 가르치고 있는 '검은 장갑'을 쉽게 볼 수 있었다.

노동과건강연구회가 '노동자를 위한 산재 교실'이라는 정기 강좌를 마련했을 때 나는 첫 강의를 그에게 맡겨보자고 사람들을 설득했다. 며칠 뒤 그가 전화를 했다.

"저를 강사로 추천해주셔서 고맙습니다. 그런데 제가 전경 사복체포조 출신이라고 말했다가 사람들한테 몰매 맞는 건 아닐까요?"

"그 죄는 벌써 갚고도 남았어. 이제 더 이상 너한테 돌멩이를 던질 사람은 없다."

그 강좌의 첫날, 강의 첫머리에서 그가 말했다.

"제가 의경이었을 때, 대학생들이 던지는 돌멩이로부터 자신을 보호하기 위해서 방패와 방석복과 방석모로 중무장을 하고 시위 현장에 나갔습니다. 그런데 노동자가 되고 보니 우리 노동자들은 방패 하나 없이 산업 전선에 내몰린 꼴이었습니다.

철없었던 시절, 제 손톱이 조금 못생겨서 어머니에게 '어머니, 내 손톱을 왜 이렇게 못생기게 나아주었소?' 라고 따지기만 해도 어머니는 가슴 아파하셨습니다. 제가 손가락 다섯 개를 모두 잃고 나서 처음에 든 생각은 '아, 불효했구나' 하는 것이었습니다. 어머니는 제가 다쳤다는 이야기를 한 달 뒤에나 들으셨는데도 기절하셔서 병원에 이 주일 동안이나 입원하셔야 했습니다.

저는 요즘 시위 현장에 나가도 돌멩이를 마음껏 던질 수가 없습니다. 왼손으로 던져봐야 멀리 나가지도 않습니다. 몸이 건강해야 싸움도 합니다. 노동자 여러분, 건강할 때 건강을 지킵시다."

비록 잠시 동안이었지만 그와 함께 일할 수 있었다는 것이 자랑스럽다.

자장면과 볶음밥

싸구려 영화의 엑스트라 노릇도 했었다는, 해고 노동자로서는 꽤 특이한 경력만큼이나 그의 첫인상은 유별났다. 껑충한 키에 말씨나 몸짓은 마치 길거리의 '어깨'라도 되는 것처럼 건들거렸는데, 첫날 나하고 몇 마디 말을 나눈 뒤 "오늘부터 제가 '형님'으로 모시겠습니다"라고 하더니 그 다음부터는 말끝마다 꼬박꼬박 '형님'을 덧붙였다.

"예, 알겠습니다. 형님."

"아, 그렇습니까? 형님."

우리 사무실에 두어 번 들락거리더니 올 때마다 여직원과 되지도 않은 '농담 따먹기'를 하려고 드는 바람에 직원들은 아주 질색을 하곤 했다. 언젠가는 점심시간 무렵에 여직원이 전화를 하나 받고 나더니 급히 도시락을 꺼내 식사를 하는 것이다. 그러면서 하는 말.

"하 소장님, 그 사람 곧 온대요. 오기 전에 빨리 점심 먹어버려야지. 그 사람만 보면 나는 밥맛이 다 떨어져요. 영 밥맛이라니까."

시골에서 처음 올라와 친구들과 함께 자취를 할 무렵, 라면을 끓여서 다른 친구들이 먹지 못하게 가래침을 '카악' 뱉어도 막무가내로 빼앗아 먹는 바람에 화장실로 도망가 문을 걸어 잠그고 "아래 훤히 보이는 똥을 보면서 먹어도 그렇게 맛있더라"는 얘기를 점심 식사하는 여직원들 옆에 붙어 앉아 태연히 하곤 했으니 그럴 만도 했다.

가리봉 시장에 가면 자기도 알아주는 건달이라는 자랑을 하곤 했는데 내가 못 미더워하는 눈치를 보이자 "지금 당장 나와 함께 가리봉 시장 거리를 걸어 다녀보면 알 것 아닙니까? 사람들이 나를 어떻게 대하는지 보면 알 것 아닙니까?"라고 윽박지르기도 하고, 좀도둑이 많기로 유명한 동네지만 자기 방문은 자기가 없을 때도 항상 열려 있는데 그것은 방문에 작은 글씨로 자기 이름 석 자만 써놓아도 그 동네 좀도둑들이 감히 얼씬거리지도 못하기 때문이라고, 묻지도 않은 자랑을 길게 하기도 했다.

해고된 지 수개월이 지나자 그의 모습은 눈에 띄게 궁핍해져 갔다. 어느 날엔가는 혼자 앉아서 중얼거리기를 "이번에 고향에 내려갔다가, 고민 참 많이 했네. 누가 사람 하나 죽여주면 몇 백 만원 주겠다고 해서 한참 망설이다가, 그냥 올라왔네"라고 하기에 나는 깜짝 놀라 물었다.

"자네가 사람을 어떻게 죽이나?"

그가 눈을 치뜨면서 나를 보았는데, 눈동자 흰자위에서 섬뜩 이상한 기운이 느껴졌다.

"간단해요. 칼로 포를 떠서 하수도에 쳐 박으면 아무도 몰라요."

나는 할 말을 잃었다.

이런 일도 있었다. 하루는 그가 전화를 하더니 다짜고짜 말했다.

"형님, 저, 일 저질렀습니다."

"무슨 일?"

"사람 몇 놈 죽이고, 나도 이 바닥 떠버릴랍니다."
"무슨 얘기야?"
"내일 총회에서 까부는 놈들 두어 놈만 회칼로 쑤셔버리기로 했습니다."
"지금 좀 만나자."
"왜요? 못하게 하려구요? 다 결정된 일입니다. 벌써 여관에 동생들 몇 명 불러 모았다구요. 걔네들 덩치만 봐도 자식들이 벌벌 떨 겁니다. 굳이 칼을 빼들 필요도 없어요."
"너는 그렇다 치고, 그동안 너와 함께 활동했던 동지들은 어떻게 할 거야? 앞으로 평생 이 바닥에서 얼굴 못 들고 다닐 거 아니냐고?"
"나도 그게 제일 걱정입니다. 그것만 아니었으면 벌써 몇 놈 골로 갔지요."
"지금 어디야? 당장 이리로 와."
"싫습니다. 이제 더 이상 내가 눈 뜨고 봐줄 수가 없다니까요."
"한 번 만나자니까."
"싫습니다."
"그럼, 너 뭐 하러 나한테 전화했어? 그냥 해버리지 뭐 하러 나한테 전화했어?"
"……."

겨우 그를 만나서 '인간은 왜 태어나는가?' 라는 얘기까지 들먹여가며 오래도록 이야기를 나눈 끝에 결국 계획을 취소하기로 결정할 수 있었다. 그가 포기하겠다는 약속을 하고 나서 말했다.
"애들 여관비하고 밥값만 깨져버렸네. 씨벌, 이래서 가방 끈 긴 놈들하고는 아예 상종을 말아야 하는 건데."

자장면과 볶음밥

그 '가방 끈 긴 놈'은 물론 나를 이르는 말이다. 그렇게 약속을 하기는 했지만 그는 도저히 가만히 있을 수는 없었던지 총회가 열리던 날, 혼자서 칼을 빼들고 폼을 잡았다가 그의 표현대로 '완전히 쪽팔리는' 일을 겪었지만, 그래도 이 바닥을 완전히 떠나지는 않았다. 온통 찢겨지고 피로 범벅이 된 하얀 와이셔츠를 입은 채, 아침나절에 헐레벌떡 우리 사무실에 와서는 "경찰서에 잡혀갔다가 겨우 쌍방 합의로 나오는 길"이라면서 "창피스러워 죽겠다"고 한숨을 푹푹 쉬다가 갔다.

예나 지금이나 나는 식사 시간에 찾아온 손님에게는 무조건 밥을 사준다는 알량한 원칙을 갖고 있는데 그에게도 예외는 아니어서 만나던 첫날 저녁부터 자장면을 사주었더니 그 뒤로 그는 용케도 밥 때만 되면 가끔씩 찾아오곤 했다. 함께 일하는 직원들조차 "그런 사람에게까지 매번 밥을 사주다니 참으로 이해되지 않는다"고 말하곤 했지만 나도 그 친구에게는 아무래도 내키지 않는 편이어서 그랬는지 자장면 말고 다른 것을 함께 먹었던 기억은 별로 없다.

어느 날 저녁 무렵 사무실에 혼자 있는데 그가 기름때에 절은 작업복을 걸친 채, 일하다 말고 헐레벌떡 달려온 차림으로 찾아오더니 날더러 자꾸 어디엔가 함께 가자고 했다. 자기가 그동안 나에게 얻어먹은 신세를 갚고 싶은데 자기 형님들 중에 한 분이 중국집 주방에서 일을 하고 있으니 거기에 가면 자장면 정도는 공짜로 얻어먹을 수 있다는 것이었다. "그 중국집이 어디에 있느냐?"고 물으니 부천이라고 했다. "그러니까 날더러 지금 자장면 한 그릇 얻어먹으러 부천까지 가자는 말이냐?"고 한마디 하고는 그날 역시 그에게 자장면을 사는 수밖에 없었다.

그해 마지막 날인 12월 31일, 저녁 무렵까지 혼자 사무실에 남아 있는데 그가 전화를 했다.

"아직까지 퇴근 안 하고 계셔서 다행입니다. 제가 오늘 형님한테 자장면 한 그릇 사지요. 정말입니다. 돈이 생겼다구요."

씩씩하게 말하더니 잠시 뒤 헐레벌떡 숨을 몰아쉬며 들어왔다. "어디서 오는데 그렇게 빨리 온 거야?"라고 물으니, 내가 퇴근해버릴까봐 바로 앞 버스 정류장에서 전화를 한 거였다고 했다. 나는 짐짓 호들갑스럽게 말했다.

"그동안 내가 자네에게 사준 자장면만도 열 그릇은 넘을 텐데 오늘은 자장면 말고 다른 걸로 먹자."

그는 흰자위가 보이도록 눈을 치켜뜨며 낮은 목소리로 따지듯 물었다.

"다른 거 뭐요?"

"최소한 볶음밥 정도는 먹어야지. 올해 마지막 날까지 자장면을 먹어야 하겠나?"

"에이, 그냥 자장면으로 드시지."

"아니다. 나는 꼭 볶음밥으로 먹어야겠다."

그가 잠시 뜸을 들이더니 말했다.

"그럼 저는 자장면 먹을 테니 형님은 볶음밥으로 드십시오."

"너도 볶음밥 먹지 그래."

"아니요. 저는 자장면이 좋습니다."

결국 자장면과 볶음밥을 하나씩 시켰다. 잠시 뒤 음식 배달 온 철가방 소년에게 내가 재빨리 말했다.

"오늘은 이 친구가 계산한단다. 야, 너 빨리 돈 내."

그가 주머니에서 돈을 꺼내는데, 아, 100원짜리 동전 한 움큼이었다.

솥뚜껑만 한 큰 손으로 동전들을 헤아려 건네주는데, 꼭 자장면 두 그릇 값이었다.
 "모자라는 건 형님이 내십쇼. 에이 씨벌, 자장면 두 그릇 값 밖에 못 구했는데……."
 모자라는 돈 몇 백원을 건네주며 내가 물었다.
 "너, 집에는 어떻게 갈 거야? 걸어서 갈 거야?"
 그가 고개를 푹 숙이더니 말했다.
 "그건 내가 알아서 한다구요. 빨리 밥이나 먹읍시다."
 그해 마지막 날, 해 저무는 창가에 마주 앉아 아무 말 없이 볶음밥을 먹으면서 나는 자꾸 목이 메었다.

어린이집 선생님

지방자치단체가 직접 운영하던 어린이집 경영권을 민간 복지재단들이 넘겨받았다. 이런 '위탁 경영'을 할 수 있는 특혜를 아직도 '황금 알을 낳는 거위' 정도로 여기는 복지시설 운영자들이 있다. '남의 돈'으로 지역사회 유지가 될 수 있으니 이렇게 쉬운 땅 짚고 헤엄치기도 없다고 생각한다. 복지사업으로 유명해지고 존경받는 '훌륭한 분'들을 일단 의심의 눈초리로 볼 수밖에 없는 이유가 그 때문이다. 물론 그렇지 않은 진짜 훌륭한 분들도 많지만.

우리 사회에서 양심의 표상처럼 존경받는 분이 이사장으로 있는 복지재단이 한 어린이집의 경영권을 넘겨받으면서, 그곳에서 일하고 있던 정규직 교사들을 모두 1년짜리 계약직으로 바꿔버렸다. 물론 그렇게 하는 것은 위법이다. 경영자가 바뀐다는 이유로 정규직 노동자를 하루아침에 비정규직으로 바꿀 수는 없다. 그렇게 경영권을 넘겨받고 나서 1년이 지났을 때, 다른 교사들의 근로계약은 모두 연장되었으나 6년이나 일했던 여교사 한 사람만 계약이 갱신되지 않았다.

"당신은 계약 기간이 끝났으니까 이제부터 출근할 필요가 없습니다.

나오지 마십시오."

청천벽력 같은 말을 들은 그 선생님은 다음 날 아침에도 계속 출근했다. 아무리 생각해도 잘못한 것이 없으니 도저히 받아들일 수가 없었다. 동료 교사들은 모두 일하고 있고, 6년 동안 일했던 정든 직장이었다. 매일 아침마다 그 시간이 되면 저절로 눈이 떠졌다.

아침마다 정문에서 실랑이가 벌어졌다. 재단 사무국 직원들이 나와서 출근을 저지했다. 들어간다, 절대로 못 들어간다······. 정문에서 그렇게 옥신각신하고 있으면 바로 며칠 전까지 자기 반 아이들이었던 원생들이 들어가다가 선생님에게 인사를 하기도 했다.

그렇게 며칠이 지난 뒤, 재단에서는 그 여교사를 경찰에 신고했다. "우리 어린이집과 아무 관계도 없는 사람이 계속 방해하는 바람에 일을 할 수 없으니 좀 잡아가시오." 그럴 때 적용되는 만만한 혐의가 '업무방해죄'다. 우리나라의 환경운동가, 시민운동가, 전교조 교사, 노동조합 간부들, 학생회 간부 학생들이 많이 갖고 있는 '전과' 다. 예나 지금이나 회사 경영진의 말은 잘 듣기 마련인 경찰이 와서 그 선생님을 업무방해 혐의로 잡아갔다. 그런 일이 있었다.

그 선생님은 자신의 권리를 되찾기 위해 법률적인 절차를 밟았고, 그 과정에 참여할 기회가 내게 주어졌다. 그 복지재단의 사무국장이란 사람은 사건 개요를 설명하면서 사뭇 자랑스럽게 말했다.

"그렇게 경영권을 인수할 때에는 본래, 고용되어 있던 사람들을 모두 해고하는 것이 원칙이지만 우리 재단에서는 1년 계약직으로 승계받아 줬습니다."

'무식하면 용감해진다'는 것은 바로 이런 때를 두고 하는 말이다. 내가 "그것이 본래 어디에 나오는 원칙입니까?"라고 물으니 그 사무국장은 여전히 당당한 태도로 말했다.

"다른 어린이집이나 유치원에서는 모두 다 그렇게 하고 있습니다. 이번에 경영권을 넘겨받은 다른 재단들은 다 그렇게 했습니다. 직원들을 모두 해고한 뒤 자기들이 원하는 사람들로만 뽑아서 새 출발을 했습니다. 그렇지만 우리는 종교재단이기 때문에 특별히 1년 계약직으로 승계받아준 겁니다."

자신들은 크게 인심 써서 "특별히 승계받아주었다"는 것이다. 나는 도저히 참을 수 없어서 큰소리로 말했다.

"이보시오. 내 말 좀 잘 들어보시오. 내가 노동법 붙들고 20년 넘게 먹고산 사람이오. 그렇게 경영권을 인수할 때에는 기존의 고용계약관계를 그 조건 그대로 승계받아야 한다는 것, 당사자인 노동자가 스스로 원하기 전에는 노동 조건을 바늘 끝만큼도 바꿀 수 없다는 것, 그 조건 그대로 승계하면 회사가 경영난으로 도산할 수밖에 없다는 것을 증명할 수 있는 경우에만 승계 의무가 없다는 것. 그것이 바로 우리나라 노동법의 원칙이고 법원의 판례요. 앞으로는 어디 가서 그렇게 무식한 소리 좀 하지 마시오."

한참 설명했더니 사무국장은 그때에서야 마지못해 어색하게 웃으며 "아, 그렇습니까? 제가 잘못 알았군요"라고 수긍했다. 마음속으로는 '니가 그렇게 잘났냐?'고 욕을 했겠지만 겉으로는 웃음 띤 얼굴로 알아들은 체했다.

사건의 내용은 간단했다. 다른 교사들은 모두 계약이 자동적으로 갱신되었는데 왜 그 여교사만 해고되었을까? 다른 교사들은 아무도 하지 않은 일을 그 선생님이 혼자 했기 때문이다. 그 '다른 교사들은 아무도 하지 않고 그 선생님이 혼자 한 일'이란 무엇일까? 복마전 같은 그 복지

재단의 부정과 비리를 원장에게 가서 따졌던 것이다.

"왜 아이들 간식비에서까지 이익을 남겼나요? 그 돈은 우리 운영비가 아니잖아요. 어려운 동네에 사는 아이들이 자기들 과자 값으로 가져온 돈이잖아요. 아이들이 자기들 과자 사달라고 낸 돈에서까지 이익을 남겨야 되겠어요? 이건 아이들에게 오백 원짜리 과자 사주고 천 원짜리라고 속이는 거나 마찬가지예요. 그렇게 하면서 우리가 어떻게 아이들 앞에서 교사로 가르칠 수 있겠어요? 다른 것에 대해서까지 굳이 말하지 않겠어요. 그렇지만 이건 너무 치사한 일이잖아요. 당신들 재단이 여기 인수하기 전까지 우리는 몇 년 동안 한 번도 그렇게 해본 적이 없었어요. 아이들 몫에는 절대로 손대지 마세요. 제가 분명히 말씀드리는데요, 또다시 이런 일이 생기면 그때는 절대로 가만히 있지 않을 거예요. 또다시 우리 아이들 과자 값 가지고 장난하면 그때는 제가 정말 가만있지 않을 거예요. 어떻게든 반드시 해결하고 말 거예요. 당신도 교육자잖아요. 제발 좀 정도껏 하세요."

다른 교사들은 아무도 따지지 못하고 그 선생님만 혼자 원장실에 들어가서 따졌던 것이다. 실제 해고된 이유는 그 때문이었다.

이제 사건을 재단의 입장에서 보자. 이 사건에서 재단이 합법적으로 이길 수 있는 방법은 무엇일까? 그 교사는 해고돼 마땅한 사람이었고 따라서 재단이 그 교사를 해고한 행위는 법률적으로 아무런 흠결이 없는 '정당한 해고'라는 판단을 받아낼 수 있는 방법은 무엇일까? 그 선생님이 교사로서의 자질이 얼마나 부족한 사람이었는지 증명하면 된다. 지식적으로나 인격적으로 그 선생님이 얼마나 수준 미달이어서 아이들을 도저히 가르칠 수 없는 사람이었는지 증명하면 된다. 그것을 입증하면 법률적으로 정당한 해고가 되는 것이다.

재단에서는 그 선생님의 6년 동안의 근무 행적을 낱낱이 조사했다. 그 선생님의 자질과 인격을 혹독하게 헐뜯는 내용들로 가득 찬 수십 쪽의 두툼한 증거자료를 만들었다. '이런 걸 다 어떻게 모았을까' 싶은 생각이 들었지만 회사마다 또 그런 일을 열심히 하는 사람들이 있는 것이 우리 현실이다. 그 교사를 헐뜯는 온갖 내용들이 그 증거자료 안에 들어 있었는데, 중요한 지적 사항이 다음과 같은 것들이었다.

"졸업식날 이 교사는 자신이 맡았던 반 아이들의 졸업장 순서를 제대로 맞추지 못했습니다. 그래서 존경하는 이사장님이 오셔서 졸업장을 수여하다가 순서가 틀리는 바람에 많은 내빈들 앞에서 이사장님을 망신 당하게 만들었습니다. 아이들끼리 서로 졸업장 바꾸느라고 졸업식장 분위기가 엉망이 되고 말았습니다. 우리가 며칠씩이나 준비한 중요한 졸업식이었는데 이 교사의 무능력 때문에 많은 사람들의 노력이 물거품이 되고 말았습니다. 이 사람은 자기가 맡은 반 아이들 졸업장 순서 하나를 제대로 맞출 능력도 없는 사람인데 어떻게 교사 일을 제대로 할 수 있습니까?"

내가 "도대체 이게 어떻게 된 상황입니까?"라고 물었을 때, 그 선생님은 한참을 망설이다가 다음과 같이 답했다.

"우리 반에 가정 형편이 어려워서 돈을 다 못 낸 아이들이 네 명이나 있었거든요. 부유한 동네가 아니어서 어렵게 사는 집이 많았거든요. 그런데 졸업식 직전에 원장님이 담임인 저에게도 말하지 않고 그 아이들 졸업장을 모두 빼버린 거예요. 저는 그걸 몰랐어요. 저는 분명히 그 아이들 졸업장을 만들었거든요. 제가 그날 아침에 분명히 챙겼거든요. 저는 상상도 할 수 없는 일이었어요. 그 아이들은 졸업장을 받겠다고 모두 나와 앉아 있는데, 가장 예쁜 옷으로 골라 입고 졸업식장에 와서 앉아 있는데……. 그 아이들 졸업장이 없을 거라고 제가 어떻게 상상할 수 있겠어요. 저는 몰랐어요. 그냥 순서대로 줬어요. 그래서 순서가 틀렸던 거예요."

선생님은 말하다가 결국 목이 잠겼다. 목이 잠기는 정도가 아니라 거의 대성통곡을 하며 서럽게 울었다.

확인해본 나머지 몇 가지 사실들도 대부분 그런 식이었다. 학부형이 직접 찾아와 "우리 아이가 오늘 야단을 맞았다고 하던데, 왜 우리 아이를 야단쳤느냐?"고 따지거나 또는 전화를 해서 "왜 우리 아이를 벌세웠느냐?"고 따진 것들 몇 년치가 몽땅 그 자료 안에 들어 있었다. "성격이 포악한 인격장애자"라고 주장하기 위한 근거들이었다. 그 일들에 대해 물었을 때 선생님은 또 이렇게 답했다.

"아이들은 가끔 야단맞아야 할 때도 있거든요. 밖으로 견학 나가거나 그랬을 때 통솔 안 되면 큰일 나거든요. 그 아이가 그날 왜 야단을 맞았냐 하면요……. 사실은 그 아이가 어떤 아이였냐 하면요……."

그러고 나서 잠깐 동안 말을 못하던 선생님은 울음이 가득 잠긴 목소리로 말했다.

"제가 지금 처음 보는 여러분들 앞에서 그 아이 잘못을 열심히 설명해야 하는 거예요? 제가 그 아이 선생님인데……. 지금 나 혼자 살겠다고 모르는 사람들 앞에서 그 아이 험담을 열심히 늘어놔야 하는 거예요? 더 이상 설명하지 않겠습니다. 제가 그 아이의 담임 선생님이었으니까요. 도대체 선생님에게 지금 뭘 하라고 요구하시는 거예요?"

마지막 말을 할 수 있는 '최종진술' 시간에 그 선생님은 이렇게 말했다.

"저는 어릴 때부터 유치원 아이들을 가르치는 선생님이 되는 것이 꿈이었어요. 자라면서 그 꿈이 한 번도 바뀐 적이 없었어요. 학교에 다닐 때 가정환경 조사서를 적을 때마다 '장래 희망' 칸에 저는 항상 '유치원 선생님'이라고만 적었어요. 다른 것들은 적어본 적이 없었어요. 그건 조사해보시면 다 아실 거예요. 저는 정말 아이들을 사랑하고 좋아하는 사람이에요. 사람마다 '천직'이라는 게 있잖아요. 저 정말 어렵게 공부했거든요. 제가 학비 벌어서 공부 마치느라고 남들보다 몇 년 늦었거든요. 저는 그렇게 어린이집 교사가 됐고, 6년 동안 열심히 일했어요. 그런데 그날이요…… 아이들 보는 앞에서 내가 잡혀갔거든요. 내가 그 아이들 선생님인데……. 내가 가르치던 우리 반 아이들이 보는 앞에서 경찰한테 잡혀갔거든요. 마음 약한 아이들은 막 울고 그랬거든요. 아이들은 그 상처를 평생 지우지 못하고 살 거예요. 저는 빨리 돌아가야 돼요. 제가 가서 아이들에게 설명해줘야 해요. 상처받은 아이들 곁으로 빨리 돌아가야 돼요. 사랑하는 우리 반 아이들 곁으로 빨리 돌아가야 돼요. 정말 보고 싶은 아이들 곁으로. 하루빨리 돌려보내주세요."

울음이 거의 절반이나 섞인 목소리로 간신히 거기까지 말을 하고, 선생님은 더 이상 말을 잇지 못한 채 고개를 푹 꺾었다. 어깨를 들먹이며 울기만 했다.

복잡하게 생각하지 말자. 이 어린이집 선생님과 같은 사람들이 이런 일들을 혼자 겪으면 너무 힘이 드니까, 서로 도와주며 함께 하자고 모인 것, 옳은 일을 서로서로 도우며 함께 하자고 모인 것, 그것이 바로 노동조합이다. 그래서 노동자들이 노동조합을 만들 수 있는 권리를 전 세계 거의 모든 나라에서 신성한 '단결권'으로 보장하고 있는 것이다.

노동조합이란 노동자에게만 유익한 '집단 이기주의' 조직이 아니라 우리 사회의 잘못된 문제점을 고쳐서 더 좋은 사회로 만들어가는 좋은 역할을 한다. 역사 속에서 노동조합은 200년 넘는 세월 동안 그 역할을 수행해왔고 앞으로도 계속할 것이다. 그래서 어느 나라에서든 힘있고 돈 많은 사람들은 노동조합을 그토록 미워하면서도 그 권리를 신성한 노동기본권으로 보장할 수밖에 없었던 것이다.

썩을 놈의 세상

사람들이 폐타이어들을 모아다가 개천 둑길 위에 기다랗게 쌓기 시작한 것은 먼동이 트기 시작한 새벽 4시경이었다. 나는 타이어 하나를 겨우 굴렸을 뿐인데도 평소 운동량이 거의 없는 탓인지 숨이 턱까지 찼고 온몸이 땀으로 흠뻑 젖었다. 타이어 무더기 곁에 적당한 간격으로 띄엄띄엄 석유통을 옮겨놓으면서 선배가 말했다.

"집 걱정 없는 놈이 여긴 뭐 하러 왔냐? 괜히 흥분해서 각목이라도 들고 설쳐대다가 일 당하지 말고 그만 가봐."

"구경만 할게요. 나는 그런 거 억지로 시켜도 못합니다."

"일이 터지면 넌 둑 위로 올라가는 거다. 알았지? 이번엔 저놈들도 지난번처럼 호락호락 물러서지는 않을 걸."

잠시 쉬는 사이에, 마치 유인물 집들이를 앞둔 전야처럼 뱃속이 불편해져서 ─ 겪어본 사람들은 다 안다. 거사 직전에 배가 아프다는 것 ─ 공중변소에 가 보았더니 웬걸, 동네 사람들이 벌써 장사진을 치고 있었다. 내 앞의 아주머니가 오늘 밤에만 벌써 세 번째라고, 이상하게 왜 자꾸 똥이 마려운지 모르겠다고 말하자 옆의 아주머니가 자기도 그렇다고,

참 이상하다고 맞장구를 쳤다.

땀으로 젖었던 몸이어서 처음에는 오슬오슬 한기가 느껴지는가 싶더니 나중에는 오줌 뒤끝처럼 몸서리가 쳐지는 게 추위가 온몸을 휩싸 견디기 어려울 지경이었다. 모두들 발을 동동 구르며 날이 밝기를 기다렸다.

아주머니 한 분이 김밥을 말아오셔서 모두들 하나씩 들고 뜯어 먹는데, 한 청년이 말했다.

"80년 5월 광주 도청에서 먹던 김밥 맛이구만."

"너 임마, 그때 나랑 같이 서울에 있었잖아. 꼭 광주에 있었던 것처럼 말하고 있네."

"이를테면, 광주 시민군이 새벽에 먹던 김밥 맛이 이랬을 거라는 얘기지. 형님은 영 분위기 파악을 못한다니까."

"그러니까, 그때처럼 오늘 한 판 붙어보자. 그거 아냐?"

사람들이 계속 굴려다가 늘어놓은 폐타이어의 기다란 행렬이 커다란 공룡의 등뼈 화석처럼 마을 뒤쪽에 자리를 잡았고, 적당한 간격으로 놓여진 석유통마다 사람이 한 명씩 붙어 섰다.

"길바닥에 나앉느니 죽는 게 낫지. 이판사판이라구."

김밥을 가져온 아주머니가 말을 뱉자 모두들 한마디씩 했다.

"개새끼들, 전부 다 오라고 그래."

"볼 것 없어. 너 죽구 나 죽는 거야."

안양천 썩은 물 위에서도 안개가 피어오르더니 마치 소복한 여인처럼 머리를 풀어헤치면서 둑을 넘어섰고, 공룡 등뼈 화석 위로 넘나드는 안개가 태곳적 음산한 분위기를 만들면서 마을을 감싸 안았다.

어느덧 날이 밝았고, 점차 고조되는 긴장이 폐타이어 바리케이드 뒤편에 쪼그려 앉은 사람들의 목을 조여오다가, 모두들 초조함으로 온몸이 뻣뻣해질 지경까지 이르렀을 때, 누군가가 큰길 쪽에서 마을로 내닫으며 목이 터져라 외쳤다.

"온다! 저기 와요!"

그 말을 듣고 선배가 침착하게 말했다.

"석유 부어!"

폐타이어 더미에 일제히 석유가 부어지자 냄새가 코를 찔렀다. 내가 주머니에서 면장갑을 꺼내 손에 끼는 것을 보더니 선배가 말했다.

"야, 너 뭐 하는 거야?"

"아무것도……."

"너 빨리 둑 위로 기어올라가지 못해? 니가 끼어들 판이 아니야."

"그래도 어떻게 구경만 해요?"

"넌 그 감상주의 때문에 언제 한 번 크게 망할 거다."

"오히려 그 감상주의가 나를 지탱하고 있는 거라구요."

타이어 무더기 끝 쪽에서 누군가가 다시 "온다. 백골단이에요"라고 소리쳤다. 먼발치에 하얀 파이버 모자들이 보였고, 그 뒤에 철거반원들인 빨간 모자 부대, 그리고 짧은 스포츠머리에 비대한 몸집으로 팔자걸음을 걷는 용병 무리가 뒤따르고 있었다. 선배가 각목을 단단히 고쳐 잡으며 눈을 부릅뜨고 나에게 말했다.

"너 정말 둑 위로 안 올라갈 거야?"

"못 올라간다면?"

나는 억지로 여유를 부리며 장난기 섞인 대답을 했지만, 선배는 있는 힘을 다해 각목으로 내 등짝을 후려치면서 비명처럼 외쳤다.

"너, 오늘 나한테 죽을래?"

선배가 계속 휘둘러대는 각목을 피해 타이어 무더기를 휙 뛰어넘은 내 몸은 어느새 둑 위에 올라섰다.

"불 붙여!"

선배의 외침과 동시에 타이어 더미에서 일제히 불길이 솟았고, 시커먼 연기가 순식간에 장막처럼 피어올라 하늘을 뒤덮었다. 타이어가 내뿜는 시뻘건 불길과 고무가 만들어내는 시커먼 연기의 위력에 가슴이 벅차오르기는 80년의 남대문 5·15 전투 이후 처음이었다.

한 치의 오차도 없이 대오를 갖추어 다가오던 진압 대열이 멈칫 제자리에 섰는가 싶었을 때, 아, 대열 맨 끄트머리에 나타난 것은 분명 소방차였다. 한 대, 두 대, 세 대, 네 대, 다섯 대…… 미처 다 헤아릴 수도 없었다. 연기 장막에 가려서 바리케이드 너머에 있는 사람들에게는 소방차가 보이지 않을 거였다.

"형! 소방차예요. 저 새끼들이 소방차를 끌고 왔다구요."

내 말을 선배가 들었는지는 알 수 없다. 그 뒤 '여기가 바로 지옥이다' 싶은 처절한 싸움은 30분도 채 지나지 않아 끝났고, 나는 둑 위에서 눈물범벅이 되어 이리저리 뛰어다니는 짓 외에 아무것도 할 수 없었다.

소방차에서 쏘아대는 물줄기에 흠뻑 젖은 사람들은 군데군데 무리지어 선 채, 포클레인의 삽날이 훑고 지나가는 자리마다 지붕이 하나씩 푹푹 꺼져 없어지는 걸 보면서 가슴속 억장이 함께 무너져 내렸지만, 이미 주력이 모두 '닭장차'에 달려간 상황이어서 어찌해볼 엄두를 내지 못했다.

"야, 이 새끼들아! 사람 안 보여? 사람 사는 집이라구!"

"애들 학교나 보낸 다음에 때려 부셔도 부셔!"

사람들이 지르는 외마디가 간간히 들려올 뿐이었다. 둑 위에 올라와 내 옆에 쪼그리고 앉아 있던 할머니가 눈물을 훔치며 혼잣말처럼 말했다.

"애들이 학교에 갔다와서, 집 없어진 꼴 보고 우는 거보다야 낫지."

출근 시간에 쫓겨 그 자리를 떠나오면서 다시 한 번 뒤돌아보니, 분에 못 이겨 자기 집에 불을 질러버린 오씨 아저씨의 집 창문으로 시뻘건 불길이 널름거렸고, 바로 그 뒤로 말쑥하게 우뚝 솟은 스포츠센터 고층 건물의 화려한 네온사인은 아직도 꺼지지 않은 채 번쩍거리고 있었다.

안양천을 가로지르는 긴 다리를 건너와서야 비로소, 선배가 후려친 등의 상처가 욱신거리며 아파왔다.

봉천동에서 빈민 봉사활동을 오랫동안 해온 후배를 만나 함께 점심을 먹었다. 20년 전, 인천의 판자촌에서 잠시 봉사활동을 해본 알량한 경험을 벼슬처럼 달고 다니는 나는, 그렇게 지지리도 어렵게 사는 사람들이 이제는 우리 사회에서 거의 없어진 줄 알고 있다가 후배의 이야기를 들으며 여러 대의 매를 뒤통수에 맞았다. 상상을 초월할 정도로 가난하게 사는 사람들은 여전히 산동네에, 재개발 지역에, 큰 빌딩으로 가려진 뒷골목에 보이지 않게 숨어 있었다.

위의 안양천변 이야기는, 세상을 온통 시끄럽게 했던 희대의 사기 사건으로 옥살이를 마치고 나오는 어느 여자가 수천 억 원대의 재산가로 화려하게 재등장한다는 기사가 신문에 실렸던 바로 그 다음 날의 일이었다. 국민을 학살한 자들을 10년이 넘도록 '대통령'이라고 불러야 했던 그 썩을 놈의 세월 속에서 나는 그런 일을 몇 번 '구경' 했다.

얼마 전 타계한 제정구 선배가 가슴속에 품고 살았던 힘은 바로 위와 같은 경험들에서 나왔을지도 모른다는 생각을 해본다.

참치잡이 외항 선원

아침나절, 20대 후반의 건장한 청년이 사무실에 들어와 어색한 몸짓으로 여직원 책상 앞으로 가더니 멀거니 서 있었다. 여직원이 "어떻게 오셨어요?" 하고 물으니 "저, 하종강 변호사님 좀 뵈러 왔는데요"라고 고개를 건들건들 옆으로 누이며 대답을 했는데 그 모습이 어딘가 좀 이상해 보였다. 여직원이 "하 변호사님, 손님 오셨어요"라고 일부러 '변호사'에 힘을 주어 큰소리로 말했다. (잘 아시겠지만, 나는 변호사가 아니다.)

그가 그날 반나절에 걸쳐서 나에게 해준 이야기.

참치잡이 원양어선의 갑판원이었습니다. 말이 좋아 갑판원이지 강제노동을 하는 죄수나 다름없었습니다. 생선 상자를 지고 뛰어가다가 살얼음 위에서 미끄러지는 바람에 허리를 다쳤습니다. '뛰지 않고 걸으며 일할 수 있었으면' 하는 것이 소원이었습니다. 마치 '지옥'과 같은 갑판원의 처지는 겪어보지 않은 사람은 모를 것입니다.

망망대해에 병원이 있을 리가 없었습니다. 가끔씩 허리가 끊어지는 통증이 찾아왔지만 견디어내며 묵묵히 일했습니다. 차츰 통증이 너무 자주 찾아오고 그 강도도 점점 심해져 도저히 견딜 수 없는 지경에까지 이르렀습니다. 이상하게도 나중에는 목 뒤까지 아프기 시작했습니다. 그냥 아픈 게 아니라, "목 바로 아랫부분부터 머리 뒤통수까지 목뼈를 따라 쇠파이프를 꽂았다가 뽑는 것처럼" 아팠습니다. 파도가 치는 것처럼 심했다 덜했다 하면서 아픈 게 아니라, 한 번 아프기 시작하면 이틀 또는 사흘간 계속 그렇게 죽도록 아팠습니다. 아픈 동안은 먹을 수도, 잠을 잘 수도 없었습니다. 머리까지 어지러워 먹은 것 없이 토하기도 했습니다. 정말 미칠 지경이었습니다. 선장한테 사정사정해서 사고 난 지 8개월 만에 겨우 귀국할 수 있었습니다.

귀국한 뒤 회사에서 치료비를 대주어 병원에 다녔습니다. '요추 및 경추 추간판 탈출증'이라고 했습니다. 쉽게 말해서 허리와 목에 디스크가 걸린 거라고 합니다. 2년쯤 지나도록 차도가 전혀 없었습니다.

그런데 얼마 전부터는 말이 잘 안 나오고 행동도 굼떠지고 말을 한마디 하려면 저도 모르게 고개가 먼저 옆으로 돌아가며 갸우뚱하게 눕기 시작했습니다. 길에 나가면 사람들이 나를 보고 수군거리곤 하는데, 거울을 보면 제가 느끼기에도 좀 바보처럼 보였습니다. 병원에서 진단서를 받아보니 '외상성 뇌증후군'이라고 써 있었고, 얼마 전부터는 정신과에서도 치료를 받기 시작했습니다.

회사에서는 목과 허리의 디스크만 업무상 재해로 인정되기 때문에 정신과 치료에 대하여는 치료비 등 일체의 보상을 할 수 없다고 합니다. 정신병원의 치료비는 어마어마하게 비싸다던데……. 담당 의사는 "배 위에서 당한 부상 때문에 결국 정신적 장애가 생긴 것 같다"고 말했습니다. 귀국한 뒤 지금까지 2년이 넘도록 한 푼의 임금도 못 받아서 지금은 거지보다 전혀 나을 것도 없이 살고 있습니다. 회사에서는 "그동안의 치료비를 대준 것만도 크게 봐준 것"이라고 말합니다.

그러니 그 어마어마하게 많이 든다는 정신과 치료비를 회사로부터 타낼 방법이 없겠느냐는 거였다. 물론 방법이 있다고, 치료비뿐만 아니라 그동안 못 받았던 임금도 받을 수 있도록 법에 다 나와 있다고, 그리고 앞으로 몸에 장애가 남게 될 터이니 앞으로 수명이 다하는 날까지의 손해도 돈으로 계산해서 받을 수 있다고 설명해주었다.

그 청년을 옆에 앉힌 채 항만청에 제출할 서류를 꾸미기 시작했다. 대개는 다음의 적당한 날에 다시 만날 약속을 하고 그때까지 내가 틈틈이 서류를 만드는 것이 보통이지만 그 청년의 거동이 불편해 보여서(사무실까지 혼자 찾아온 것이 신기할 정도로 몸과 마음의 장애가 심해 보였다) 어떻게 할까 잠시 망설이다가, 다른 일을 미루기로 했다.

격무와 박봉에 시달리면서 때로 관료주의적 폐단에 물들어 있기도 한 공무원들이 조금이라도 신경을 써서 서류를 보게 하려면, 불필요할 정도로 장황하게 서류를 꾸며야 한다는 것이 그동안의 경험을 통해 얻은 '진리'이다. 간단한 말도 복잡하고 거창하게 설명하고, 한 페이지에 담을 수 있는 내용도 두서너 페이지에 나누어 담고, 가능한 한 붉은 색 도장과 푸른 색 고무인을 여기저기 많이 찍을 수 있도록 신경을 써야 하기 때문에 반나절은 족히 걸리는 작업이 되고 만다. 관공서에 찾아가 울며불며 말로 호소하거나 아무 종이에나 괴발개발 적어서 진정서 한 장만 달랑 내미는 것보다 같은 내용이라도 그럴듯하게 수십 페이지의 서류를 갖추어 내미는 것이 훨씬 좋은 효과를 얻을 수 있다는 것은, 인정하기 싫지만 분명한 사실이다. 그런 내키지 않는 노력들이 당사자에게 바늘 끝만큼이라도 도움을 준다면, 옳고 그름을 따질 여유는 나한테 이미 없다.

오후 2시쯤 되어 내용 작성을 모두 끝냈다. 내용 작성이 끝나면 일이 절반쯤 끝난 셈이다. 이제는 컴퓨터 프린터로 뽑아내어 필요한 만큼 복사하고, 참고 자료 역시 필요한 만큼 복사하여 번호를 매기고, 순서대로 철해서 일일이 도장을 찍어야 한다. 그런데, 빌어먹을 관공서 공문서식은 복사지나 컴퓨터 용지 그 어느 것과도 규격이 맞지 않아서 자를 대고 일일이 같은 크기로 절단을 해야만 한다(지금은 관공서 용지가 A4로 통일되었지만, 몇 년 전까지만 해도 B5보다는 조금 크고 A4보다는 조금 작은 16절지가 우리나라 관공서 문서 규격이었다). 그렇게 해야만 받는 쪽에서 조금이라도 신중하게 서류를 들여다보기 마련이다.

컴퓨터 프린터에서 막 출력이 시작되었을 때, 그 청년이 이제는 일도 다 끝냈으니 여담이나 하겠다는 것처럼 주섬주섬 말을 꺼냈다. 언어장애가 있어서 심하게 더듬거리는 말씨였다.

"사고 당한 지 3년이나 됐지만 실제 치료 기간은 10개월도 안 됐어요. 회사에서 '죽어도 치료를 안 해준다' 고 해서요. 그동안 쫓아다닌 병원이 열 군데도 더 될 겁니다. 회사에는 백 번도 더 찾아갔고요.

다치고 나서, 집에 보내달라고 아무리 사정을 해도 선장이 허락을 해야 말이지요. 나중에는 '치료도 보상도 필요 없으니 그냥 귀국만 시켜달라' 고 아무리 사정해도 '네 마음대로 귀국하면 선원법 위반으로 공항에 내리는 즉시 구속될 테니 알아서 하라' 는 식으로 협박하더군요.

목이 아프기 시작하면 어떻게 할 수가 없었어요. 고래고래 소리도 지르고 데굴데굴 구르기도 하고……. 그랬더니 항해사가 나를 방에 가두라고 하대요. 거의 6개월 동안을 감금 상태에 있다가 포르투갈에 배가 닿았을 때 죽어버리겠다고 소란을 피웠더니 겨우 나를 달래서 귀국시켜 준 거예요."

내가 그 청년의 말을 끊고 물었다.

"잠깐만요. 그걸 왜 지금에야 말해요? 정신과 의사한테도 그런 얘기 모두 했어요? 어쩌면 그런 것들이 제일 중요한 일인지도 모르는데……."

이역만리의 바다 한가운데에서 철판으로 만들어진 상자갑 같은 선실에 감금돼 있었던 6개월 동안 그가 겪어야 했을 고통은 도대체 얼마나 큰 것이었을까. 이 일을 어떻게 해야 하나, 잠시 망설인 뒤에 나는 프린터 전원을 끄면서 말했다.

"처음부터 다시 시작합시다. 그 중요한 걸 빠뜨릴 수는 없어요. 오늘 다른 약속은 없지요?"

그러자 그는 무슨 말을 하려고 고개를 여러 번 꼬면서 한참이나 애를 쓰다가, 손으로 머리를 긁적이며 심하게 더듬거리는 말로 말했다.

"저…… 식사하셔야……지요."

그 말을 듣고 나는 나도 모르게 의자에서 벌떡 일어섰다. 그가 대책 없이 착해 빠지기만 한 것에 오히려 분통이 터질 지경이었다.

"댁이 지금 남 식사 걱정이나 하고 있을 형편이오?"

마치 그가 큰 잘못이나 한 것처럼 큰소리가 튀어나왔는데, 말끄트머리에서 그의 우람한 손이 눈에 확 들어오는 순간, 눈물이 왈칵 솟았다. 수억 원을 들인다 해도 그는 결코 예전의 건강한 모습을 되찾지 못할 것이다. 결혼도 하기 전의 젊은 나이에 거의 완벽하게 망쳐버린 그의 인생은 이제 어떠한 방법으로도 완전하게 보상받지는 못할 거였다. 남달리 커 보이는 그의 손이 오히려 서러웠다.

일을 다 마친 그를 문간까지 바래다주고 돌아서면서 나는 마음속으로 다짐했다.

'앞으로 내가 ㄷ참치를 먹으면, 개다.'

며칠 뒤 슈퍼마켓에서 무심코 참치 깡통을 집어드는 나에게 아내가 말했다.

"그거 'ㄷ참치' 야."

나는 깜짝 놀라서 얼른 깡통을 내려놓았다.

할머니 이야기
- 비본질적인 그러나 본질적인

키가 작은 할머니 한 분이 불편한 걸음으로 들어오셨다. 한 걸음의 폭이 한 뼘 정도 밖에 안 돼 보여 '3층에 있는 우리 사무실까지 어떻게 올라오셨을까?' 싶었다. 머리는 모두 백발이었지만 얌전하고 세련된 화장을 하셔서 불편한 행동거지와 칠순은 쉬이 넘어 보이는 연세에도 여느 중풍 걸린 노인네들처럼 단정치 못하다는 느낌이 없는 분이었다. 숨이 찬 듯 한참 쉬었다가 다시 이어지고 쉬었다가 다시 이어지는 그 할머니의 이야기를 오전 내내 들었다.

○○병원 노동조합장이었던 김○○를 기억하시는지 모르겠습니다. 2년 전쯤에 이 상담소의 도움을 받아 체불임금 청구소송을 했던 그 노동조합 위원장이 제 아들입니다. 제 아들이 평소 남 위하는 일이라면 발 벗고 나서는 성격이었는데도 노동조합 위원장 맡으면서는 며칠씩이나 고민을 했습니다. 그러더니 나중에 결국 "나는 아직 총각이고 홀어머니 외에는 딸린 식구도 없으니 나 같은 사람이 노동조합을 맡지 않으면 누가 하겠느냐"고 하더군요. 저도 평생 동안 '사람이 옳게 사는 게 중요하

지 다른 거는 하나도 중요하지 않다'는 생각으로 살아왔고 애들에게도 그렇게 가르쳤기 때문에 아들에게 부디 잘해보라고 당부했습니다. 지부장이 되고 나중에 위원장이 되더니 어느 날 조합원들의 체불임금을 계산한다고 집으로 라면 박스로 하나 가득 서류를 들고 와서는 이틀 밤을 꼬박 새더군요.

(할머니는 의외로 '지부장', '위원장', '체불임금' 등의 용어들을 여느 노동조합 간부들보다도 정확하게 사용하셨고 그 밖에도 젊은 사람들이나 알 법한 단어들을 매우 정확하게 알고 계셨다. 입술이 약간 일그러져서 어눌하게 나오는 말씨이긴 했으나 입에서 나오는 말은 토씨 하나까지 자로 잰 듯 정리된 표현들이었다.)

그해 여름 아들이 친구들과 같이 속초로 해안 탐사 활동을 가기로 했는데 갑자기 태풍이 강원도 쪽으로 몰아치는 바람에 탐사가 불가능해졌습니다. 그러자 선발대로 이미 가 있는 친구들이 서울에 있는 대원들에게 탐사가 불가능하니 출발하지 말라고 연락을 했는데 그때는 이미 아들을 포함해서 서울의 대원들이 모두 떠나버린 뒤였습니다. 다행히 속초에서 모두 만나 탐사는 포기하고 돌아오던 길에 소양강 댐 언저리에서 날이 저물었답니다. 호수 변에 텐트를 치고 밤을 보냈는데 아침에 인원 점검을 해보니 사람이 하나 없더랍니다. 마침 잠수 장비를 가진 대원이 있어서 강바닥을 조사해보니 거기서 우리 아들 시신이 나왔답니다.

저는 그때 이미 중풍으로 쓰러져 몸이 많이 불편한 상태였는데 아들이 춘천 어느 병원에 있다는 연락을 받고 허겁지겁 갔습니다. 응급실에 가서 아들을 찾았지만 없는 거예요. 한참 헤매고 있는데 영안실에 가보라고 누가 알려주더라고요. 세상에…….

제가 몸이 불편해서 아들 묘를 만든다 해도 나중에 찾아가 보지 못할 테니 화장을 하는 것이 좋겠다고 주변 사람들이 하도 그래서, 그렇게 했습니다. 아들이 자주 다니던 북한산에 아들 친구들이 추모비를 하나 세워주었습니다. 그런데 저는 몸이 불편해서 거기까지는 한 번도 올라가 볼 수가 없었습니다.

두고두고 생각해봐도 어찌나 후회가 되던지. '그때 내가 다소 무리를 해서라도 허름한 산모퉁이에 손바닥만 한 땅뙈기를 사서 묘를 하나 만드는 건데 잘못했다' 싶은 생각에 밤이면 잠이 오지 않았습니다. 그런데 북한산이 무슨 국민 관광지로 지정되고 나서 정부가 거기 있는 비석들을 모두 철거한다고 했어요. 아들 친구들이 집에 찾아와서는 별 뾰족한 수가 없이 걱정만 하다가 갔습니다.

제가 너무 괴로워하는 걸 알고는 시집 간 둘째 딸이 하루는 오더니 그랬습니다.

"어머니, 걱정 마세요. 제가 빚을 내서라도 ○○이 뉘일 땅 하나 마련하지 못하겠어요?"

그 딸아이가 전국 방방곡곡을 뒤져서 강원도 인제 근처에 땅 열 평을 샀습니다. 나중에 저도 죽으면 같이 묻힐 수 있게……. 아들 친구들이 북한산에 올라가 밤새 작업을 해서 추모비를 철거해 끌고 내려왔고 현충일인 다음 날 인제에 가서 묘를 만들었습니다. 아들이 생전에 입던 양복, 소지품, 사진, 책 몇 권을 관에 넣어서 묻었습니다. 그런 기막힌 일들을 제가 겪었습니다.

이제부터 제가 오늘 여기에 온 이유를 말씀드리지요. 아들 죽고 나서 며칠 뒤에 재단 이사장 비서실장이란 사람이 집으로 찾아오더니, 아들이 생전에 자기와 아주 친했노라고……. 아들은 노동조합장이고 자기는 비서실장이어서 서로 반대되는 입장에 서 있었지만 나이도 동갑이고 홀

어머니 모시고 사는 처지도 비슷해서 개인적으로는 매우 친했노라고. 앞으로 자기가 친어머니처럼 모시겠노라고……. 그런 이야기들을 했습니다. 제가 교회에 다니는 걸 알고 그랬는지, 자기도 기독교 신자인데 친한 친구의 갑작스러운 죽음을 보고는 심경에 변화가 일어 직장을 그만두고 이제부터라도 목사가 되기 위한 공부를 시작하겠노라고. 당장은 먹고살아야 하니까 못하고 여건이 허락되면 곧 신학 공부를 하겠노라고 했습니다. 얼마나 기특하던지요.

그 뒤로 그 젊은이가 정말 집에 자주 찾아왔습니다. 올 때도 꼭 빈손으로 오지 않고 뭘 사들고 왔습니다. 사람이 아주 진실해 보이더군요. 저도 죽은 아들 대신에 아들 하나 생긴 것처럼 좋아했습니다. 그렇게 몇 개월 지났는데 하루는 그 사람이 인삼 한 상자와 돈 10만 원을 들고 오더니 이런 말을 했습니다. 생전에 우리 아들이 이사장님을 상대로 소송을 제기한 것을 꽤 후회했었노라고. 우리 아들은 소송을 원치 않았는데 조합원들이 하도 하자고 하여 조합장으로서 할 수 없이 했던 것이라고. 그 착한 성품에 자기 때문에 이사장님의 명예가 훼손된 것을 평소에 얼마나 마음 아파했는지 모르실 거라고. 그러니 저더러 아들이 제기한 소송을 취하해달라는 것이었습니다. 소송을 취하하면 이사장님이 특별히 생각해서 300만 원을 주시겠다는 것이었습니다. 이사장님의 명예 때문에 그런다고. 다른 이유는 없다고. 생각해보시라고. 자기가 10년 넘게 데리고 있던 부하 직원에게 송사를 당했으니 이사장님이 얼마나 마음이 아프시겠느냐고…….

저는 소송을 취하해서 이사장님의 명예가 바늘 끝만큼이라도 회복된다면 그것보다 좋은 일이 없겠다 싶어 결국 아들이 제기했던 소송을 취하해주고 말았습니다. 정말로 돈 300만 원이 탐나서 그랬던 것은 아니었습니다. 그후로도 그 돈에 대해서는 정말 까맣게 잊고 살았습니다.

(그 무렵, 소송이 취하되었다는 연락을 받고 나는 그 노동조합장의 가족을 무척 원망했었다. 소송을 취하하기까지 그와 같은 사정이 있었으리라고는 짐작하지 못했다. 다만 2년 가까이 끌어오면서 다 이겨놓은 사건이 취하되는 것이 너무나 안타까웠다. 패배의식에 빠져 있던 조합원들이 작은 승리라도 얻었다는 기쁨을 느끼게 될 기회가 바로 눈앞에서 사라져버렸다는 것이 억울해서, 그 뒤 한동안 그 생각만 하면 화가 나곤 했다.)

제가 소송을 취하해주고 나니 그 젊은이가 저희 집에 발길을 끊더군요. 그래도 저는 그 사람을 감히 나쁘게 생각할 수는 없었습니다. 그동안 그 사람이 저에게 했던 그 많은 말들이 거짓이라는 어마어마한 사실을 어떻게 받아들일 수 있겠습니까? 만약 그런 것이었다면 저는 또 얼마나 어리석은 사람이 되어야 합니까? 저는 그걸 받아들일 수가 없었습니다. 지금도 그렇게 생각하고 싶지는 않습니다.

그런데 문제가 좀 생겼습니다. 사실은 '좀' 이 아니라 큰 문제였지요. 작은딸이 자기 동생 묏자리를 사준 돈이 알고 보니 빚이었습니다. 식구들 몰래 빚을 내어 땅을 샀던 것이었습니다. 그 빚이 눈덩이처럼 불어서 문제가 복잡해지더니 딸은 결국 이혼을 하고야 말았습니다.

그때에서야 비로소 그 돈 300만 원이 생각납니다. 그 돈 300만 원만 있었어도 제 딸아이가 그런 곤욕은 치루지 않겠다 싶었습니다. 그래서 그 비서실장이란 사람에게 전화를 해보았지요. 그런데 처음에 두어 번 저하고 통화가 되더니 그후로는 통 연락이 안 되는 거였습니다. 사무실에 전화하면 없다 하고, 집에 전화하면 안 들어왔다 하고, 새벽에 전화해봐도 벌써 나갔다 하고, 제가 저희 집 전화번호를 알려주면서 새벽이어도 좋고 밤중이어도 좋으니 저에게 전화를 꼭 한 통만 해달라고 부탁을 해두어도 전혀 연락이 없었습니다. 그러다가 며칠 전에 알아보니 그 사람이 미국에 들어가버렸다고 하는데, 그러니 이를 어찌하면 되겠는지요. 그래도 저는 그 젊은이가 결국 신학 공부한다고 미국에 유학 갔는가 보다 생각하고 싶으니 제가 바보라도 한참 바보지요.

그래서 하도 답답해서, 여기라도 와보면 무슨 수가 있지 않겠는가 싶어서 왔습니다.

법이 도무지 쓸모가 없을 때는 바로 이런 때다. 청구시효가 지났다는 이유 말고도 그야말로 '뾰족한 수'가 없는 사건이었다. 돈 많은 사람들의 하루 저녁 술값도 안 된다는 300만 원을 둘러싸고 할머니가 겪어야 했던 삶이 너무 눈물겨워 실감이 나지 않을 지경이었다. 어째서 법이 그런 경우에는 전혀 쓸모가 없는지를 차근차근 설명해드리고 나서 내가 말했다.

"할머니, 저도 교회에 다닌 지 오래됐습니다. 그리고 독실한 신자는 되지 못하나 '집사'입니다. 나이도 꽤 먹었고 아이도 둘이나 있습니다."

할머니는 '아이고 그러시냐'고, '참 감사하다'고 좋아하셨다. 교회에 다니는 어르신들은 새로 알게 된 다른 이가 교회 다닌다는 걸 알게 되면 '감사하다'고 하신다. 할머니는 그때부터 나를 '집사님'이라고 부르기 시작했다.

"제가 왜 이런 말씀을 드리는가 하면 말이지요. 허튼 말을 함부로 할 만큼 제 나이가 어리지는 않다는 걸 알아주셨으면 해서요. 할머니, 나이 어린 제가 감히 말씀드리겠는데 그 돈 300만 원에 대해서는 하루라도 빨리 잊어버리시는 수밖에 없을 것 같습니다. 그래야만 할머니 건강에도 도움이 될 것 같습니다."

할머니는 고개를 끄덕이셨다. 말씀을 계속하시면서 끝내 울음을 참지 못하셨다.

"제가 칠십 평생을 이렇게 못나게 살아왔나 싶어서 얼마가 후회가 되는지. 제가 중풍으로 쓰러졌을 때 꼭두새벽에 그 녀석이 나를 업고 구급차 있는 데까지 뛰어가기를 몇 차례나 했습니다. 몇 번이나 그렇게 헐레벌떡 뛰어다니면서 나중에는 하루도 빠짐없이 어미를 업고 침 맞으러 다니면서……. 지 어미는 이렇게 살려놓고, 저는 젊은 놈이 먼저 저세상으로 가서. 아이고, 이놈아야. 어미는 어찌 살라고. 아들 녀석이 살아생전에 뼈 빠지게 피땀 흘려가며 '노동'을 해서 당당히 받았어야 할 '임금'을……. 어미가 못나서 바보처럼 그걸 못 받았으니, 이다음에 죽어서 하늘에 가면 내가 아들 얼굴을 어찌 봅니까."

이야기 끝에 할머니에게 내 명함을 드리면서 "궁금하신 게 있으면 몸도 불편하신데 굳이 오시지 말고 전화하세요. 제가 댁까지 직접 찾아가 뵐 수도 있습니다"라고 말씀드렸더니 할머니는 내 명함을 소중하게 받으셨다. 그리고 핸드백을 열고 잠시 뭘 찾으시더니 할머니 명함이라면서 작고 예쁘게 생긴 명함을 주시는 것이다. 칠순의 할머니에게 명함이 있다는 것이 참 신기했다. 명함에 들여다보며 내가 말했다.

"호가 있으시군요. 서예를 하시나보지요?"

"아니요. 되지 못하게 시를 좀 써요."

"아, 시인이셨군요. 시집도 내셨어요?"

"아니요. 그것도 괜한 공명심이다 싶어서 안 했지요. 하지만 벌써 여러 해째 봄이 되면 덕수궁에서 시화전을 열고 있어요. 그게 훨씬 더 사람들에게 시를 가까이 할 수 있는 기회를 만들어주는 것 같기도 하고."

아, 할머니의 얼굴은 마치 소녀 같았다. 아들을 잃고 중풍까지 걸린 칠순의 노파가 어쩌면 저렇게도 순수한 느낌과 영롱한 말씨를 갖고 있을까. 그 비밀이 한꺼번에 풀렸다.

"제가 환갑이 되었을 때 사람들이 기념 시집을 만들어준다고 해서 원고를 차곡차곡 모아놨었지요. 그런데, 그만 집에 불이 나서 그 원고가 홀랑 재로 변하고 말았어요. 그런 불행을 제가 겪었어요. 칠순 기념으로 하나 내볼까 하고 있었는데 이 경황에 그것도 어려울 것 같군요."

한동안, 그 할머니의 존재는 나에게 커다란 충격이었다. 그날 이후, 별다른 특별한 일이 없었으면서도 할머니와 나는 많이 친해져서 어느 날엔가는 보험모집인으로 일하는 따님한테서 얻었다며 원적외선 물병을 전해주러 일부러 먼 길을 오시기도 했다. 정말로 기구한 할머니의 가족 관계에 대해서도 알게 되었다.

금년에 나이가 쉰이 된 첫 따님은 오래전 남편을 갑자기 잃고 그 충격을 이기지 못해서 정신병자가 되었다. 10년 동안이나 정신병원과 기도원 생활을 하고 요즘은 할머니 집에 와서 함께 사는데 몸이 불편하신 할머니가 오히려 그 딸을 돌보아야 하는 형편이다.

둘째 딸은 세 번 결혼했고 세 번 이혼했다. 그래도 억척스럽게 세상과 싸워 이겨 작은 집 한 칸이라도 지니고 살면서 할머니에게 가끔 용돈이라도 드릴 수 있는 자식은 그 딸 하나뿐이다. 지금은 보험모집인을 하면서 두 번째 남편한테서 얻은 초등학교 5학년짜리 아들과 단둘이 사는데, 두 번째 남편은 자기에게 아들이 있다는 것을 여태껏 모르고 있다.

그 밑의 아드님은 몸이 어디가 불편해서인지는 자세히 알지 못하나 아무튼 정상적인 사회생활을 하기가 좀 어렵다고 한다. 최근에야 어느 곳에 경비로 취직했는데, 할머니가 함께 데리고—아들이 어머니를 '모시고' 가 아니라 — 살고 있다.

그리고 막내 아드님이 바로 내가 아는 노동조합장이었던 사람이었다.

노동안전보건 문제를 다루는 한 토론회에 참석하느라고 새벽부터 일어나 준비하고, 하루 종일 정신없이 보내고 사무실에 막 돌아왔을 때였다. 며칠째 새벽잠을 설쳐서 몸도 찌뿌듯했다. 직원이 전화가 왔다며 바꿔주었다. 어느 아주머니의 다급한 목소리다.

"하종강 선생님이세요?"

"예."

"이○○ 할머니 아시지요?"

"예, 압니다."

"그 할머니 딸이 오늘 교통사고로 죽었어요."

"……"

"지금 ○○병원 영안실에 있는데 하 선생님이 꼭 오셨으면 좋겠다고 할머니가 그러셔서요. 그런데 할머니가 지금 워낙 경황이 없어서 제가 대신 연락을 드리는 거예요."

"어느 따님이요? 할머니하고 같이 사시는 분이요?"

"아니요."

"그럼 보험회사 다니시는 분이요?"

"예, 맞아요."

아, 어찌 이럴 수 있습니까? 세상에 어떻게 이런 일이 있을 수 있습니까? 마침 그 병원 노동조합 위원장이 아는 사람이어서 "영안실에 한번 내려가 봐달라"고 전화로 부탁을 하고 서둘러 병원으로 갔다. 지하철에서 내려 연신내의 긴 언덕길을 걸어 올라가는데 자꾸 눈물이 나왔다. 영안실 입구에 다다르니 마침 할머니가 나와 계시다가 내 손을 덥석 잡으시고는 이내 울음을 터뜨리신다.
"아이고, 집사님 오셨군요."
나는 아무 말도 못했다. 할머니를 의자에 앉히고 손을 잡고 있는 것 외에는 아무 말도 할 수 없었다.
"아침에 눈을 뜰 때마다 요즘은 정말로 '하느님, 저로 하여금 오늘 하루를 더 살게 하시니 감사합니다' 라고 기도를 해요. 이제 죽을 때가 되었다 싶어서 자기 전에 매일 깨끗한 속옷으로 갈아입고, 쓰던 원고도 정리해놓고, 언제 어느 누가 와서 보더라도 창피하지 않게 매일 꾸러미를 싸놓는 게 일인데. 나는 이렇게 죽지 못하고……. 어찌 이런 일이 있을 수 있습니까? 그동안 남들 안 당하는 불행한 일을 내가 당할 때마다 '하느님, 이제 더는 마옵소서. 이제 더는 마옵소서' 라고 얼마나 기도했는데……. 집사님, 어찌 이럴 수 있습니까."
영안실에 들어가 밤 9시쯤 되었을 때 할머니가 깜빡 잊고 있었다는듯 말씀하셨다.
"손자 녀석이 학원 갔다가 집에 와 있을 텐데. 아무것도 모른 채 혼자 집에 있을 텐데……."
내가 다녀오겠노라고 했다. "집을 아는 분이 있으면 함께 가자"고 하니 어느 아주머니가 나섰다. 바로 할머니의 큰따님이다. 할머니는 경황 없는 중에도 가방에서 열쇠 꾸러미를 찾아주시며 "요게 바로 대문 열쇠고, 요건 현관 열쇠"라고 가르쳐주셨다. 죽은 따님이 "꼭 받아야 하는 중요한 전화가 올 터이니 집 좀 지켜달라"고 해서 할머니는 마침 이틀 전부터 그 집에 와 계신 거였다.
집에 도착했으나 초등학교 5학년인 아들은 아직 안 들어와 있었다. 기다리는 수밖에 없었다. 기다리는 동안 할머니가 집으로 전화를 하셨다.

"집사님, 저녁 못 드셨지요? 시장하실 텐데 어쩌나."
"괜찮습니다."
"냄비에 보면 햇감자 삶은 게 있을 텐데, 냉장고에 있는 주스하고 같이 그거라도 드시든지."
"괜찮다니까요."
"죽은 딸아이가 아침에 나가더니 햇감자라고, 어머니 쪄 드시라고 사 와서 내가 얼른 삶아서 '따뜻할 때 먹고 나가라' 고 하니까 그거 두 개 집어먹고는 나간 지 10분도 안 돼서 그렇게 된 거예요. 우리 딸이 죽었다는 걸 아직도 믿을 수가 없어요."
"아이가 아직 집에 안 들어왔는데 10시까지 기다려보고 그때까지도 들어오지 않으면, 큰따님 보고 집에 계시라고 하고 저는 다시 병원으로 가겠습니다."
"예, 그런데 집사님, 오실 때 담요나 얇은 이불 몇 장하고 방바닥에 제가 벗어놓은 안경 좀 갖다주시겠습니까? 죄송합니다. 그리고 감자 꼭 드세요."

그 같은 경황에도 남 배고픈 걸 걱정해줄 수 있다니……. 나는 감자를 네 개나 먹었다. 아무 말도 안 했는데 큰따님이 설탕을 밥그릇에 가득 퍼다주었고 커피를 큰 컵 하나 가득 넘치도록 수돗물에 타주었다. 큰따님은 자세히 보니 도저히 쉰이라고는 믿기지 않을 만큼 젊어 보였다. 정말로 마흔도 채 안 돼 보였다. 남편이 죽었을 때 그분의 나이도 이미 정지해버린 듯했다.

10시가 되도록 아이는 들어오지 않았다. 큰따님더러 집을 지키라고 부탁하고 담요를 꾸려 대문을 나서면서 나는 차라리 다행이다 싶었다. 초등학교 5학년인 사내 녀석에게 엄마의 죽음을 어떻게 말해야 하나 걱정이었는데 이제 그 괴로운 역할을 이모에게 떠넘긴 셈이다. 골목길 끝에 이르렀을 때, 대여섯 명의 아이들이 뒹굴며 놀고 있는 것이 보였다. 나는 혹시나 싶어서 물었다.

"혹시, 너희들 중에 권○○라고 있니?"

"바로 애예요."

손가락질을 당한 녀석이 나를 빤히 쳐다보았다.

"너, 이모가 집에서 아까부터 기다리는데 빨리 가봐. 초등학생이 이렇게 늦게까지 길에서 놀면 어떻게 해?"

"아저씨는 누군데요?"

"빨리 집에 가보라니까. 아니다, 나랑 같이 가자."

나는 아이의 손을 끌고 다시 집으로 갔다. 아이가 앞장서서 현관을 들어서서 신발을 벗고 마루 위로 올라서는데 이모가 불쑥 말했다.

"니 엄마, 교통사고로 죽었다. 빨리 ○○병원으로 가봐."

아이는 잠시 멍하니 있다가 얼른 현관으로 내려서더니 신발을 신었다. 쏜살같이 대문으로 내닫는 아이를 내가 붙잡았다.

"어디 가니?"

"병원에요."

"아저씨랑 같이 천천히 가자."

아이의 어깨를 잡고 걷는데, 문득 아이가 내 얼굴을 쳐다보며 물었다.

"아저씨."

"왜?"

"우리 엄마 정말 죽었어요?"

"응."

아이는 손바닥으로 눈물을 닦으면서 울기 시작했다. 나는 아이의 어깨를 감싸 안은 채 아무 말 없이 걷기만 했다. 병원에 닿을 때까지 한마디 말도 못했다.

새벽녘까지 병원에 있다가 중요한, 정말로 중요한 일이 있어서 집으로 왔다. 사무실에서 일거리를 한 아름 싸 가지고 나왔던 길이었다. 그럴 때는 바쁘다는 것이 진저리 치도록 싫었다. '아, 이런 날은 병원에 있어야 하는데……' 할머니 혼자 담요를 몸에 두른 채 썰렁한 영안실을 지켜야 하는 이런 기막힌 현실이 어떻게 있을 수 있을까?

할머니의 슬픔을 외면하고도 바르게 살아갈 수 있는 이데올로기가 있다면, 그것은 거짓이라는 생각을 했다.

43번지의 형제

ㅁ동 43번지는 바닷가에 자리 잡은 판자촌이다. 한국전쟁 때 피난 내려온 사람들이 전쟁이 끝나면 다시 고향에 돌아가겠다고 고향 가까운 바닷가에 얼기설기 천막들을 치고 머물기 시작했다가, 40년의 세월이 지나는 동안 그 천막들이 그대로 판잣집으로 변하면서 동네를 이루었다.

어깨를 옆으로 돌려야만 겨우 빠져나갈 수 있는 좁은 길들이 미로처럼 얽혀 있어서, 처음 그 동네에 들어간 사람은 대부분 길을 잃고 헤매기 마련이었다. 그 복잡하고 좁은 길옆에 나 있는 문을 열면 바로 안방이고 부엌이어서 방문을 열어놓고 사는 한여름철에는 온 동네가 한 집이나 다름이 없었다. 그야말로 누구네 집에 밥숟가락이 몇 개인지조차 훤히 알고 지냈다.

1982년엔가 내 친구 하나가 판자촌 봉사활동을 하겠다고 그 동네에 방을 얻어 들어갔었는데 이사 간 지 일주일이 되도록 그 동네 공중변소를 찾지 못해 애를 먹었다. 집집마다 변소가 있는 것이 아니라, 바닷물로 자동 세척되는 커다란 공중변소가 바닷가에 자리 잡고 있었는데, 그곳까지 가는 길이 여간 복잡한 게 아니어서, 열심히 걷다 보면 같은 길을 자꾸 맴돌고 있더라는 것이다.
 그 친구는 하는 수 없이, 작은 수채 구멍을 이용하는 기발한 방법으로 급한 일을 해결하는 수밖에 없었다.

 그 동네에 한 형제가 살았다. 초등학교를 다니는 동안 형제는 모두 학교에 내야 할 돈을 제때에 내지 못해 매일 등교했다가는 곧바로 다시 쫓겨오기 일쑤였다. 가방을 교실에 둔 채 선생님에게 등을 떠밀려 동네로 와보면, 그 골목의 아이들은 대부분 다시 돌아와 있었다. 친구들과 어울려 놀다가 점심때가 되면 부모가 모두 일을 나가 아무도 없는 자기 집 부엌에 들어가 부뚜막에 앉아 찬밥을 먹었다. 해가 질 무렵, 교실에 아무도 없을 때가 되면 모두 학교로 몰려가 교실 창문을 넘어 들어가 가방을 찾아오곤 했다.
 형은 초등학교를 졸업한 뒤 중학교에 들어갔지만, 동생은 초등학교를 마치자마자 곧바로 공장에 취업해서 돈을 벌었다. 동생은 입버릇처럼 '어차피 한 사람은 돈을 벌어야 살 수 있으니 공부에 취미가 없는 내가 돈을 벌겠다' 고 했다. 형은 동생이 벌어온 돈으로 공부를 한 셈이다.
 고등학교를 졸업한 형은 군에 입대했고, 동생은 아랫녘 지방의 커다란 조선소에 용접공으로 취직이 되어 내려갔다. 그런데 그 동생이 어느 날 용접을 하다가 가스가 폭발하는 바람에 그만 까맣게 타 죽고 말았다. 식구들이 허겁지겁 내려가 장례를 치렀고, 화장한 뒤 회사 근처 이름 모를 산에 올라가 재를 뿌렸다.
 군대에 있는 형에게는 연락하지 않았다. 상심한 형이 행여 사고라도 저지를까봐 걱정이 되었기 때문이다. 자기가 공부할 수 있게 열심히 돈을 벌어다준 동생이 그렇게 비참하게 죽었다는 소식을 들으면 그 형이 오죽이나 마음이 상할까.

아랫녘 지방에서 장례를 다 치룬 일가친척들이 올라와 집에 모여 있는데, 군인 하나가 불쑥 현관으로 들어섰다. 형이 휴가를 나온 것이다. 정말 우연의 일치로 그날 마침 휴가를 나온 것이었다. 형이 웃는 얼굴로 물었다.

"웬일로 모두 모여 있어요? 무슨 일이 있었어요?"

아무도 대답을 못하고 있는데, 그의 이모가 불쑥 말했다.

"네 동생 죽었다."

"……."

"용접하다가 가스가 폭발해서 불에 타 죽었어."

형은 신발을 벗고 마루로 올라서다 말고 잠시 머뭇거리더니, 마루에 걸터앉아 황급히 다시 군화를 신으며 말했다.

"내가 집을 잘못 찾아왔군요. 여긴 우리 집이 아니에요. 우리 집에는 그런 일이 있을 리가 없어요."

휘청거리는 걸음으로 정신없이 나가는 형을 사촌 여동생이 달려 나가 붙잡았다. 형은 골목 끝 담벼락에 머리를 기댄 채 하염없이 중얼거렸다.

"여긴 우리 집이 아니야. 내가 집을 잘못 찾아온 거야. 우리 집에는 그런 일이 있을 수가 없어. 내 말이 맞지? 그렇지?"

그 형이 결혼을 했고 작은 사업을 시작했다. 개업을 축하하러 모였던 사람들 중에 그의 동생이 생각나지 않는 사람은 없었다.

어디서 무엇이 되어 다시 만나랴

80년 늦여름, 내가 자원봉사자로 일하고 있던 노동운동 단체 사무실로 무척 똘똘해 뵈는 남녀 고등학생 두 명이 찾아왔다. 몇몇 고등학교의 문예반 학생들이 모여 지금까지 몇 개월 동안 자기들끼리 이러저러한 활동을 해오다가 '이제부터는 경험 있는 선배의 도움을 받는 것이 좋겠다'는 생각으로 마땅한 사람을 찾던 차에, 어느 학교 국어 선생님으로부터 나를 소개받고 앞으로는 선배님에게 한 수 배우고자 하는데 자기들이 아직 나의 정체를 잘 모르고 있으니 "마련해온 질문에 성심껏 답해주면, 돌아가 의논해보고 결과를 알려주겠다"는 것이다. 이를테면 내 면접시험을 치르러 학생 두 명이 대표로 나를 만나러 온 것이다. 학생들이 내게 조심스럽게 물었던 당돌한 질문들은 다음과 같았다.

첫째, '순수문학'과 '참여문학'의 해묵은 논쟁에 대해서는 어떤 입장을 갖고 있습니까?

둘째, 사회의 문제를 해결하고 발전시키는 데에는 '점진적 개혁'과 '총체적 변혁'이라는 두 가지 방식이 있다고 봅니다. 후자의 경우를 '혁명'이라고 하지요. 그 둘 중에 어느 것이 더 옳은 방식이라고 생각하십니까?

셋째, 종교적인 질문을 하나 하겠습니다. 인간의 영혼을 하나씩 구원하면 결국 이 세상이 살기 좋은 하느님 나라가 될 것이라는 '개인구원론'과 아무리 인간의 영혼이 개인적으로 거듭나도 사회의 모순된 억압 구조가 그대로 존재하는 한 문제는 해결되지 않으니 종교인들도 사회의 구조적 모순을 타파하는 데에 앞장서서 불의한 세력과 맞서 싸워야 한다는 '사회구원론'에 대해서는 어떤 입장을 갖고 있습니까?

그 학생들이 내 정체를 잘 모를 뿐만 아니라, 나 역시 그 학생들의 정체를 모를 수밖에 없다. 정체를 모를 때는 얼버무려야 한다. "그런 해묵은 문제들은 마치 동전의 양면과 같아서 선명하게 둘로 가를 수 없다. 양면이 모두 있어야만 온전한 동전이 되듯, 그 두 가지가 모두 우리 사회에 필요하다고 본다"는 식으로 얼렁뚱땅 넘기는데, 셔츠를 흠뻑 적실 정도로 등줄기에서 식은땀이 흘렀다.

학생들은 호락호락 그냥 넘어가지 않았다. "우리 시대의 상황과 개인의 성향에 따라 그 둘 중의 하나를 자신의 입장으로 선택해야 한다면, 선배님은 어떤 노선을 택하시겠습니까?"라고 물었고, 나는 잠시 생각한 뒤에 이렇게 답했다.

"너희들 생각과 똑같아."

잠시 침묵.

"이렇게 답할 수밖에 없는 시대의 아픔을 너희들이 이해해줬으면 좋겠다."

학생들과 나는 파안대소(破顔大笑)했다. 그래도 내 성실한 답변 태도가 좋은 점수를 받았던지 며칠 뒤 학생들로부터 "합격하셨다"는 연락이 왔다.

문학 소년 소녀들의 모임이어서 염무웅, 임헌영의 비평을 읽고 열띤 토론을 벌이는 것을 시작으로 점차 역사와 사회에 대한 이해를 넓혀갔다. 그들의 열정은 참으로 대단한 것이어서 나는 모임 전날이면 마치 대학입시 수험생의 과외 지도를 하는 것처럼 비장한 각오로 밤을 꼬박 새워야만 진도를 겨우 따라잡을 수 있었다.

새로 온 신입 회원은 엄격한 심사와 '가입 선서' 등의 절차를 거쳐야만 했는데 그 모임의 이름은 물론 심사 기준과 가입 선서의 내용과 형식들은 모두 토씨 하나까지 학생들 스스로 토론해가며 만들었다. 이제는 밝혀도 괜찮은 그 조직의 이름은 '춘추지대'였고 그 모임의 대표 학생은 당연히 '회장'이 아니라 '대장'이라고 불렸다.

신입 회원이 들어오면 내 자취방에 모여 창문을 꼭꼭 닫고 두터운 커튼을 드리운 채 어른거리는 촛불을 바라보며 김민기의 〈공장의 불빛〉을 듣고 따라 부르기도 하는 것으로 입회 의식을 치렀다. 지금 생각하면 별 것 아닌 그 일도 살벌한 '5공 정권'이 막 들어선 그때에는 참으로 비장함을 느껴야 하는 일이었다.

6개월쯤 함께 씨름하다가 잠시 내 활동이 부자유스러워진 기간이 있어 모임이 흐지부지되자 한 학생이 "다시 잘해보자"는 내용의 편지를 회원 모두에게 보낸 것이 보안부대의 우편 검열에 걸렸고, 어느 날 갑자기 고등학생들 집에 보안대 수사관들이 들이닥치더니 "학교에 알려 퇴학시키겠다"는 협박으로 마음 여린 여학생들을 눈이 퉁퉁 붓도록 울리는 북새통을 겪기도 하다가 결국 나하고의 관계는 소원해지고 말았다.

그들 가운데 유난히 수줍음을 많이 타서 여학생들로부터도 놀림을 받던 두 남학생이 있었다. 한 학생은 모임에서 발제를 하면 "나는 이 책을 읽고 다음과 같은 점을 여러분들에게 이야기하고 싶습니다"라는 첫 구절부터 공책에 꼼꼼히 정리해와서는 얼굴 한 번 쳐들지 못하고 토씨 하나 틀리지 않게 읽어 내려가곤 했다. 얼굴이 너무 검어서 그 학생이 얼굴을 닦고 나면 친구들이 "수건에 검댕이 묻지 않았는지 살펴보라"고 놀렸다. 유독 자신에게 깊게 배어 있는 문학적 감상을 떨쳐내기 위해 애쓰던 것이 기억에 남는다. 그가 어머니를 추억하며 쓴 시를 돌려보며 눈시울이 뜨거웠던 적도 있다. 그 시의 내용을 기억나는 대로 일부분만 옮기면 이렇다.

> 박정희가 우리 동네에 왔을 때
> 엄마는 악수를 했다고 두고두고 자랑하셨지만
> 나는 엄마를 존경할 수밖에 없다.
>
> 박정희가 죽었을 때
> 엄마는 슬프다고 우셨지만
> 나는 엄마를 존경할 수밖에 없다.
>
> 가족의 생계가 달린 생선 그릇을 머리에 이고
> 헤어진 치맛자락에 때 묻은 종아리로
> 엄마가 넘던 고개를
> 아침마다 넘으면서
> 나는 엄마를 존경할 수밖에 없다.

(20여 년 전에 읽은 시여서 얼마나 정확한 기억인지 자신 없지만 아마 토씨 몇 개 빼고는 거의 틀리지 않았을 것 같다. 그 느낌과 울림이 얼마나 컸으면

한 번 읽었을 뿐인 시의 내용을 20년 넘도록 이렇게라도 기억하고 있을까.)

또 다른 한 학생은 말을 시작하기 전에 얼굴부터 먼저 발갛게 물드는 습관이 있었다. 토론을 할 때면 아무 말 없이 빙그레 웃고 있는 적이 많았는데 그래도 가끔 면도날같이 예리한 발언으로 모임의 분위기를 모아가는 재주가 있어서 후배들이 잘 따랐다. 《8억인과의 대화》(당시 중국의 인구가 8억이었다)란 책에 밑줄을 그어가며 읽던 어느 선배가 바로 그 밑줄 친 책이 증거가 되어 반공법 위반으로 구속돼야 했던 숨 막히는 세상이었는데도 그 학생은 어느 날 토론을 하면서 중국에 대한 해박한 지식을 쏟아놓는 바람에 우리 모두를 깜짝 놀라게 했던 기억이 아직도 생생하다.

그렇게 만났던 학생들의 소식을 그 뒤 몇 년 동안 띄엄띄엄 들었다. 독점자본과 권력의 무자비한 탄압에 맞서 강철 같은 대오로 노동조합을 지켜내겠다는 결의를 다지기 위해 머리를 삭발해버린 일단의 대기업 노동자들을 만났는데, 아, 그 얼굴이 까맣던 소년이 그 노동자들을 지휘하는 대장이었다. 이제는 더 이상 물러설 곳이 없어 죽음까지도 마다하지 않겠다는 결의로 머리를 박박 밀어버려 얼굴에 살벌함마저 감도는 노동자들이 그 수줍음 많던 소년에 대한 이야기를 내게 할 때마다 "우리 위원장님"이라고 부르며 매번 깍듯이 '받들어 모시고' 있었다.

언제 감옥에 가게 될지 모른다는 긴박감 때문에 초조해 하는 나를 오히려 "직접 찾아뵙지 못해 미안하나, 옛정을 생각하며 서로 돕고 살자"는 어른스러운 안부로 타이르더니 그는 끝내 감옥에 갔다. 감옥 안에서도 투쟁의 선봉에 서 있다는 소식이 간간이 담을 넘어 들려왔다.

그가 구속되었다는 소식을 들은 며칠 뒤, 나는 그 얼굴이 발갛게 물들

곧 했던 또 한 사람의 청년으로부터 두툼한 편지를 한 통 받았다. 그가 어렵고 고통스러웠던 오랜 기간의 훈련을 무사히 마치고 이제 더 긴 세월 동안 고해의 바다를 헤쳐가야 하는 가톨릭 신부가 된다는 소식이었다. 사제로 서품받는 미사의 날짜와 장소 그리고 신부가 되어 드리는 첫 미사에 대한 안내가 자세히 쓰여 있었다.

그날 밤 나는 그 신부가 감옥에 있는 노동자 친구를 생각하며 미사를 드리는 모습과 그 청년들이 마흔 살쯤 되었을 때의 모습들을 상상해보느라고 잠을 설쳤다. 한때 옳다고 생각되는 길을 부끄럼 없이 걷기도 했으나 이제는 그 길에서 내려와 길가에라도 남아 있으려 애쓰는 내 모습을 바라보며, 이제 막 그 길에 들어선 그들을 위해 내가 할 수 있는 일은 무엇인지 생각했다. 그들은 분명 내 나이 또래가 되어서도 그 길 위에 있을 것이나 내가 그들에게 할 수 있는 약속은 "최소한 길을 막는 사람이 되지는 않겠노라"는 것뿐이어서, 길을 걷다가 혼자 울었다.

지난해, 비정규직 노동자 문제 관련 행사에 참석했을 때, 옆 자리에 앉은 한국비정규노동센터 김성희 소장이 낮은 목소리로 속삭이듯 말했다.

"하 소장님, '춘추지대' 기억하세요? 저 고등학교 때 그 모임 회원이었습니다. 따지고 보면 저도 소장님과 인연 깊은 사람이에요. 후후."

이래서 사람이 죄 짓고는 못 산다.

나의 이상형

국내 유수의 제과회사 여성 노동자들을 얼마 전부터 만나왔다. 그들 중의 한 명이 해고되는 바람에 만나는 횟수가 부쩍 더 많아졌다. 하루는 모임이 지지부진해 "밥이나 먹자"고 함께 사무실을 나와 저녁을 먹고 차를 마시러 갔다. 사무실 근처의 커피 전문점에 들어서는데 일행 중 한 사람이 가슴에 두 손을 모으고 말한다.

"어머, 여기는 내 분위기야."

구석 자리에 앉았는데 내 머리 뒤편에 커다란 영화 포스터가 한 장 붙어 있었다. 한 사람이 또 말한다.

"나, 저 영화에 나오는 배우 좋아해요."

내가 포스터의 영화배우 이름을 어렵사리 읽으며 물었다.

"진 레노? 이 사람 좋아한단 말이지?"

"그렇게 읽으면 안 돼요. 프랑스 배우거든요. '장 르노'라고 읽어야 할걸요. 아유, 무식하기는. 그런데 그 사람 말고 그 영화에서 조연으로 나온 다른 배우 말하는 거예요."

그러면서 그 배우가 출연했던 여러 영화와 맡았던 역할에 대해 한참 설명해준다. 나는 거의 모르는 내용들이었다. 뿐만 아니라, 책도 나보다 훨씬 더 많이들 읽고 있었다. 이런 말도 했다.

"오늘 아침에는 화장실에 앉아 신경림 시인의 〈길〉을 다시 읽었는데, 두 눈에서 갑자기 눈물이 주르륵 흐르는 거예요."

책이면 책, 연극이면 연극, 영화면 영화, 음악이면 음악…… 그 문화와 교양 수준이 나를 심히 부끄럽게 할 정도로 높았다. 차를 다 마시고 나서는 일제히 핸드백에서 콤팩트를 꺼내 화장을 고치기 시작하는 것이었다. 내가 말했다.

"내 앞에 앉아서 그렇게 화장하는 사람들은 내 평생을 통해 여러분이 처음인 거 알아요?"

"그럼 화장실에 가서 하면 되지요. 뭐. 얘들아, 가서 분위기 바꾸고 오자."

모두들 우르르 일어서서 화장실에 갔다가 입술을 빨갛게 칠하고 돌아왔다. 한 사람이 곱게 웃으며 말한다.

"어때요? 분위기 바뀌었지요?"

잡담을 나누다가, 내가 물어보았다.

"요즘 한 달에 얼마쯤 받아요?"

한 사람이 머리를 갸우뚱하고 잠시 생각해보더니 답한다.

"음. 한 40만 원 정도 받아요."

그 말을 듣고 옆에 앉았던 이가 대뜸 말했다.

"언니가 어떻게 40만 원씩이나 받아?"

"나는 40만 원 된다. 입사한 지 5년 되었거든."

나는 잠시 할 말을 잃었다. 입사한 지 5년이나 되어 한 달에 40만 원을 받는다니. 그것도 국내 유수 재벌의 제과회사에서. 믿어지지 않았으나,

사실이었다. 그런 절대적 저임금이 아직까지 우리 곁에 있다.

그날 나는 아이스크림을 시켰었는데, 앞자리에 앉았던 여성 노동자에게 말했다.

"아이스크림 먹고 싶지요?"

그이가 답했다.

"내가 아이스크림 만드는 사람 아닙니까? 냄새도 맡기 싫어요. 나는 아이스크림 라인이 제일 지겹더라."

그 말을 듣고 옆에 있던 이가 말한다.

"너 '빼ㅇ로' 라인에 가서 열두 시간씩 맞교대로 한 번 돌아봐. 아주 죽어. 거긴 지옥이야. 지옥."

10여 년 전에 내가 동일방직, 반도패션의 여성 노동자들을 처음 만나기 시작하던 시절에 듣던 이야기와 하나도 다르지 않았다.

그 사람들 중에 나이가 제일 많은 여성이 한 사람 있는데, 세속적인 기준으로는 미인이라 할 수 없지만, 머리가 비상하게 돌아가고, 지도력도 있고 이를테면 그 팀의 리더 격이었다. 화장실에 가서 입술들을 빨갛게 칠하고 돌아왔을 때, 한 사람이 그 언니를 가리키며 나에게 일러바치듯 말했다.

"아저씨, 저 언니가 화장실에서 그랬는데요. 아저씨가 자기 이상형이래요."

그 언니가 발끈해서 말했다.

"내가 언제 그랬냐?"

"언니가 아까 화장실에서 분명히 그랬잖아. '저 아저씨 참 괜찮다'고. 언니 이상형이라고 분명히 그랬잖아."

나는 또 '계속 이렇게 살다가 죽어야지' 하는 생각을 했다.

그 여성들 중에서도 유달리 책을 많이 읽는 사람이 있다. 깨알 같은 글씨가 박힌 두꺼운 노동법 책을 들고 다니다가 짬이 나면 마치 주간지라도 읽는 것처럼 아무렇지도 않게 편한 표정으로 읽곤 한다.

그 여성의 어머니는 집에 놀러온 자기 딸의 친구들에게 이렇게 말하곤 한다.

"쟤가 우리 집 아이들 중에서 공부를 제일 잘했다우."

어려운 살림에서도 다른 형제들은 모두 대학에 진학했는데, 공부를 가장 잘했던 그 딸만 대학에 가지 않았다는 것이다. 그 이유가 무엇일까? 그 여성 노동자의 친구가 내게 귀띔해줬다.

"저 친구가 바로 전교조의 세례를 받은 첫 번째 세대거든요."

전교조 선생님들, 책임지셔야 합니다.

그래도 좋은 곳에

내가 누구를 '후배'라고 부를 때는, '같은 꿈을 꾸고 있는 사람'을 이르는 말이다. '같은 방향을 보고 있는 사람들', '같은 희망을 갖고 있는 사람들'을 모두 아우르는 말이다. 때로 그 '같은 꿈' 때문에 '같은 상처'를 입는 경험을 나누어 갖기도 해서 동질감은 더욱 짙어진다.

그것은 나의 친구 김○기가 1983년도엔가 '국가 원수 모독 및 국가 기밀 누설'이라는 어마어마한 죄로 재판을 받으면서 "동포란 같은 희망을 갖고 있는 사람들입니다"라고 당차게 외쳤던 최후진술의 패러디이기는 하지만, 내 나름의 고민이 전혀 없지는 않았다.

어쩌다 알게 된 이가 "뭐라고 부를까요?"라고 묻는 경우가 간혹 있다. 하 소장님? 하 선생님? 하종강 씨? 그가 만일 나와 같은 지향점을 하나라도 가지고 있는 사람이라면, 나는 심사숙고 끝에 '선배'라고 불러달라고 말한다. 때로는 그런 사람의 선배라는 것이 스스로 자랑스러울 정도로 과분한 이가 나의 후배가 될 때도 있다. 나로서는 큰 복이다.

나 역시 다른 선배들에게 똑같은 이유로 후배의 자격을 얻기도 해서, 평생 농사만 지으며 살아온 칠순의 농민회장이 순식간에 내 선배가 되는 과분한 대접을 누리기도 한다. 그 칠순의 농민회장 선배가 "하 동지"라고 부르면서 내 손을 잡았을 때, 그 솥뚜껑처럼 넓고 두꺼운 손에서 전해지던, 세상의 모든 권위와 믿음을 다 합친 것 같은 든든한 느낌이라니.

광주와 부산을 바삐 들렀다 와야 하는 일정이 생겼다. 광주를 들러 밤 늦은 시간 부산에 도착해서 해운대 근처에 숙소를 정했다. 옷걸이에 걸린 옷과 커다란 가방을 들고 프런트의 여직원 앞에 가서 "방 있나요? 전망 되게 좋아야 하는데"라고 말했더니 여직원은 활짝 웃으며 열쇠를 내준다. 객실 바닥에 가방을 팽개치듯 던져놓고 백사장의 포장마차에 나가서 막 앉았는데, 호출기에 음성 메시지가 왔다.

"선배님, 저 ○○인데요. ○○이가 죽었어요. 지금 ○○병원 영안실에 와 있는데요. 우리끼리 잠시 얘기해보고 일단 선배님께 연락하는 게 좋다는 판단을 했어요. 연락주세요."

후배의 호출기에 "도대체 어떻게 된 일이냐?"는 간단한 내용의 메모와 휴대폰 번호를 남기고 연락을 기다렸다.

자기표현대로 "물불 안 가리고 운동만 하다가" 상처를 많이 받고 세상과 연을 끊고 살던 후배였다. 최근에는 대학 입시 학원에서 수학을 가르치는 '잘 나가는 수학 강사'가 된 것으로 알고 있었는데……. 특장생으로 장학금을 받으면서 당당하게 대학에 들어갔던 그가 만일 우리나라의 80년대에 대학을 다니지 않고, 미국이나 유럽에서 대학을 다녔다면, 지금쯤 훌륭한 학자가 돼 있을지도 모른다. 그 후배뿐만 아니라 사회를 바꾸는 일에 젊음을 바쳤던 많은 후배들이 오늘날 학원 강사가 되었다.

세상을 떠들썩하게 만들었던 반국가단체 조직 사건 때 안기부의 밀실에서 받은 혹독한 고문이 결국 너를 한밤중에 황망히 경찰에게 쫓기다가 실족하게 했겠지. 한번 조직원은 영원한 조직원이니까. 젊은 시절의 많은 날을 감옥에서 다 보내고, 뒤늦게 장가가고 싶다고 노래를 부르더니. 장가라도 가서 의지하는 사람이 있었으면 그렇게 죽지 않았을 텐데……

후배와 자주 언쟁을 벌였던 다른 후배는 영정 앞에서 "화해할 기회도 주지 않고 그렇게 가버리는 게 어디 있냐?"고 울었다. "내가 형을 좋아한다는 말을 할 기회도 없이 형은 갔군요. 많이 개개고 버르장머리 없는 그런 후배로만 남게 되었군요"라면서 울었다.

평소 〈고래 사냥〉의 가사를 제멋대로 바꿔서 즐겨 부르던 후배는, 한 줌 재로 변해서 정동진역 근처 동해 바닷물에 뿌려졌다. 사람들이 일주일 만에 다시 그곳에 찾아갔는데, 한 녀석은 길 떠나는 사람들 사이사이에 그 형과의 아른한 추억들을 되새기며 울음과 웃음이 한데 섞이는 '아름다운 그림'을 상상했다가 배고파 계란을 까먹고 우동을 후루룩 빨아당기는, 때로 화장실 근처로 가서 담배를 뻐끔뻐끔 피워대는, 고스톱 기계를 가져오지 못한 걸 한탄스러워 할 정도로 심심해 하는 여느 여행객들과 다를 바가 없었다고 두고두고 분개했다.

"소주나 한잔 하자"고 한마디만 해도 그 말에 담긴 많은 뜻을 대번에 알아듣던 후배는 이제 없다. 후배야, 죽더라도 눈은 감지 마라. 우리가 바라던 세상이 이루어지는 걸 지켜봐야지. 우리가 변함없이 노력하고 있다는 걸 지켜봐야지. 우리라도 끈질기게 살아남아, 꼭 승리하고야 마는 걸 지켜봐야지. 우리가 행여 게을러지면 네가 평소 하던 것처럼 "에이 씨발, 형, 그렇게 밖에 못해?" 하면서 마구 덤비고 그래야지. 처음 만나던 날 여럿이 약속했던 것처럼, 누가 더 잘 싸우는지 가투판에 나가서 한 번 붙어봐야지.

  꽃도 십자가도 없이, 사랑도 명예도 이름도 남김없이 그렇게 갔지만, 갑작스런 너의 죽음이 우리에겐 더욱 살아갈 이유와 의미가 되어야지.

  후배가 자주 가던 신촌에서 한 시간쯤 서성거릴 일이 생겼다. 연대 앞 철둑길 아래에는 장미가 한창일까. 신촌 거리를 걷다가 그 녀석 생각하면서 자꾸 눈물이 나오면 풀잎도 따라 울까.

피눈물을 뿌리며

길을 건너다가 횡단보도 중간쯤에서 후배를 만났다. 대입학력고사 300점대의 수재였으나(학력고사 300점이 넘으면 신문에 이름이 나오던 시대였다) 일찍이 학생운동에 '귀의' 하여 데모를 주동하고 징역을 살았으며 졸업한 뒤에는 '위장취업 노동자'로 치열하게 살다가 현장에서 만난 동지와 결혼을 한 후배다. 그가 다닌 대학의 많은 후배들은 아직도 "교문 앞 다리 위에서 우리 학교 역사상 가장 멋있는 데모를 주동했던 언니"로 그를 기억하고 있다.

얼마 전에는 '엎친 데 덮친다' 고 건강까지 몹시 상해서 치료비가 수백만 원이나 드는 대수술을 받아야 했다는 소식을 다른 후배를 통해서 들었다. 금이야 옥이야 길러준 부모님들의 반대를 무릅쓰고 외로운 결혼식을 올린 처지였으니 새삼스럽게 부모님에게 도움을 청할 수 있는 처지도 아니었겠고, 때마침 감옥에 들어가 있는 남편에게는 말도 못한 채, 혼자 그 일들을 다 치러내느라고 겪은 고생은 이루 말할 수 없었으리라.

건너던 길을 급히 다시 돌아 후배와 나란히 걸었다. 십 년 가까운 세월 동안 생머리였던 후배의 머리카락이 우아하게 굽이치고 있을 뿐만 아니라 얼굴에는 뽀얗게 화장도 했다.

"너, 언제부터 화장했냐?"

"며칠 됐어요."

"꼭 피에로 같다. 그게 뭐냐?"

"왜요? 보기 흉해요?"

"아니, 그 중 낫다 싶은 여자도 결국 이 모양인가 싶어서."

"형, 그러지 마세요. 그러면 나 또 고민해요. 안 그래도 고민이 많아서 요즘 매일 밤마다 잠을 못 자는데."

마침 점심 무렵이어서 적당한 식당을 찾아들어가 자리에 앉자마자 후배가 말했다.

"나, 이혼하기로 했어요."

나는 깜짝 놀라서 물었다.

"네 남편 나온 지 한 달도 안 됐잖아?"

"남편도 벌써 동의했어요."

"꼭 그렇게 할 수밖에 없었냐?"

상투적인 내 질문을 후배는 단호한 말씨로 끊었다.

"더 이상 피눈물을 뿌리며 가시밭길을 갈 수는 없어요."

그랬겠지. 다른 사람들보다 당사자는 수백 번도 더 생각했겠지.

"그동안 받은 상처도 너무 억울해요."

"상처를 입힌 놈들이 나쁜 놈들이니, 신경 쓰지 말자."

내 답변이 참으로 궁색하다는 생각이 들었다. 후배가 계속 따지듯 말했다.

"미쳤다고 하시겠지만, 지난 10년 세월이 아까워 죽겠어요."

"그 세월이 아까워서라도 그렇게 살면 안 되지. 나는 그 세월이 아까워 아직도 이 모양으로 산다."
 어쭙잖게 거든다고 한마디 했지만 후배는 계속 내 말을 잘랐다.
 "평범한 사람들의 소중한 행복도 중요하다는 생각이 들어요."
 "그래. 너는 충분히 행복할 권리가 있어. 남들이 평생 동안 해야 할 고생을 이미 다 치렀으니까. 하지만 네가 말하는 '평범한 사람들의 소중한 행복'도 결코 쉽게 얻어지지는 않아."
 "알아요. 그래서 영어 공부부터 다시 시작할 거예요. 이것 못하면 나는 이제 죽는다는 각오로."
 갑자기 나보다 훨씬 어른처럼 느껴지는 후배가 계속 나를 가르치듯 말했다.
 "내가 다시 사회로 뛰쳐나왔을 때, 제일 먼저 느낀 것이 뭔지 아세요? 남들보다 10년 늦었다는 것 말고는 아무것도 남은 게 없다는 거에요. 영어 회화만 해도 그래요. 내 친구들은 이미 10년 전에 시작했거나 이미 끝낸 것들을 나는 이제 시작하고 있는 거예요. 체력이 튼튼해야 살아남을 수 있을 것 같다는 생각이 들어서 요즘은 아침에 수영도 다니고 그래요. 수영장에서 만나는 사람들과도 친해지려고 애쓰고 있어요."
 이야기를 맺으며 나는 한마디 했다.
 "만약 5년쯤의 세월을 허송했다고 낙담하는 후배가 있다면 너야말로 그 후배를 위로할 자격이 있어. 나는 그런 위로를 할 자격이 없지. 그렇게 보면 너의 그 10년이 꼭 낭비만은 아니야."
 그 후배는 얼마 뒤부터 귀를 뚫고 매니큐어를 칠하기 시작했는데 나는 그것마저도 세상과 싸워 이기려는 노력처럼 보여, 못내 안쓰러웠다.

 며칠 뒤, 서울 시내가 최루가스로 자욱했던 날, 후배가 사무실로 전화를 했다. 노래와 구호 외치는 소리가 전화를 통해서도 멀리 들려왔다.

"형, 나 오늘 거리에 나왔어요. 오랜만에 〈단결투쟁가〉를 불러보니까 눈물이 다 나오려고 해요. 구호도 외쳤어요. 처음엔 팔이 잘 안 올라가더라고요. 근데, 어느 깃발 아래 모여야 할지를 몰라서. 수많은 깃발 중에 내가 따라가야 할 깃발이 없다니. 다른 사람들은 흩어졌다가도 깃발 보고 다시 모이는데……."

다연발 최루탄 소리와 함께 전화가 끊겼다. 마치, 전장의 전투를 생중계하는 CNN 뉴스를 듣는 것 같았다. 30분쯤 지나서 다시 전화가 왔다.

"형, 아는 사람들 만나려면 어느 깃발 아래로 가야 돼요? 근데, 오늘 같은 날 형은 도대체 사무실에서 뭐 하는 거예요? 빨리 신촌으로 나와요. 더 중요한 일이 있겠지, 뭐. 아, 저기 물대포 온다. 저거 참 희한하대. 우리 때는 저딴 거 없었잖아요? 개자식들, 나중엔 아마 진짜 대포를 쏠지도 몰라."

멀리서 노랫소리가 들리는가 싶더니 전화가 또 끊겼다. 잠시 동안 일이 손에 잡히지 않았다.

그래. 역시 너는 너야. 네가 〈단결투쟁가〉를 부르며 눈물을 흘리는 건, 최루가스가 매워서만은 아니지. 부디 그렇게라도 살자. 귀를 뚫고 손에 매니큐어를 칠한 채 거리에 나섰겠으나, 그럴 때의 너는 마치 김민우의 노래 가사처럼 자랑스럽다. "나 한 번도 말은 안 했지만, 너 혹시 알고 있니? 너를 자랑스러워 한다는 걸."

내 생일 다음 날 퇴근 무렵, 후배가 사무실로 찾아왔다. 우리 사무실이 있는 건물 1층 식당에 가서 자리에 앉자마자 후배가 대뜸 말했다.

"어제가 형 생일인 거 다 알고 왔는데. 나 오늘 완전 '개털' 이야. 형이 밥값 내야 돼. 히히……."

그 이름, 세 글자

사무실에 늦게까지 남아 있는데 후배가 전화를 했다.
"○○가 죽었어요. 자살했어요. 지갑에서 선배님 명함만 딱 한 장 나왔대요. 지금 고대 구로병원 영안실에 있어요. 오실 거죠?"
도무지 믿어지지 않아서 "정말이냐?"고 여러 번 되묻고는 서둘러 영안실로 갔다. 모두들 둘러앉아 아무도 말이 없다. 맨 처음 그녀의 자살 현장을 목격했다는 후배가 울먹거리면서 말한다.
"200미터도 안 떨어진 곳에 친구들이 있는 걸 뻔히 알면서······. 전화 한 통화만 하면 우리들이 5분 안에 달려갈 수 있다는 걸 뻔히 알면서······. 어쩌면 그럴 수 있어요? 나쁜 년이에요. 아주 나쁜 년이에요."
"나는 그렇다고 해도 너희들은 그동안 뭐 했냐?"
내 질책을 듣고 후배 한 녀석이 고개를 꺾는다.
"선배님이 그렇게 다그치지 않으셔도 돼요. 가슴에 못 박힌 친구들 많아요."
"연애라도 좀 해볼 것이지."
내 혼잣말을 듣고는 후배가 귀띔한다.

"그것도 제대로 안 되었어요. 상처만 남았어요."

며칠 전 열린 어느 집회에서도 끝까지 남아 있다가 새벽녘에 가까운 친구 집으로 몰려가서 라면을 끓여 먹을 때만 해도 "나는 꼭 밥을 먹어야 하는 사람"이라고 박박 우기며 혼자서 찬밥 한 그릇을 다 비웠는데……. 언제나 수줍은 듯 미소 띤 얼굴이었는데. 내가 작은 힘을 보태는 노동단체에서 간사 일을 새로 맡게 되었다면서 "앞으로 같이 잘해보자"고 배시시 웃더니 도대체 왜 그랬을까?

우리는 그녀를 모란공원 묘지에 묻고 싶었다. 그러나 가족들을 설득하지 못했다. 먹고살기도 힘에 겨운 가족들에게는 갑작스러운 이번 일이 번거로움으로만 여겨지는 듯해서, 우리로서야 섭섭했지만 어쩔 수 없는 일이었다. 결국 화장하기로 했다.

"친구를 모란공원 묘지에 묻고 싶어하는 건, 우리가 가끔이라도 찾아가 볼 수 있는 곳에 그녀를 두고 싶어하는, 우리의 이기주의일지도 모른다"고 내가 오히려 후배들을 설득했다.

영안실에서 이틀 밤을 지새우고 병원 근처 친구 집으로 몰려가 칼잠을 자는데 새벽녘에 울음소리가 들렸다. 그녀의 목에 열 겹도 더 감겨져 있던 전깃줄을 가위로 끊어내야 했다던 후배가 방바닥을 손으로 짚고 앉아 울음을 삼킨다. 이미 죽어버린 친구의 가슴에 귀를 대보고, 행여나 싶어 수없이 가슴을 문질러대기도 할 때는 경황이 없어 미처 몰랐다고 한다.

"너무 무서워요. 너무나 무서운 일이에요."

마침내 대성통곡을 한다. 모두들 자다가 깨서 또 울음바다가 되었다. 그 뒤 한동안 그 친구는 지하철을 타고 가다가도 갑자기 울어대는 바람에 사람들을 당황하게 했다. '그래 마음 놓고 울어라. 죽는 사람도 있는데, 창피한 게 뭐 대수냐.' 나는 그렇게 받아들였다.

3일째 되는 날, 후배를 한 줌의 재로 떠나보냈다. 내가 운구했다. "관을 끝까지 쑥 밀어 넣으십시오"라는 말이 너무 서럽게 들려서 차마 관에서 손을 떼지 못했다. 관을 끝까지 쑥 밀어 넣은 뒤, 관 끄트머리에 양손을 얹고 한참 그대로 서 있었더니 후배들이 와서 나를 데려갔다.

저녁 무렵, 아무도 없는 사무실로 돌아와 의자에 몸을 깊숙이 묻었다. '지금 누가 나를 위로하는 전화를 해준다면, 나는 그의 노예가 되어도 좋으리.' 그러나 그런 기적은 일어나지 않았다. 하나의 죽음에도 이렇게 많은 슬픔이 쌓이는데, 이 땅의 억울한 죽음마다 쌓인 한은 얼마나 많을까. 5월 광주에서 당한 억울한 죽음마다 쌓인 한들은 얼마나 많을까.

다음 날 후배들을 다시 만났다. "산 사람이라도 잘 먹어야 하지 않겠냐"면서 내가 점심을 샀는데, 벌써 농담하면서 까불고들 난리도 아니었다. "자, 이제 슬픔을 딛고 일어서자"는 핑계로 환한 대낮에 맥주로 건배까지 했다.

우리가 영원히 잊어서는 안 될 이름들 속에 그녀의 이름을 더하리라 다짐했지만 '어서 네 자리로 돌아가거라. 이 감상주의자야!'라는 자각과 함께, 책상 앞에 돌아와 앉아 태연히 일할 수 있을 만큼 우리들은 벌써 그녀를 잊었다.

그래도 절대로 잊어서는 안 되는 그 이름 세 글자를 가슴에 묻는다.

고문이 나에게 가르쳐준 것

영화 〈무방비 도시〉

후배의 좁은 자취방에서 나보다 훨씬 나이가 어린 '영화 마니아'들 틈에 끼어 앉아 이탈리아 네오리얼리즘 영화의 대표작이라는 〈무방비 도시(Open City)〉를 본 적이 있다. 영화의 뒷부분 절반은 이탈리아 지하군 포로에게 가해지는 나치 친위대의 무자비한 고문과 그에 대한 숭고한 저항이 그 내용의 중심이다. 화면 가득 폭력이 난무하고 비명이 넘쳤다. '같은 인간이 인간의 탈을 쓰고 어떻게 다른 인간에게 저렇게까지 할 수 있는가.' 영화를 보고 나서 젊은 사람들은 이렇게 말했다.

"이건, 마치 '호러' 영화군요."

"웬만한 '호러' 영화보다 더 무섭군요."

그러나 우리나라의 '흔해 빠진' 운동권 출신들에게 영화 〈무방비 도시〉에 나오는 고문은 그렇게 낯선 장면이 아니다. 우리나라 70, 80년대 십 수년 세월 동안 줄잡아 수만 명이 그런 고문을 당했다. 경찰서에서, 대공에서, 안기부에서, 보안사에서……. 잡혀간 운동권들에게 가해진

가공할 고문은 그야말로 우리나라에서 '흔해 빠진' 일이었다.
 영화를 보며 사람들은 "인간이 어떻게 다른 인간에게 저렇게까지 할 수 있는가?"라고 혀를 찼지만, 인간은 충분히 그럴 수 있었다. 1981년, 20대 후반의 팔팔한 사내였던 내가 말로만 듣던 '비녀꽂기', '통닭구이'를 당하며 사흘 밤 동안 거의 거꾸로 매달려 있다시피 했을 때 '인간의 탈을 쓴' 수사관들은 손 털고 뒤돌아서면 딸의 대학 입시 걱정을 했고 운전면허 시험에 떨어진 마누라 걱정을 했다. 그들도 집에 돌아가면 여느 인자한 아빠나 자상한 남편과 다를 바 없는 사람들이었다. 인간은 충분히 그럴 수 있었다. 나에게 그 짓을 했던 사람들 중에 한 명의 이름 '김○겸'을 아직도 똑똑히 기억한다. 아마 죽을 때까지 잊지 못할 것이다.
 그해 여름, 장마철이 되었을 때, 나는 팔이 쑤셔서 우산조차 들 수 없었다. 가슴에 생긴 검은 멍 자국은 몇 개월 동안 없어지지 않았다. 그러나 그 고문을 견디어내고 '죽지 않고 살았다'는 걸 깨달았을 때 우리에게 들었던 생각은 일종의 자신감이었다.
 "앞으로 남은 인생 동안 우리에게 그만큼 큰 고통은 다시 없으리. 그러니까 우리가 앞으로 이기지 못할 고통은 없다."
 과연 그랬다. 그날 이후, 그 고통의 절반쯤 되는 어려움도 아직까지 겪어보지 못했다. 앞으로 남은 인생에서도 그럴 것이다.
 죽지 않고 살아났을 뿐이지, 우리가 그 고문을 이겨낸 것은 아니었다. 고문을 이기는 것은 영화에서나 가능한 일이다. 나보다 먼저 잡혀 며칠 동안이나 혹독한 고문을 당했던 후배는 "나는 모르지만 하종강 선배가 알지도 모른다"고 말해버렸고, 그래서 잡혀간 나는 사흘 만에 아끼는 후배의 이름을 수사관에게 말할 수밖에 없었다. 그 뒤 며칠 동안 나는 후배들이 차례차례 잡혀 들어오는 것을 지켜봐야 했다. 후배들은 내 얼굴을 보고 "2년짜리 수련회에 왔다고 생각하지요, 뭐"라고 말하며 오히려 나를 위로했지만, 그날 밤부터 나는 복도에 울려 퍼지는 후배들의 비명을 들어야 했다. 깊은 밤, 어두운 복도에서 후배들이 "종강이 형~!"을 부르며 질러대는 비명을 듣고 있어야 하는 절망감을 아는가? 그 절망감은 분노가 되어 우리의 무기가 되었다.

오늘도 결의를 다지면서 머리띠를 묶어 매야 하는 노동자들과 번화한 거리 뒷골목에서 단속반과 숨바꼭질을 벌여야 하는 노점상들과 포클레인 삽날에 무너져 내리는 삶의 터전을 지켜보아야 하는 철거민들과 썩어 문드러진 논밭을 바라보며 애를 태우는 농민들이 있다. 이들은 모두 진솔한 '우리'이다. 최소한 그들과 친구가 되어야 한다는 것. 그것이 내가 죽어도 손에서 놓을 수 없는 내 무기의 최저값이다.

버티는 쪽이 이긴다

그때 영문도 모르고 수사기관에 잡혀간 나는 수사관들에게 따졌다.

"도대체 어떤 사건 때문에 내가 잡혀온 겁니까? 도대체 나를 왜 잡아온 겁니까?"

수사관들은 이렇게 말했다.

"야, 이 새끼야, 여기는 니가 물어보는 곳이 아니야. 우리가 너한테 물어보는 곳이야."

그들이 사용하는 단어 중에 절반 이상은 욕지거리였다. 세상에 태어나서 그렇게 많은 욕을 한꺼번에 들어보기는 처음이었다.

"죄는 지은 놈이 가장 잘 알 거 아니야. 니 죄는 니가 가장 잘 알 거 아니야? 왜 잡혀왔는지 잘 생각해보면 알 거 아니야?"

수사관들은 불문곡직 두드려 패면서 그렇게 다그쳤다. 그러나 내 입장에서 생각해보면, 내가 지은 죄가 한두 가지가 아니니까, 그 중에서 어떤 일이 들통 난 것인지 알 수가 없었다. 어떤 유인물이 걸린 걸까? 어떤 대자보가 걸린 걸까? 어떤 집회가 문제가 된 것일까? 나도 열심히 "짱구를 굴리는" 수밖에 없었다.

그것이 수사관들이 모든 범죄인들을 다루는 수법이다. 현행범이 아닌 한, 어떤 사건 때문에 잡혀왔다고 절대로 가르쳐주지 않는다. 그러니까 절도범이나 강도범들이 잡히면 그 경찰서 관내의 미해결 사건들이 한꺼번에 여러 건씩 해결되는 거다. 절도범이나 강도범들이라고 해서 자신들이 지은 죄를 순순히 자백할 리는 없다. '도대체 어느 집에서 훔친 물건 때문에 잡혀온 것일까?' 열심히 짱구를 굴리며 '혹시 그 집에서 훔친 시계 때문일까?' 그렇게 고문당할 때마다 하나씩 하나씩 얘기하게 되는 것이다.

언제 어디에서나 관철되는 원칙이 있다. '버티는 쪽이 승리한다' 는 것이다. 수사기관에서도 마찬가지다. 며칠째 수사 내용에 진전이 없으면 수사관들도 초조해한다. 매일 아침 회의할 때마다 상관에게 혼나고 와서는 나에게 화풀이를 하기도 한다. 때로 고문은 그들의 화풀이처럼 느껴지기도 했다.

고문을 직접 당하는 것 못지않게 고문을 준비하는 과정 역시 사람의 피를 말린다. 밤이 되면 철창문을 열고 들어와 "하종강, 오늘도 우리하고 같이 고생 좀 하지" 말하며 데리고 가서 필요한 도구들을 하나씩 챙기는 과정이 직접 '통닭구이' 나 '비녀꽂기' 고문을 당하는 순간 못지않게 사람을 위축시킨다. 그 심장이 멎고 피가 마르는 듯한 순간은 당해본 사람만 이해할 수 있을 것이다.

3일째 되던 날, 수사관 한 명이 고의인지 실수인지 모르지만 흘리듯 말했다.

"하종강, 네가 예언자야? 네가 어떻게 미리 알고 있어?"

그때 감을 잡았다. 후배들에게 미리 말했던 '거사'는 하나 밖에 없었기 때문이다.

"○월 ○일 ○시에 ○○ 건물 앞에 후배들을 데리고 가 있어. 그날 그 건물 옥상에서 유인물이 뿌려질 거야. 하늘에 흩날리는 유인물을 보는 것, 땅에 떨어진 유인물을 직접 집어들어서 읽어보는 것, 그것이 후배들에게는 좋은 경험이 될 거야."

유인물 한 장을 가방 속에 넣고 다니다가 불심검문에 걸리기만 해도 '이적표현물 소지죄'로 구속돼 징역을 살아야 했던 살벌하고 한심한 시대였다. 유인물을 뿌리는 것은 물론, 그것을 집어서 읽는 것조차 가슴 떨리고 용기가 필요했던, 그런 시대였다.

'아, 그 사건이구나.'

사건은 그렇게 마무리됐다.

구원의 끈

공범들은 수사가 끝나야 합방이 된다. 나보다 며칠 먼저 잡혔다가 "하종강 선배가 알지도 모릅니다"라고 말해버린 후배를 며칠 만에야 철창 안에서 만날 수 있었다. 나는 그 지경까지 고문을 당하지는 않았는데, 후배는 얼마나 심하게 매달려 있었는지 양쪽 손목이 모두 새까맣게 죽어 있었다. 그냥 매를 맞고 있는 것이 오히려 편할 지경이었다고 했다.

그때 잡혀와서 매를 가장 많이 맞았던 또 다른 후배는 나중에 옷을 벗겨보니, 등에서부터 허리, 엉덩이, 다리, 발목에 이르기까지 온통 까맣게 멍이 들어 있었다. 군데군데 멍이 든 것이 아니라, 마치 커다란 통에 담긴 먹을 몸에 들이부은 것처럼, 몸의 뒷부분이 모두 까맣게 변해 있었다. 제대로 살색이 남아 있는 곳이 거의 없었다. '전신 구타'라는 비교적 강도가 약한 고문의 결과다.

수사관들은 그 후배의 퉁퉁 부은 몸에 소고기 로스 조각을 갖다 붙였다. "피는 피로 풀어야 한다"면서 손바닥만 한 쇠고기 조각들을 후배의 몸에 붙이고 미라처럼 붕대로 둘둘 감쌌다. 우리들은 그 와중에도 "먹기에도 귀한 소고기 로스를 살에다 붙이냐?"고 후배를 놀리며 농담을 했다.

더 웃기는 건, 수사관들이 그 후배를 위로한답시고 그 무렵 여의도에서 열리고 있던 '국풍 81' 축제에 데리고 간 것이다. 국민들을 수백 명씩이나 죽이고 집권했던 전두환 정권이 자신들의 죄를 감추고 젊은이들의 의식을 마비시켜 바보 멍청이로 만들기 위해 마련한 행사가 바로 '국풍 81'이었다. 그 행사의 가요제에서 대상을 받은 사람이 바로 가수 이○씨다. 그 가수의 노래 〈바○이려오〉를 들을 때마다 나는 그 무렵이 생각나 목이 멘다.

양쪽 손목이 새까맣게 죽어버린 후배에게 나는 이렇게 물었다.
"왜, 하필이면, 내 이름을 얘기했냐?"
후배는 이렇게 답했다.
"며칠 동안 고문을 당하다가 문득 이런 생각이 들었어. '하종강 선배는 지금쯤 징역 가는 게 어쩌면 인생에 보탬이 될지도 모른다.' 그런 생각이 드는 거야. 어느 순간에 그런 생각이 팍 드는 거야. 최소한 형 인생에 마이너스는 안 될 거라고 봤어."

그리고 이렇게 덧붙였다.
"사실 요즘 학내에서 형 역할도 거의 없잖아. 히히."
우리는 같이 웃다가 울었다. 그의 말은 모두 맞는다. 그때의 경험은 내 인생에 결코 손해가 되지는 않았다. 그래서 지금까지 그 후배를 원망해 본 적은 정말 솔직히 없다.

몇 년 전 겨울, 충청권에 폭설이 내려 고속도로가 며칠이나 막혔을 때, 내가 바로 그곳에 갇혀 있었다. 노동조합 수련회에 참석하러 유성 유스호스텔로 가다가 대전 부근에서 갇혀버렸다. 처음에는 몇 시간만 기다리면 길이 뚫릴 줄 알았다. 그런데 몇 시간이 지나도록 차가 한 바퀴도 굴러가지 못했다. '아, 이건 며칠 걸리겠다. 하루 이틀 만에 길이 뚫리지는 않겠다' 라고 판단했을 때, 바로 떠오른 생각이 20여 년 전에 당한 고문의 기억이었다. '그래. 그때 내가 사흘 밤 동안 거의 거꾸로 매달려 있다시피 했으면서도 살아났는데, 여기 편안한 차 안에서 사흘을 못 버티랴.' 그런 생각이 들면서 갑자기 마음이 편해지는 것이었다. 나는 차에서 내려, 막힌 고속도로에서 눈사람을 만들었다. 내 차 앞에 서 있던 대형 트럭의 운전기사 청년도 물끄러미 지켜보더니 자기 트럭 짐칸에 쌓인 눈으로 눈사람을 만들었다. 그렇게 우리 주변에는 여러 개의 커다란 눈사람들이 세워졌다. 고문의 경험은 그렇게라도 내 인생에 도움이 됐다.

고통스러운 상황에 빠져본 사람은 안다. 그 고통으로부터 도망쳐도 욕먹지 않을 수 있는 이유를 자기도 모르게 열심히 찾게 된다는 것을. 자신에게 언제 그렇게 풍부한 상상력이 있었나 싶을 정도로 수많은 생각들이 교차한다는 것을. 열심히 활동해온 노동자들이 고통에 빠졌을 때 우선 그 노동자를 유혹하는 함정은 이를테면 이런 것이다. "나 지금까지 해볼 만큼 해본 거야. 내가 지금 여기에서 포기한다고 욕할 놈 있으면 나와 보라고 해." 그런 생각부터 시작해서 자기가 그 상황으로부터 도망쳐도 욕먹지 않을 수 있는 이유를 자기도 모르게 찾게 된다.

후배가 그런 생각을 한 것도 그 때문이었을 것이다. '내가 지금 하종강 선배의 이름을 말해도, 하종강 선배에게는 손해가 안 될 거야. 오히려 인생에 보탬이 될지도 몰라.' 오죽했으면 후배가 그런 생각을 했을까? 그 생각이 후배에게는 고문에서 빠져나올 수 있는 '구원의 끈'이었던 것이다.

송영수를 살립시다

그로부터, 정확하게 20년이 지난 2001년 가을, 한 후배가 나에게 전화를 했다.

"선배님, 송영수 살립시다. 그놈이 신부전증으로 다 죽게 생겼소. 81년 5월에 선배가 송영수랑 같이 잡혀서 고문당했을 때, 그놈이 피오줌을 쌌던 걸 선배님이 봤다고 하지 않았소. 우리가 송영수 민주화운동보상 신청을 해주려고 하는데, 선배가 증인 좀 해주시오."

20여 년 전에 고문을 당하다가 "하종강 선배는 알지도 모른다"고 말했던, 그 후배의 이름이 바로 송영수다. 그때 얼마나 심하게 고문을 당했는지 그는 콩팥의 핏줄이 다 터져서 오줌 속에 시뻘겋게 피가 섞여 나왔다. 20년 전에 콩팥의 핏줄이 다 터지도록 고문을 당한 것이 그의 신부전증과 어떤 의학적 인과관계가 있는지 나는 잘 모른다. 그러나 안면이 있는 한 의사의 말로는 "의학적 상관관계가 있을 가능성이 높다"고 했다.

신부전증을 앓는 후배 송영수는 하루에 피를 네 번씩 투석하면서 산다. 그런데 얼마나 열심히 활동하는지 어떤 노동운동가도 그의 앞에 서면 자신이 부끄러워진다. 우리나라에서 최초로 '지역일반노조'를 창안하고 조직한 사람이 바로 송영수이다.

'일반노조'란 역설적이게도 '일반적인 노동조합에 가입하기 어려운' 노동자들이 주로 모인 조직이다. 환경 미화원, 마을버스 기사, 금융기관이나 호텔의 계약직 노동자, 사회복지시설의 사회복지사, 정화업체 종사자, 용역회사의 파견 노동자, 규모가 작은 공장이나 개인 병원에 근무하는 사람 등 "기업단위 노동조합을 간신히 만들어도 맞서 싸우다가 박살나거나 아니면 '어용'이 되어 살아남거나 둘 중의 하나가 될 수밖에 없는" 노동자들이 업종과 기업 구별 없이 모여 서로 돕고 살자고 모인 것이 바로 '지역일반노조'다. 그와 같은 형태로는 우리나라에서 처음 2000년 부산에 설립됐고 송영수는 '부산지역일반노조'의 사무국장과 공동대표를 역임했다.

그가 '일반노조'에 전력을 다하고 있는 것은 그 속에서 정규직과 비정규직, 대기업과 중소기업의 차별을 극복하고 업종별 이기주의를 극복할 수 있는 '무한한 가능성'을 보고 있기 때문이다. 노동운동 단체에서 경험을 쌓는 동안 그는 우리 노동운동이 가진 문제점을 보았고 그때마다 끊임없이 문제 제기를 해대는 통에 "운동권 내의 운동권"으로 불리면서 스스로 많이 괴로워하기도 했다.

신부전증을 앓는 사람들은 투석하기 직전에는 온몸이 거의 '그로기' 상태가 되어, 손 하나 들어 올릴 힘도 없어진다. 송영수는 사무실에 투석 장치를 갖다놓고 활동했다. 내가 한 번 가서 보니까 사무실 한쪽 구석에서 피곤에 지친 얼굴로 자신의 몸에 달린 파이프에 투석 장치를 연결해놓고 투석 작업을 하는 40분 내내 거의 끊임없이 전화가 왔다. 투병

하느라고 머리카락이 다 빠져버린 얼굴을 손바닥으로 쓰다듬으면서 상담 전화를 받았다. 전화기 저쪽의 상대방에게 화를 내기도 하고 껄껄 웃기도 하면서 노동조합 활동과 단체교섭에 대한 설명을 했다.

송영수가 첫 번째 징역을 살고 83년 출옥한 뒤, 공장에 취업하기 위해서 건강진단을 받으면서 신장이 안 좋다는 진단을 처음 받았지만, 그 뒤 현장 활동하랴, 수배 기간 동안 도망 다니랴, 87년 노동자대투쟁 치르랴, 이래저래 건강을 챙길 여유가 없었다. 87년 6월 항쟁 무렵부터 부산지역에서 거의 모든 노동자 집회의 '판을 짠 사람'이 바로 송영수였고 그의 손을 거쳐 만들어진 노동조합이 100여 개가 족히 넘는다는 건 자타가 모두 인정하는 사실이다.

그렇게 자기 몸 돌볼 여유도 없이 뛰어다니던 그에게 "건강진단이라도 좀 제대로 받아보라"고 채근을 했던 대동병원노동조합 부위원장이 바로 현재 그의 부인 최애심 씨다. 89년 그가 두 번째 징역을 살았을 때에는 징역을 산 날짜 수와 그 기간 동안 최애심 씨가 보낸 편지의 수가 같았다고 한다. 두 사람은 91년에 결혼했고 아들에게는 승혁(勝革)이라는 이름을 지어주었다. "혁명을 계승할 것도 없이, 너는 승리하라"는 뜻이다.

인간에 대한 예의

송영수는 2003년에 기어이 피를 토하며 쓰러져 병원 응급실로 실려 갔다. 주차장 바닥이 그가 토한 피로 흥건했다고 한다. 담당 의사가 "오늘을 넘기기가 힘들다. 마음의 준비를 하라"고 식구들에게 말했을 정도로 그의 상태는 위중했다. 그가 피를 토하며 쓰러져 동아대병원으로 실려갔을 때, 그 소식 듣고 응급실로 달려온 노동자들이 순식간에 150여 명이나 되었다. 그 병원 응급실 역사상 그런 일은 처음이었다고 한다.

송영수가 마흔여섯 시간 만에 깨어났을 때, 온몸이 멍투성이였다. 노동자들이 교대로 지켜 서서 "송영수, 깨어나라"면서 이틀 동안 몸을 계속 꼬집었기 때문이다. 그에게 자신의 간과 콩팥을 주겠다고 줄 선 사람도 아마 150명보다 많으면 많았지 적은 수는 아니었을 것이다. 아산병원으로 병문안을 갔을 때 그는 웃으며 말했다. "그동안 많이 뿌렸으니까, 이제 좀 거둬야지." 그 말이 전혀 교만하게 들리지 않을 만큼 그는 성실한(이 낱말보다 열 배쯤 더 강한 표현 없나?) 활동가다.

송영수는 스물한 시간이나 걸리는 대수술을 받고 살아났다. 지금 그의 몸 안에는 부인 최애심 씨의 간 가운데 65퍼센트가 이식돼 꿈틀거리고 있다. 그의 부인은 한 언론과의 인터뷰에서 이렇게 말했다.

"답답하고 막막하죠. 그래도 수술을 받아 다행이라고 생각해요. 그거 아세요? 남편이 10년 만에 오줌을 누게 됐어요. 그동안 하루 네 번씩 반복되는 복막투석 때문에 소변으로 나올 액이 없었거든요. 가슴이 뭉클합니다."

수술을 받으러 서울 아산병원에 올라와 있는 송영수를 방문했을 때, 죽음의 문턱에까지 갔다 온 사람이 나를 만난 짧은 시간에도 온통 우리나라 노동운동의 한계를 극복하는 일에 대해서만 얘기했다. 열심히 설명하는 그의 말을 듣다가 나는 "우리나라 노동운동의 발전을 위해서라도, 너는 일찍 죽으면 안 되겠다"라고 했다.

그가 나의 후배라는 것이 자랑스럽다

부산에 내려간 김에 송영수를 만나 같이 저녁밥을 먹었다. 헤어질 무렵 그가 나에게 물었다.

"나는 하 선배나 나나 모두 비슷한 종류의 인간이라고 생각해. 그런데 형은 그 일을 20년 넘도록 계속하고 있는 이유가 뭐요?"

나는 조금 생각해보고 진지하게 그리고 나름대로 멋지게 답했다.

"나는 세계관이 바뀌지 않았거든. 나는 내 철학을 바꾸지 않았거든."

그는 내 말을 듣고 픽 웃었다. 잠시 시간을 두고 이렇게 말했다.

"그런 것들 때문이었다면 나는 운동을 벌써 포기했을 거예요. 나는 말하자면 하 선배에 대한 미안함, 그런 것들 때문이었어요. 그거 아세요? 항상 결정적인 것은 그거였어요. 내가 힘들어서 그만두고 싶을 때마다 자꾸 생각나는 거야. 그때 나 때문에 고문당했던 사람들, 나 때문에 징역 산 사람들, 내가 지금까지 만났던 노동자들……. 그 사람들과의 인연이 나를 이 일에서 떠나지 못하게 하는 거야. 내가 힘들어서 그만두고 싶을 때마다 그런 사람들의 얼굴이 자꾸 나를 붙드는 거야."

그는 끝내 목이 메어 잠시 말을 멈췄다가 다시 이었다. "나는 이 일을 그만두고 싶을 때가 많았어. 힘들어서 얼마나 그만두고 싶었다고. 조직 다 정리하고, 주변 사람들에게 나 이제 운동 그만둔다고 다 말해놓고, 몇 번이나 그랬다가도 항상 결정적인 건 그거였어. 어떤 사람들은 그런 인연을 끊고 살지. 나는 도저히 그 인연을 끊을 수가 없더라고."

송영수는 자타가 공인하는 이론가다. 후배였지만 사상적으로는 나를 '지도'한 사람이었다. 그랬던 후배가 자신을 20년 세월 동안 지켜온 원칙이, 만신창이가 된 몸으로 그 힘든 일들을 해내며 버틸 수 있었던 원칙이 '인간에 대한 미안함' 때문이었다고 고백하는 것이다. 눈에 눈물이 그렁그렁 고인 채 그렇게 말하던 그의 얼굴을 잊을 수가 없다. 앞으로는 송영수와의 인연이 나를 이 바닥에서 떠나지 못하게 할 것이다.

2부

죽는다 해도
지지는 않는다

사람들은 나를 보고 노동운동을 했다고 하는데, 내가 지금까지 15년 동안 해온 일은 '근로기준법대로 하자'는 주장 이상이 아니었습니다. 근로기준법은 노동자가 인간의 모습을 유지하기 위해서 지켜져야 할 최저의 기준입니다. 따라서 근로기준법이 지켜지지 않는다는 것은, 우리 사회의 노동자가 인간이 아니라는 뜻입니다. 그런 의미에서 내가 그동안 했던 활동은 단지 인간 선언일 뿐이었습니다. 우리의 노동운동은 지금 인간 선언의 절박한 요구로부터 출발하고 있는 것입니다.

골리앗 노동자

제대로 숨 돌릴 틈조차 없었던 3박 4일간의 일정을 마치고 울산 지역 노동조합 간부들과 함께 저녁 식사를 했다. 내 옆 자리에 앉았던 키가 작은 노동자가 술잔을 기울이는 중간 중간에 이야기를 들려주었다.

나는 초등학교도 못 나왔습니다. 친구들이 책가방 들고 다닐 때 자장면 배달통을 들고 다녔지요. 구두닦이 경력도 꽤 되는 사람입니다. 이리저리 떠돌아다니다가 방어진 바닷가의 이 회사에 들어와 노동조합을 알게 되었고 비로소 사람답게 사는 길이 보이더군요.

'구사대'에게 식칼 테러를 당하던 날, 우리 쪽 인원은 9,000명이나 되었습니다. 시퍼런 칼날이 동료의 옆구리에 쑤셔 박히고 나도 몽둥이에 맞아 쓰러지면서 '이놈들아, 위원장님의 비폭력 선언만 아니었어도 너희들은 다 죽었다' 고 이를 악물었지요.

서울에 올라와 전철을 타고 우리가 당했던 일들을 눈물로 호소했을 때 시민들이 보여준 반응을 보면서 위원장님의 결단이 옳았다는 걸 깨달았습니다.

 삼엄한 검문을 피하느라 뿔뿔이 흩어져 산 넘고 물 건너, 물어물어 서울까지 왔더니 정주영이 있다는 본사 앞에 동지들이 500명이나 모였던 그 감격은 말하자면 또 한 편의 소설이지요.

 '불법쟁의가 발생하면 신고가 없어도 공권력을 투입하겠다' 고 발표했다던데, '범죄와의 전쟁 어쩌구……' 할 때부터 벌써 다 알아봤다 아닙니까. 우루과이라운드가 지랄 염병을 하고 남북교류, 체육교류 해쌓는 바람에 지금은 쑥 들어가 있지만.

 이놈들아, 다음 임금투쟁 때 보자.

 나는 그런 사람입니다.

 식사를 마치고 식당을 나와 헤어지려 할 때 그가 작업복 잠바를 벗으며 말했다.

 "따로 드릴 것도 없고 이 잠바나 기념품으로 가져가시렵니까? 서울 거리에서 이걸 입고 다녀주기만 하면 됩니다."

 그런 잠바를 하나 꼭 입고 싶어서 공단 시장 뒷골목에 가서 값을 물어본 적도 있었지만 입고 있는 옷까지 벗겨갈 수는 없는 노릇이어서 겨우 말렸다.

 "오늘 제 숙소로 가서 같이 주무시지요."

 헤어지기 못내 섭섭해 하는 그에게 내가 말했고 그는 선선히 따라나섰다. 노동조합에서 마련해주어 며칠 동안 잘 사용했던 사원 아파트의 한 방에서 그를 포함한 몇 명의 노동자와 마주 앉았다. 이야기 중에 내가 노동자들에게 물었다.

 "지난번 골리앗 투쟁 때 누가 단식하자고 그랬습니까? 나도 해보았지만 단식투쟁은 함부로 할 게 아닙니다. 이게 해결되지 않으면 차라리 죽는 게 낫다는 각오가 되어 있을 때 해야지, 할 수만 있다면 먹어가면서 싸워야지요."

한 사람이 말했다.

"단식 선포하기 전에 이미 실제적으로 굶고 있는 상황이었거든요. 쌀알을 프라이팬에 구워 먹는 것도 한두 끼지. '이래 굶으나 저래 굶으나 마찬가지 아니냐. 이렇게 된 바에는 화끈하게 단식하자' 결정하고 쌀자루 두어 개 남은 것마저 아래로 던져버렸던 거지요."

내가 또 물었다.

"그런데 골리앗 크레인에서 왜 그렇게 빨리 내려왔습니까? 좀 더 버티었으면 상황이 많이 달라졌을지도 모르는 판이었는데……."

잠시 동안 아무도 말이 없더니 아까 대답을 했던 그 노동자가 작업복 잠바 앞자락을 확 열어젖혀 가슴을 훤히 들여다보이게 하며 말했다.

"홀딱 벗고 말하지요. 되게 외로웠습디다. 우리들만 꼭대기에 올려놓고 다들 보고만 있는 것처럼 느껴지더군요. 이제 속 시원합니까?"

그리고 고개를 푹 꺾었다.

"○○이 그 자식이 그때 투신하겠다고 웃통 벗고 머리띠 매고 좌정하고 앉은 걸 내가 억지로 떠메고 내려왔습니다. 얼굴이 온통 눈물범벅이 되었지요."

그는 한동안 술 마실 생각도 않고 계속 고개를 숙인 채 있었는데 방바닥으로 눈물방울이 떨어지는 것이 보였다. 다른 사람들은 소주를 마시고 나는 음료수를 마시며 얘기를 나누다가 새벽이 되어 먼동이 틀 무렵 자리에 누우며 우리들은 모두 이를 갈았다.

'이놈들아, 다음 임투 때 보자.'

아침에 일어나 보니 노동자들은 모두 일하러 가고 빈 방에 나만 홀로 남아 있었다.

골리앗 노동자 그 뒤

단양에 있는 무슨무슨 연수원이라는 교육 장소를 무척 어렵게 찾아갔다. 집행부 임원들과 인사를 마치고 인솔자를 따라 식당으로 가는데, 방금 식당에서 저녁 식사를 마치고 입을 쓱 훔치면서 나오는 유난히 키 작은 노동자가 눈에 띄었다. 그와 나는 눈이 마주치면서 거의 동시에 말했다.
"어? 우리, 아는 사이 아닌가요?"
"맞다. 누군가 했더니만."
아, 이게 몇 년 만인가.
"대의원 되셨군요."
"예."
나는 그와 악수를 나누면서 인솔자를 엉거주춤 따라가는 동작을 멈추지 않은 채 말했다.
"이따가 끝나고 꼭 봅시다."
강의를 마치고 박수 소리와 함께 교육 장소를 빠져나가는데 그가 문간에 나와 서 있다가 내 손을 꼭 잡고 말했다.
"가지 마소. 내가 꼭 할 말이 있소."
강사용으로 마련된 방에 들어가 잠시 있자니, 그가 다른 간부들과 함께 들어왔다. 그의 손에 워키토키가 들려 있었다.
"그건 뭐 하러 들고 다녀요?"

"내가 지단장이라서."

(그 노동조합은 지단장이라는 특이한 체계로 조직을 관리했다. 지단장은 25명가량의 대의원을 대표하는데, 웬만한 규모의 중소기업 노동조합으로 치자면 위원장급이다.)

그의 고향 친구가 바로 어제 족장에서 실족해 15미터 아래로 추락하는 사고를 당했는데, 아직도 몸에 부기가 빠지지 않아서 수술도 못한 채 혼수상태에 있다고 했다.

"난 이제 고향에 가면 맞아 죽게 생겼소. 친구를 고향에서 끌고 올라와 취직시켰다가 죽게 만든 놈이 되었으니. 그놈하고 나는 완전히 고추 친군데……."

"고추 친구는 또 뭐요? 부랄 친구면 몰라도."

"니캉 내캉 누구 고추가 더 큰가 대보면서 자란 친구를 고추 친구라고 안 합니까?"

그는 양손 집게손가락 두 개를 앞에 나란히 들고는 고추 크기 대보는 흉내를 내며 계속 말을 이었다.

"나도 오래전에 교통사고로 이틀 동안 혼수상태에 빠졌었는데, 그때 의사가 가망 없다고 산소호흡기를 떼어버리려고 했답니다. 그래도 이렇게 다 나아서 멀쩡히 다니는 것 보면, 그 친구도 살아날 것 같기도 한데……."

"어쩌다가 교통사고를 당했어요?"

"자전거를 타고 횡단보도를 건너가는데 술 취한 운전자가 와서 냅다 나를 받아버렸지."

"철가방 들고 다니던 시절에?"

"그럼. 정신 차리고 보니까 철가방은 저만큼 도망가 있고, 자장면은 다 엎어지고……. 완전히 난리도 아니더만. 다시 정신을 잃고 고꾸라졌는데 이틀 동안 완전히 죽어 있었던 거지."

사람들이 계속 들어와서 이야기가 이어졌고, 나는 아무래도 하룻밤 자고 가는 것이 도리일 것 같아서 옷을 갈아입었다가, 나중에 맘이 변하여 옷을 다시 갈아입고 떠날 차비를 했다. 다음 날의 일정이 너무 빠듯해서 아무래도 그날 밤중으로 올라가야 할 것 같았다.

노조 간부가 강사료 봉투를 내밀기에 고맙다고, 좋은 일에 쓰겠다고 인사를 하면서 받았는데, 노조 간부들끼리 찡끗찡끗 눈짓을 주고받더니 한 사람이 주머니에서 구겨진 만 원짜리 몇 장을 꺼내어 또 주는 것이었다. 나는 영문을 몰라 선뜻 받지 못하고 물었다.

"이게 뭡니까?"

"하 선생님 강사료를 어느 단체에 몽땅 기부한다는 거 다 알고 있습니다. 그래서 이번에는 저희들이 하 선생님 교통비는 따로 마련하기로 했습니다."

나는 손을 뿌리치며 완강히 안 받겠다고 했다.

"아무리 그래도 그렇지. 주머니에서 꺼내주는 돈을 내가 어떻게 받아요?"

노조 간부들이 모두 한마디씩 했다.

"정말 교통비 밖에 안 됩니다."

"저희들은 바로 이럴 때 쓰라고. 판공비라고, 나오는 게 있어요."

"그것까지 남에게 줘버릴 거면 받지 마시고."

결국 고맙게 받을 수밖에 없었다.

열심히 고속도로를 달려 새벽녘에 집에 돌아와 보니, 아내가 늦게까지 나를 기다리다가 써놓은 듯한 편지가 식탁 위에 놓여 있었다. '유명

선은 훌륭한 남편이랑 사느라고 정말 피곤하구먼' 이라는 문장을 큰 글씨로, 테두리 글씨로, 그냥 까만 글씨로, 음영 글씨로, 한 바퀴 돌린 글씨로, 완전히 뒤집어진 글씨로, 글자마다 모두 방향이 다르게 틀어진 글씨로……. 모두 12번이나 써놓았다. 내가 가정에 충실하지 못해서 생기는 문제들을 그렇게 풀어가는 아내의 지혜는 언제나 나보다 한 수 위다.

대전 철도 노동자

대전 지역의 노동단체가 주관하는 '노동법학교'의 강의를 맡아 하느라고, 8월부터 10월에 걸쳐 아홉 번이나 대전에 내려갔다. 강의가 끝난 뒤 매번 벌어지는 뒤풀이에 참석하지 못하고 바로 돌아와도 집에 오면 새벽 2시가 넘었다. 어느 날 끝까지 한 번 남아 있어 보았더니, 새벽 2시 반이 넘어서야 뒤풀이가 끝났다.

그날 "태어나서 처음으로" 노동법 교육을 받아본다는 철도 노동자가 뒤풀이 자리에서 말했다.

"저는 노동조합이나 노동법에 관한 이야기를 오늘 여기 와서 처음 들었습니다. '아, 노동조합이란 것이 있었구나. 이렇게 중요한 것이 있었구나. 나도 노동조합 활동을 해야 되겠다' 그런 생각을 했습니다. 그런데 저희 집안에는 직업군인과 현직 경찰이 많습니다. 저는 어릴 때부터 그 분위기에서 자랐습니다. 그래서 이번 교육을 받으면서 가치관과 세계관에 많은 혼란이 있었지만 '그래도 노동조합 활동을 해야 한다'고 결심했습니다. 여기서 교육받은 첫날 저는 집에 가서 잠을 자지 못했습니다. 하도 고민이 돼서요."

그 노동자가 고민했다는 내용이 무엇일까?

"그날 제가 배웠던 노래들이 너무 살벌해서요. 저는 태어나서 그렇게 살벌한 노래 여기 와서 처음 들었습니다. 왜 꼭 그래야 합니까? 저 군대에 갔다 온 사람입니다. 군가도 이 정도는 아닙니다. 왜 꼭 사장은 '자본가'이고 처음부터 '칼바람'이고 '투쟁'입니까? 우리가 인간성을 훼손해가면서 '해골 두 쪽 나도 지킨다' 이런 살벌한 노래를 꼭 불러야만 노동운동이 됩니까? 누가 설명 좀 해주십시오."

참 진솔한 사람이었다. 그가 말하는 태도는 이를 데 없이 진지했다. 정말로 그는 '노동조합 활동을 하려면 평생 그 살벌한 노래들을 불러야 하는구나' 라는 고민을 하느라고 잠들지 못했을 것이다.

아무도 답을 못하고 있었는데, 30대 중반의 노동자가 "내가 설명하겠습니다"라며 손을 들고 일어섰다. 교육 과정 내내 부인과 아이들까지 데리고 빠짐없이 참석해서 깊은 인상을 남겼던 사람이었다. 강의 장소에서 뛰어다니는 아이들 때문에 분위기를 산만하게 만드는 데는 한몫 했지만 그래도 얼마나 고마운가. 그가 차분하게 말하기 시작했다.

"저는 구로공단의 대한광학에 다녔던 사람입니다. 어찌어찌하다가 지금은 대전에 흘러들어와 살고 있습니다. 88년엔가, 우리가 처음으로 파업 농성을 했을 때, 그때 〈동지가〉라는 노래가 나왔었는데, 우리는 그 노래를 부를 것인가, 말 것인가 하는 문제로 밤새 토론을 했습니다. 새벽녘까지 토론을 했지만 결론을 내리지 못해서, 결국 그 노래 〈동지가〉를 못 불렀습니다. 다음 날 아침, 사람들은 모였고 농성이 시작되었을 때, 우리가 무슨 노래를 불렀는지 아십니까? 모두들 다 아는 노래 중에 우선 생각난 것이 〈향토예비군가〉였습니다. '역전의 용사들이 다시 뭉쳤다' 그 노래를 목이 터져라 외치면서 우리는 공장 이전 반대 투쟁을 했습니다. 그 뒤에 노동가요라는 것을 알게 되었고, 투쟁의 현장에서 배우고 부를수록 '아, 이것이 바로 우리의 노래구나'라는 느낌이 가슴에 속속들이 들어와 박혔습니다. 동지도 언젠가는 그런 경험을 하실 날이 반드시 있을 겁니다. 그 살벌한 가사가 절대로 어색하게 들리지 않을 때가 있을 겁니다. 단어 하나하나가 가슴에 들어와 박히면서 눈물이 불끈불끈 솟는, 그런 날이 분명히 있을 겁니다. 그때까지만 기다려주십시오. 오늘 집에 가시거든 열 번만 불러보고 주무세요. 하나도 살벌하지 않다니까요."

그러나 그 철도 노동자는 끝내 머리를 갸웃갸웃하다가 뒤풀이가 끝나기도 전에 먼저 가겠다고 일어섰다. 문까지 걸어간 그가 엉거주춤 돌아서더니 말했다.

"저는 이런 이야기들을 이번 교육에 참여하면서 처음 들었습니다. 경찰과 군인들 사이에서 자란 저로서는 요즘 아주 큰 정신적 혼란을 겪고 있습니다. 뭐가 뭔지 아직 잘 모르겠습니다. 나름대로 올바르게 살아오려고 애썼지만, 노동운동에 대해서는 무식합니다. 가면서 이 말 한마디를 꼭 남기고 싶습니다. 하 소장님, 멋진 분입니다. 꼭 성공하십시오."

그가 그렇게 말하고 나가버리자, 그 단체의 실무자가 말했다.

"저 친구 말이 맞는다니까. 이번 '노동법학교'는 우리 단체의 첫 번째 조직 사업인데, 하 선배만 완전히 스타가 되어버리고. 하 선배가 너무 빛나는 바람에 우리 조직 사업은 완전히 좆돼버렸다니까. 선배님 때문에 우리는 이번에 완전히 좆돼버렸소. 그러니 선배님이 책임지쇼."

나는 그 말을 칭찬으로 들으며 웃었다.

며칠 뒤, 회사 벽을 온통 울긋불긋한 현수막과 대자보로 뒤덮어버린,

구로공단의 '나우정밀' 정문 앞에서 나는 다시 〈동지가〉를 들었다. 머리띠를 두르고 주먹을 내지르며 노래 부르는 노동자들 앞에 서면, 세상은 78년 동일방직 사건 때나 지금이나 전혀 달라진 것이 없는 것처럼 느껴진다.

    그날 벽에 붙은 대자보 중에서 한 구절
        공장 생활 10년이면 눈 감고도 한다는데
        잘 나가던 우리 회사, 공장 이전 웬 말이냐

    교육을 마치고 나가는데, 아줌마 노동자 한 분이 벗어놓은 내 구두를 보더니 말했다.
    "이야기를 잘하니까, 신발까지 다 예뻐 보이네. 어쩌면 구두가 이렇게 듬직하게 잘생겼대?"
    그 말을 듣고 내가 말했다.
    "아까 어느 조합원 동지가 대자보에 쓴 것처럼, 공장생활 10년이면 눈 감고도 한다잖아요? 나도 이 생활 20년 만에 겨우 이만큼 하는 거예요. 한 가지 일을 20년 동안 하면, 바보 멍청이가 아닌 한 누구든지 이만큼 못할까."
    아줌마 노동자가 답했다.
    "그거 말 된다."

대전 철도 노동자 그 뒤

몇 년 뒤, 대전에 갔다가 그 '철도 노동자'를 오랜만에 만났다. 교육이 끝나고 조합원들과 함께 식당에 가서 늦은 저녁을 먹는데 그가 불쑥 문을 열고 들어서는 게 아닌가. 그새 앞이마의 머리가 많이 엷어져 있었다. 아, 세월의 무상함이여.

지부장이 구석 자리를 가리켰지만 그는 "하 소장님께 드릴 말씀이 있다"며 굳이 내 앞자리에 끼어 앉았다. 몇 년 만에 만난 그가 나에게 해준 이야기⋯⋯.

"우리 아버님은 월남전에 참전했다가 자살하신 분이셨습니다. 이런 얘기 처음 하는 거예요. 외가에서는 6·25 때 3형제가 경찰서 마당에서 인민재판을 받고 죽창에 찔려 돌아가셨어요. 그래서 저희 집안에 유독 경찰과 군인이 많은지도 모르겠어요. 그 원수를 갚아야 하니까. 우리 외할머니는 '김대중도 빨갱이'라고 하면서 그러세요. '빨갱인지 아닌지는 전쟁 일어나 보면 알아.' 그런 집안에서 자란 제가 지금 노동조합 활동을 하는 거예요.

철도 노조가 지금 어용이다 민주다 말이 많지만, 그것은 행동으로 결정되는 거예요. 싸움이 붙었을 때 누가 끝까지 행동으로 보여주느냐, 거기서 결정되는 거라고 봐요. 저는 직장 선배들에게도 확실히 말했어요. 결혼하고 가족들도 있는 형님들이 어떻게 나서겠소? 아무래도 총각인 내가 나서야 하지 않겠소? 나야 아직 젊으니까 여기서 해고되어도 다른 곳 찾기가 상대적으로 쉽잖아요. 우리 어머니 연세가 금년에 예순다섯인데, 어머니한테도 말씀드렸어요. '어머니, 나 아무래도 올해 안에 회사에서 쫓겨날 것 같소. 그렇지만 어머니 칠십까지는 행복하게 모실 자신 있으니까 걱정하지 마소'라고.

철도 민영화니 구조조정이니 하는데, 전쟁이 일어나면 마지막에 한 명이라도 살아남는 쪽이 승리하는 거 아닙니까? 그런 각오로 싸우면 되는 거예요. 그렇게 싸우는 것 말고는 지금 방법이 없어요.

저는 그동안 하 소장님이 기억날 때마다 이런 생각을 했어요. '그래, 하 소장님 강의 몇 번 들은 것만으로도 내 인생은 성공한 거야.' 그래서 제가 오늘 교육엔 못 왔지만, 우리 부서에서 교육 얘기 나왔을 때 일어나서 발언했어요. 하 소장님 강의를 꼭 들으라고, 인생에 큰 도움이 된다고."

그가 교육에 오지 못한 이유는 또 이랬다.

"제가 요즘 여자 친구가 생겼거든요. 그런데 그 친구가 포켓볼 당구를 엄청 좋아하고 또 엄청 잘해요. 저한테도 '포켓볼로 나한테 이기면 소원 들어준다'고 그래요. 그래서 오늘도 거기 갔다가 온 거예요. 요즘 저는 노동조합이고 뭐고 온통 '포켓볼' 생각 밖에 없습니다. 하하."

나는 "그것도 중요한 사람 사업"이라고 동조했다.

내가 가겠다고 식당 밖으로 나왔을 때, 그가 얼른 구멍가게에 뛰어갔다 오더니 "이곳에는 박○스가 없다는군요"라고 하면서 '영○천'을 '우두둑' 소리가 나게 뚜껑을 따서 내게 주었다.

계속 이렇게 살다가 죽고 싶다.

예쁜 옷과 고운 화장

대우자동차 노동자들이 당했던 '감히 꿈꿀 수도 없는 가공할 폭력' 못지않게 '역사상 가장 참혹한 진압'을 당한 노동자들은 아마 롯데호텔 노동자들일 것이다. 롯데호텔 파업 현장에 투입된 병력은 흔히 말하는 '백골단'이 아니었다. 마침 그 무렵에 TV에서 방영되던 드라마가 있었다. 〈경찰특공대〉. 바로 그 '솔개부대'가 롯데호텔 노동자들의 파업 현장에 투입되었던 것이다.

  사람들을 가장 효과적으로 죽이는 기술을 배운 사람들, 어떻게 하면 상대방에게 가장 짧은 시간에 가장 극심한 고통을 안겨줄 수 있는지 훈련받은 사람들, 상대방의 목덜미를 잡아 패대기치면서 하복부를 어떻게 내질러야 그 사람이 꼼짝 못하고 쓰러지는지를 매일 훈련받은 사람들……. 바로 그 사람들이, 절반가량이 여성이었던 롯데호텔 노동자들의 파업 현장에 투입되었던 것이다. 김영삼 문민정부 이래 단 한 번도 사용된 적이 없었다던 테러진압 부대를 김대중 '국민의정부'가 노동자를 때려잡는 데에 사용했던 것이다.

  완전히 진압당한 뒤에도 20분 동안 폭행이 행사되었다고 전해진다.

그때 우리가 본 사진이 있다. 당당하게 서 있는 서너 명의 경찰 발아래 굴비 두름처럼 엎드려 있는 수십 명의 노동자들……. 어떻게 그것이 가능했을까? 단 서너 명의 경찰 앞에 수십 명의 노동자들이 마치 굴비 두름처럼 엎드려 바닥에 머리를 박은 채 꼼짝 않고 있는 것이 어떻게 가능했을까? 얼마나 참혹한 일들이 벌어졌는지를 그 한 장의 사진으로 충분히 알 수 있었다.

내가 롯데호텔 노동자들에게 두 번째 교육을 하기로 약속한 날이 바로 진압 당하던 날이었다. 그 전날 밤까지 노조 간부들은 통화하면서 "충분히 교육이 가능하다"고 했다.

"경찰 병력과 대치하고 있지만, 조합원 1200명이 2층에 모두 모여 있습니다. 충분히 교육할 수 있습니다. 오전 9시까지 오십시오."

다음 날 아침 6시쯤에 잠을 깼고 혹시나 싶어 전화를 걸어보았다. 내가 아는 롯데호텔 노조 간부들의 전화번호를 모두 눌러보았지만 아무도 전화를 받지 않는 것이었다. '아, 뭔가 일이 터지고야 말았구나……'

롯데호텔 현장에 파견 나가 있던 민주노총의 간부가 마지막에 전화를 받더니, 자신은 벌써 노원 경찰서에 연행돼 있다는 것이었다. 그 간부는 나지막한 목소리로 말했다.

"벌써 상황이 다 끝났을 겁니다. 사람들이 많이 다쳤어요. 정말 많이 다쳤어요. 사람들이 많이 다쳤다니까요. 정말 많이 다쳤어요……."

그이는 열 번도 더 넘게 그 말만 되풀이하면서 다른 아무 말도 못했다. 그 말 속에서 '바깥에 있는 당신들이 어떻게 좀 해 봐요'라는 절박한 바람이 느껴졌다.

그렇게 참혹한 진압을 당한 뒤, 롯데호텔 노동자들은 하루도 빠짐없이 모였다. 노동조합에서 공식 휴가로 결정했던 단 하루와 공휴일을 제

외한 모든 날마다 1200명의 롯데호텔 노동자들은 장소를 옮겨가며 매일 모였다.

"내일 집결지는 과천 정부종합청사 앞입니다." 그렇게 광고를 하면 그다음 날 아침 1200명의 노동자가 거기에 가 있었다. "내일은 ○○구민회관입니다." 그렇게 광고를 하면, 다음 날 아침 1200명의 노동자가 그 앞에 모여 있었다. 그렇게 계속 모이면서 끝내 74일의 투쟁을 승리로 이끌었던 것이다.

'역사상 가장 참혹한 진압'의 후유증으로 두 명의 임신부 조합원이 유산했다. "나는 임신부예요!"라고 목이 터져라 외쳤지만 경찰의 폭력은 임신부라고 비켜가지 않았다. 한 명의 임신부는 진압 현장에서 붉은 피를 쏟았다고 전해진다.

노동자들은 많은 고민 끝에 이 '임신부 유산' 사건을 문제 삼아 싸우지는 않기로 결정했다. 그 문제를 거론하면 당연히 "불씨에 기름을 붓는 격"이 되겠지만 당사자들의 사정을 고려해 문제 삼지 않기로 했다. 그렇지만 그 소문은 널리 퍼져서 알 만한 사람들은 다 알게 되었다.

며칠 뒤, 어느 병원 파업 현장에 찾아갔을 때였다. 조합원들이 모두 같은 색의 티셔츠와 조끼를 투쟁복으로 입고 파업 대오에 질서 정연하게 앉아 있었는데 유독 두 명의 여성 조합원만이 화사한 원피스에 고운 화장을 하고 있었다. 조합원들이 지나다가 그 여성 조합원에게 "오늘 웬일이야?"라고 물어보았을 때, 그이가 답했다.

"내가 임신부잖아요. 오늘 공권력이 투입될지도 모른다고 해서요."

아, 그랬던 것이다. 롯데호텔의 파업을 진압하는 과정에서 두 명의 임신부가 유산했다는 소문은 벌써 들어 알고 있었고, 오늘 자신들의 파업 현장에 그 무자비한 공권력 투입이 예상된다는 말을 듣고는, 자기가 임신부라는 걸 어떻게든 경찰에게 알려야겠기에 가장 고운 옷에 예쁜 화장 차림으로 나와 앉아 있었던 것이다. 내가 그 조합원에게 말했다.

"이 사람아, 그럼 오늘 같은 날은 나오지 말았어야지."

그이가 답했다.

"그래도, 어떻게 나만 집에 편하게 있을 수가 있어요."

동료들이 그 임신부 조합원들에게 편히 앉으라고 의자를 갖다주었다.

약속은 지킨다

여러분은 어떻게 하시겠습니까?

알고 지내던 과묵한 성격의 노동자가 전화를 했다.
"저, 사고 쳤습니다."
"무슨 사고?"
"노조 위원장 선거에 출마했습니다."
"이번에 출마하는 건 완전히 총대 메겠다는 얘긴데."
"알고 있습니다."

얼마 뒤 선거가 치러졌고 그는 압도적 지지를 받아 노동조합 위원장으로 당선되었다. 회사 이전에 따른 숱한 문제점들을 놓고 노사 간에 교섭이 시작되었으나, 회사는 아쉬울 것이 없으니 교섭에 성의를 보일 리가 없었다. 회사를 교섭 테이블에 끌어내는 데만도 오랜 노력과 시간이 필요했다. 그는 거의 매일 우리 연구소로 전화를 해서 이것저것 물어보았다.

"잔업을 일제히 거부해볼까 생각하고 있는데, 그 방법 요즘도 많이 사용하나요?"

"그거 법에 걸린 지 오래됐어요."

"이런 썩을. 그럼 동시에 휴가를 내고 출근하지 않는 건 어때요? 그것도 걸려요?"

"그럼."

"조합원들이 자발적으로 신청해도 법에 걸려요?"

"자발적으로 신청하는 게 뭔데?"

"조합원들이 자기 뜻으로 휴가를 신청해도 법에 걸리냐구요?"

"아하, 조합원들이 순전히 개인의 뜻에 따라 휴가를 신청했는데 2천 명이 우연히 날짜가 겹쳤다? 그게 말이 되면 되지. 이론적으로는 가능하지만, 현실적으로는 거의 불가능한 얘기지."

"그럼, 조합원들이 아침에 8시까지 정문 앞에 모여서 한 명도 들어가지 않고 있다가 8시에 땡! 할 때 일제히 출근하는 건 어때요? 그렇게 하면 10분 정도 파업 효과를 볼 수 있는데……."

"그것도 마찬가지예요. 우리가 처음에 생각해냈을 때는 잘 써먹었지만 이제는 법원의 훌륭한 판사님들이 그것도 다 쟁의행위에 해당된다고 해석을 하거든."

"그렇다면 내 몸 안 다치고 할 수 있는 건 하나도 없다는 얘긴데, 알겠습니다. 전화 끊겠습니다."

전화를 끊고 나서 나는 아무런 보탬도 안 된다는 느낌으로 더럽게 서러웠다.

며칠 뒤, 아침에 출근하자마자 전화가 왔다. 그 노동조합의 부위원장이었다.

"소장님, 큰일 났습니다."

"무슨 일인데요?"

"위원장님이 아무한테도 말 안 하고, 워키토키 하나만 달랑 들고 골리앗 크레인 꼭대기에 올라갔습니다. 저한테도 아무 말이 없었어요. 하 소장님, 위원장님한테 뭐 들은 말 없었어요?"

"없었어요. 나도 전혀 모르는 일이에요."

"소장님도 모르고 계셨군요."

옆에 누가 와서 말을 시키는 눈치다.

"잠시만요. 뭐라고? 아, 큰일 났네. 소장님, 큰일 났어요."

"무슨 일인데요?"

"위원장님이 말이지요. 석유통도 들고 올라갔다는데요."

순간 아득해지는 느낌.

"지금 어떻게 하고 있어요?"

"크레인 끝에 나와서 달랑달랑 서 있어요. 비도 오고 바람도 부는데, 아슬아슬해서 정말 못 봐주겠어요. 조합원들이 지금 크레인 앞 광장으로 모이고 있어서 나가 봐야겠습니다. 이만 끊겠습니다."

조합원들이 일을 하다 말고 크레인 앞 광장으로 모여들었다. 때마침 비바람이 몰아쳐서 크레인 끄트머리에 위태롭게 서 있는 위원장의 모습은 영화의 한 장면보다 더 비감했다. 그가 조합원들에게 목이 터져라 외쳤다.

"동지 여러분! 저는 여기에 올라왔습니다. 여러분은 어떻게 하시겠습니까?"

위원장은 그 말만 하고 가만히 서 있었다. 잠시 뒤에 똑같은 말을 되풀이했다.

"동지 여러분! 저는 여기에 올라왔습니다. 여러분은 어떻게 하시겠습니까?"

"……."

그의 목소리는 울음에 잠기기 시작했다.

"동지 여러분! 저는 여기에 올라왔습니다. 여러분은 어떻게 하시겠습니까?"

그가 한 말은 그것뿐이었다. 같은 말을 세 번 되풀이한 위원장은 몰아치는 비바람 속에 동상처럼 서 있었다. 그때 누군가가 침묵을 깨뜨리며 피를 토하듯 외쳤다.

"기계 꺼!"

다른 사람이 또 외쳤다.

"현장으로 돌아가서 이 순간부터 스위치를 내려버립시다. 회사가 우리를 ○으로 보고 있는데 우리가 지금 겁낼 게 뭐가 있습니까?"

노동자들은 불같이 달려 나갔고 그 순간부터 파업이 시작되었다. 며칠 뒤, 교섭을 성공적으로 마무리 지은 그가 우리 연구소에 찾아왔다.

"아무 일 없었어요?"

"무슨 일?"

"노동법 위반으로 잡혀가지 않았느냐고."

"위반한 게 있어야 잡혀가지. 나는 아무것도 결정하거나 지시한 게 없어요. 그냥 '여러분은 어떻게 하실 겁니까?'라고 물어봤을 뿐이지. 조합원들에게 물어보기만 한 것도 죄가 됩니까?"

"맞아. 그거 말 되네."

사람들이 모두 크게 웃었다.

약속은 지킨다

한 노동단체의 창립 행사에서 그를 다시 만났다. 공장이 아랫녘 지방으로 이전한 지 벌써 오래여서 꽤 오랜만의 만남이었다. 사람들은 그가 작년에 크레인에 혼자 올라갔던 일에 대해 얘기했고 나도 한마디 거들었다.

"크레인에 올라가는 건 평생에 한 번만 해보면 돼. 앞으로는 절대로 하지 마."

그는 웃으며 답했다.

"새 공장의 크레인이 훨씬 더 높던데요."

"어째 대답하는 게, 한 번 더 올라가겠다는 뜻 같은데. 그런 건 평생에 한 번만 해보면 된다니까."

"그런데 다른 수가 없어 보여요."

"나하고 하나만 약속합시다. 다시는 절대로 올라가지 않기로."

"알았습니다."

"나하고 분명히 약속한 거예요. 어떤 일이 있어도 앞으로는 절대로 올라가지 않는 거예요."

"알았다니까요. 나는 한 번 약속한 건 죽어도 지킨다니까요."

그는 그 약속을 지켰다. 그러나 그 대신 다른 수를 택했다. 그해 단체교섭이 시작되고 다시 교섭이 결렬되자, 석유를 몸에 끼얹은 그가 자기 몸에 라이터를 확 켜대었을 때, 그의 눈동자는 이미 돌아가 있어 흰자위만 보였다고 한다. 다행히 라이터에 불이 댕겨지지 않았고, 옆에 있던 동료가 발로 힘껏 라이터를 걷어차서 그를 살렸지만, 그는 그때 쓰러져서 이틀 뒤에 겨우 깨어날 수 있었다. 자기 몸에 라이터를 켜대면서 그는 벌써 죽었던 것이다.
 나중에 그를 만났을 때 나는 그에게 또 부탁했다.
 "나하고 하나만 약속합시다. 절대로 죽지 않는다고."
 "알았습니다."
 "나하고 분명히 약속한 거예요. 어떤 일이 있어도 절대로 죽지는 않는다고."
 "알았다니까요. 나는 한 번 약속한 건 죽어도 지킨다니까요."

 기어이 그 회사가 부도가 난 뒤 그는 조합원들과 서울에 올라와 본사가 있는 서울 강남의 건물 앞에서 두 달 이상 천막 농성을 했다. 본사 건물 가까운 아파트의 주민들이 텐트를 철거해달라고 법원에 가처분 신청을 제기했을 뿐, 부도가 나서 자기 코가 석 자나 빠져 있는 회사는 전혀 반응이 없었다. 그는 가끔 전화를 해서 넋두리를 하곤 했다.
 "이럴 때는 어떻게 해야 하는 겁니까?"
 "글쎄. 뾰족한 수가 뭐 있나."
 "뾰족한 수 없다는 거 알고 전화했습니다. 끊겠습니다."
 며칠 뒤, 함께 농성을 벌이고 있던 간부 한 사람이 우리 연구소에 왔는데, 그가 노동조합 동지들 앞으로, 노사정위원회 위원장 앞으로, 회사 사장 앞으로 각각 비장한 편지 세 통을 써놓고 사라져버렸다는 것이다. 오죽 답답했으면 그랬을까.
 그즈음 다른 일로 노동부의 고위 관리를 만나고 왔던 연구소의 후배가 전해주기를 노동부의 관리도 크게 걱정을 하고 있더라는 것이다.
 "ㅎ노동조합 ㅅ위원장은 지금 유서 세 통을 써놓고 사라졌는데, 그 사람은 죽겠다면 정말 죽을 사람이어서 지금 우리도 걱정이 이만저만 아닙니다. 민주노총 파업 일정에라도 맞추어서 죽으면, 이건 완전히 불 당기는 거예요."

그렇게 말하면서 한숨을 푹푹 내쉬더라는 것이다.

지방 출장을 며칠 다녀왔더니 사무실 직원이 메모 쪽지를 뒤적이면서 말했다.

"ㅅ위원장님이 다녀갔었는데요. 소장님한테 남긴 메모가 있었는데."

"뭐라고?"

"아, 여기 있군요. '약속은 지킨다' 고 꼭 전해달래요. 그게 무슨 뜻이에요?"

"그런 게 있어. 죽지는 않겠다는 뜻이야."

나는 비로소 마음이 놓였다.

단벌 신사

'복장 통일'은 단결력을 과시하는 수단이 된다. 반대로, 제복을 입고 일하는 사람들에게는 옷을 자유롭게 입는 것이 단결력을 과시하는 무기가 되기도 한다. 은행 노동자들은 넥타이를 풀거나 청바지에 티셔츠 차림으로 근무하는 것만으로도 단결력을 과시한다.

  단체교섭 중에 노동조합 집행부로부터 '사복 출근' 지침이 떨어지자 그는 고민에 빠졌다. 가족과 떨어져 회사 근처 작은 방에서 자취를 하는 그에게는 회사가 지급한 작업복 두 벌 밖에는 옷이 없었기 때문이다.

  '그래도 명색이 노조 간부인데 작업복을 입고 출근할 수는 없지……'

  밤새 고민을 하던 그는 다음 날 아침, 하는 수 없이 파자마 차림으로 출근했다. 바지와 소맷자락이 펄럭거리는 '칠부' 파자마였지만 아래위로 한 벌을 갖춰 입었으니 그나마 정장인 셈이다. 노동조합의 대의원이었던 그는 작업 시간 짬짬이 조합원들의 사복 착용 실태를 점검하고 독려하느라고 현장을 돌아다녔다.

  중역회의를 하고 있던 부사장은 창문으로 이상한 모습이 휙 스쳐 지나가는 것을 보고 회의실 밖으로 뛰쳐나왔다. 자세히 보니 펄럭이는 파자마 차림에 안전모와 안전화만 착용한 노동자가 현장을 휘젓고 돌아다니는 것 아닌가. 부사장은 그를 불러 세웠다.

"자네, 지금 뭐 하는 거야?"

"대의원 활동 수행 중입니다. 보면 모르시오?"

"아무리 사복이라지만 파자마 차림은 너무한 거 아니오?"

"난들 이 옷을 입고 싶어서 입었겠소? 회사에서 지급한 작업복 말고는 딱 이것뿐이니 어떡합니까? 정말로 다른 옷은 없소."

부사장은 품속에서 지갑을 꺼내면서 말했다.

"내가 돈 줄 테니, 제발 다른 옷으로 사 입을 수 없소?"

"싫습니다."

그는 결국 노동조합에서 다시 작업복을 착용하라는 지침이 떨어질 때까지 줄곧 파자마 차림을 고수했다.

노동자 시인이기도 한 그는 벌써 여러 차례 시의회 의원으로 당선되었다. 시민단체가 발표하는 모범적으로 활동을 잘하는 기초의회 의원 명단에 보면 항상 그의 이름이 빠지지 않는다. 매번 1순위 아니면, 2순위로 올라 있다.

'58년 개띠'

파업을 한 달쯤 앞두고 산정호수에서 열렸던 KBS 노동조합의 대의원 수련회 때부터 '방송사 파업'은 이미 기정사실이었다. 강의나 토론 내용이 모두 "이번 파업을 어떻게 하면 승리로 이끌 수 있을까?" 하는 것에 맞춰졌고, 그후 한 달 동안 전국의 KBS 방송사별로 노조 대의원들의 수련회가 이어졌다.

세 번째로 열린 직군별 수련회에서 나는 〈또다시 앞으로〉라는 노래의 가사를 인용하면서 다음과 같이 말했다.

"노동가 〈또다시 앞으로〉의 가사 중에 보면 '역사에 발맞추어 하나 둘 셋'이라는 가사가 있습니다. 노동자들의 투쟁이 어째서 역사에 발맞추는 것일까요? 노동자들이 한 푼 더 받겠다고 하는 임금 인상 투쟁이 어째서 역사에 발맞추는 것일까요? 노동자들이 하루 더 쉬겠다고 하는 투쟁이 어째서 역사에 발맞추는 것일까요? 민주방송 쟁취를 위한 노동자들의 파업이 어째서 역사에 발맞추는 것일까요? 그것부터 생각해봅시다."

이를테면 서울 지하철 노조의 파업이 어째서 사회 전체를 건강하게 만들고 역사를 옳게 발전시키는 것인지 생각해보자는 화두를 나는 그렇게 설명하는 것으로 시작했다.

저녁 식사 시간에 술이 한 잔씩 돌았는데 KBS 노조의 '58년 개띠' 여성 간부가 갑자기 나를 불러 세웠다. 처음 만났을 때부터 화장기라고는 전혀 없는 얼굴과 단발머리가 '보통이 아니다' 라는 느낌을 주던 여성이었다.

"아까 강의하실 때 들으니까 〈또다시 앞으로〉라는 노동가의 가사를 인용하시던데 말이지요. 그 노래를 여기서 한 번 불러보시기 바랍니다. 당연히 그 노래를 부를 줄도 아시겠지요?"

나는 농담으로 어물쩍 위기를 넘기려고 했다.

"사실, 나는 그 부분 가사 밖에 모르거든."

여성 동지는 더욱 기세가 등등해졌다.

"그 노래를 부를 줄도 모르면서 강의할 때 그렇게 말했다면 당신은 노동조합에 와서 강의할 자격이 없는 사람이야. 자, 빨리 앞으로 나와서 불러보라니까요. 여러분, 그렇지 않습니까?"

나는 꼼짝없이 일어나서 그 노래를 부르는 수밖에 없었다.

며칠 뒤, 아랫녘에 있는 어느 지방 KBS 노조 지부의 수련회에 참석해 강의를 하면서 같은 대목에 이르렀을 때, 나는 며칠 전 그 '58년 개띠' 여성 동지가 갑자기 나를 불러일으켜 세우는 바람에 꼼짝없이 노래를 부를 수밖에 없었던 일에 대해서 말했다. 그리고 "앞으로는 겁이 나서 노래 가사 인용도 함부로 못하겠다"고 너스레를 떨었다.

강의 도중 휴식 시간에 그 '58년 개띠' 여성 동지가 나에게 다가오더니 말했다.

"내가 정말로 하 소장님한테 '당신' 이라고 그랬어요? 나는 그런 표현

잘 안 쓰는데……."

옆에 있던 부산 출신의 부위원장이 특유의 매력적인 저음으로 말을 받았다.

"니가 그랬다. 분명히 하 소장님한테 '당신'이라고 그랬다. 나도 들었다."

"이상하다. 내가 가끔 수틀리면 남자 조합원들을 이단 옆차기로 날려 버리기는 해도 '당신'이라고 함부로 부르지는 않는데……."

나중에 들으니 그 여성 간부가 내지른 이단 옆차기에 나가떨어진 남자 조합원들이 꽤 여럿이 된다는 것이었다.

6월 마지막 날에도 어느 지방 KBS 노조의 수련회가 있었다. 그 다음 날인 7월 1일부터는 '남녀차별금지법'이 시행된다던 날이었다. 남자들이 여성 동지들에게 농담을 할 때마다 "이런 농담도 오늘이 마지막이야. 내일부터 말 한 번 잘못했다가는 형사처벌을 받을 수도 있다구"라고 푸념들을 했다. 내가 그 말을 듣고 말했다.

"그 법은 남자들에게만 적용되는 게 아니라 여자들에게도 똑같이 적용됩니다."

부위원장이 웃으면서 또다시 특유의 매력적인 저음으로 받았다.

"아이쿠, 그렇게 되면 우리 최 실장은 아파트를 팔아도 그 벌금을 다 못 낼 거야. 큰일 났군, 큰일 났어."

바로 그 '58년 개띠' 여성 동지를 이르는 말이다.

드디어 방송사 노동조합이 파업을 시작했고, 나는 KBS의 민주 광장에서 강연을 하는 영광을 가졌다. 노조 사무실에서 강연 시간이 되기를 기다리고 있는데 '58년 개띠' 여성 동지가 방금 세수를 마친 듯 젖은 머리로 허겁지겁 들어서다가 나를 보고 인사를 한다.

"하 소장님 오셨군요. 3일 동안 잠 한숨도 못 잤어요. 오늘은 아침부터 종합청사 앞에 집회 나갔다가 이제 겨우 샤워하고 오는 길이에요."

"3일 동안 잠 한숨 못 잤다는 사람이 그래도 얼굴은 쌩쌩하네."

내 말에 그 여성 동지가 내 팔뚝을 자기 양손으로 잡아 쥐며 답했다.

"그럼요. 파업 한 번 제대로 해보는 것이 우리 조합원들 평생소원이었잖아요."

내 바로 앞 시간에는 가수 장사익 씨가 와서 공연을 했다. 장사익 씨는 예의 그 어눌한 말씨로 공연 전에 몇 마디 했다.

"지는요, 방송국에 계신 분들이 파업을 한다고 해서요. 여기 도착할 때까지만 해도, 여러분들이 월급 한 푼 더 올려달라고 파업하는 줄 알았구먼요. 근데 여기 와서 보니까 그게 아니구먼요. 방송법 쟁취라는 그런 훌륭한 목적을 갖고 파업을 하고 계셨구먼요."

노래 중간 중간에도 몇 마디씩 말을 곁들이는데 사람들을 감동시키는 진솔한 말솜씨가 보통이 아니다.

"저 사람이 언제부터 저렇게 말을 잘했어?"

내 말에 옆에 있던 노조 교육국장 '복가'가 말했다.

"역시 '경험이 보약'이라니까."

장사익 씨의 공연이 끝나고 잠시 쉬는 시간에 '58년 개띠' 여성 동지가 올라와서 마이크를 잡았다. 주머니에서 하얀 봉투를 꺼내어 조합원들에게 흔들어 보이면서 외쳤다.

"동지 여러분! 장사익 선생님께서 저희가 드린 사례비를 이렇게 굳이 돌려주고 가셨습니다. '고생하는 사람들한테 어떻게 돈을 받느냐'면서 한사코 받지 않으셨습니다. 교통비밖에 안 된다고 했는데도 '저녁에 막

걸리라도 한 잔씩 하시라' 면서 굳이 돌려주고 가셨습니다. 부산에 공연을 하러 내려가셨다가 급히 올라오셨고 바로 또 내려가시면서도 차비 한 푼 받지 않으셨습니다. 동지 여러분! 장사익 선생님의 고마운 뜻에 보답하기 위해서라도, 힘차게 싸워 반드시 승리합시다!"

카랑카랑한 음성으로 이어진 그 선전선동 바로 다음이 내 강연 순서였으니, 내가 만일 강연을 끝내고 강사료는커녕 교통비 한 푼이라도 받아 챙겼다가는 완전히 역적 소리를 들을 판이다. 나는 옆에 있던 교육국장에게 말했다.

"하여튼, 돈 안 주는 방법도 가지가지야. 나도 안 받아. 안 받는다구."

개혁적 방송법 쟁취 투쟁은 그렇게 시작되었다.

눈물의 생리휴가

천신만고 끝에 노동조합을 설립한 뒤 노동조합은 생리휴가 '쟁취'를 첫 번째 사업으로 결정했다. 근로기준법에 생리휴가 조항이 규정된 지 20년이 넘도록 우리나라 여성 노동자들이 생리휴가란 것이 있는 줄도 모르고 살던 70년대 중반의 일이다.

여성 조합원들이 여러 차례 생리휴가를 신청했지만 회사는 막무가내로 받아들이지 않았다. 생리휴가를 신청하고 회사에 나오지 않은 사람들은 모두 무단결근으로 처리해버렸다. 일당제 노동자의 하루가 무단결근 처리되면 그 손해가 얼마나 큰지 알 만한 사람은 다 안다.

대책회의에서 노조 위원장이 말했다.

"이렇게 해서는 안 되겠어요. 근거를 남겨야지. 서면으로 청구합시다. 내가 먼저 해보겠어요."

노조 위원장이 '생리휴가 신청서'를 서류로 작성해서 직접 인사과에 제출했다. 나중에 인사과에서 연락이 오기를······.

"산부인과 의사의 진단서를 첨부하시오."

이를테면 "정말로 생리 중인지 아닌지 어떻게 믿을 수 있느냐"는 것이었다.

 그 말을 들은 노조 위원장은 화가 머리 꼭대기까지 오르면서 순간적으로 앞이 하얗게 되더란다. 사람의 분노가 끝까지 치밀면 그렇게 앞이 하얗게 되면서 아무것도 보이지 않는 경우가 있다고 한다. '이런 무식한 놈들.' 거의 인사불성이 되어 인사과 사무실로 달려간 노조 위원장은 문을 밀치고 들어서자마자 소리쳤다.
 "야, 이 무식한 새끼들아! 진단서가 뭐가 필요해! 내가 여기서 벗으면 될 거 아냐."
 노조 위원장이 정말로 옷을 반쯤 벗어버렸을 때, 직원 몇 명이 급히 달려와 말렸다. 생리휴가는 그날부터 실시되었다. 우리나라 여성 노동자들은 그런 일을 겪고 나서야 생리휴가라는 지극히 당연한 권리를 찾을 수 있었다. 일찍이 근로기준법에 명시된 생리휴가를 우리나라 여성 노동자들이 제대로 '찾아 먹기' 시작한 것은 그렇게 오래된 일이 아니었다.
 이야기가 나온 김에 뒷얘기도 마저 하자. 그날부터 생리휴가가 실시되기 시작했고 생리휴가에 쉬지 못한 노동자에게는 생리휴가 수당이 지급되었다. 그런데, 월급날 급여 봉투를 받아보니 남자 노동자들에게도 모두 생리휴가 수당이 지급된 것이었다. 회사도 처음 실시하느라 뭐가 뭔지 잘 몰랐던 탓이다. 저녁 소모임에 참석한 여성 노동자들이 남자들을 놀렸다.
 "요즘은 남자도 생리하냐? 너희들은 어떻게 생리하냐?"
 요즘 시대라면 여성 노동자들이 '성희롱' 죄에 걸렸을 법한 일이다. 그 회사는 아무것도 모른 채 두 달 동안이나 남자들에게도 생리휴가 수당을 지급했다. 지금은 웃으며 얘기할 수 있지만, 근로기준법의 모든 조항마다 우리 선배 노동자들의 투쟁은 그렇게 눈물겹게 서려 있다.

이야기가 나온 김에 진짜 뒷얘기까지 마저 하자. 파업 중인 골프장 노동조합에 교육을 하러 가서 만난 경기 보조원들에게 우리나라 여성 노동자들이 생리휴가를 어떻게 쟁취했는지 이야기했다. 교육을 마치고 돌아오는 차 안에서 함께 갔던 노조 상급단체의 여성 간부가 나에게 따졌다.

"하 선배, 왜 얘기를 끝까지 안 하는 거예요? 시작했으면 끝까지 해야지, 왜 하다가 마는 거예요?"

그러나 그 얘기를 내 입으로 끝까지 할 수는 차마 없는 노릇이다. 이번 기회에 후배의 말을 빌려 비로소 끝까지 얘기해본다.

"그날, 피가 낭자한 생리대가 사람들 앞에 어떻게 내동댕이쳐졌는지……. 왜 끝까지 말 안 하는 거예요?"

근로기준법의 생리휴가 조항 하나를 위해서도 우리의 선배들을 그렇게 싸웠다. 다시 한 번 말한다. 근로기준법 116개 모든 조항마다 우리 선배들의 투쟁은 그렇게 눈물겹게 서려 있다. 그런데 우리 사회를 지배하는 권력과 자본은 지금 주5일근무제 도입을 핑계로 이 생리휴가 조항을 없애자고 주장하고 있는 것이다.

근로기준법이란 무엇인가? 그 법이 도대체 무엇이길래 우리의 존경하는 선배 전태일 열사는 자신의 목숨을 그 법과 맞바꾸었을까? 나는 그것을 감히 설명할 자격이 없다.

70년대에 많은 사람들의 가슴을 울린 《작은 돌맹이의 외침》이라는 책이 있다. 그 수기를 쓴 편물 노동자 유동우 선배가 전두환 정권이 막 들어섰던 그 살벌한 '비합의 시대'에 전국민주노동자연맹이라는 비공개 조직의 중앙위원으로 활동하다가 검거되어 재판을 받았다. 구형을 받은 뒤에 유동우 선배가 했던 최후진술을 여기에 옮기는 것으로, 그 설명을 대신한다.

"사람들은 나를 보고 노동운동을 했다고 하는데, 내가 지금까지 15년 동안 해온 일은 '근로기준법대로 하자'는 주장 이상이 아니었습니다. 근로기준법은 노동자가 인간의 모습을 유지하기 위해서 지켜져야 할 최저의 기준입니다. 따라서 근로기준법이 지켜지지 않는다는 것은 우리 사회의 노동자가 인간이 아니라는 뜻입니다. 그런 의미에서 내가 그동안 했던 활동은 단지 인간 선언일 뿐이었습니다. 우리의 노동운동은 지금 인간 선언의 절박한 요구로부터 출발하고 있는 것입니다."

그때부터 세상은 얼마나 많이 달라졌는가? 별로 많이 달라지지 않았다. 우리나라 노동자들은 아직도 세계 최장 노동시간, 세계 최고 산재 발생에 시달리고 있다. 달라진 것이 없는 세상에서 노동자들의 권리를 최소한으로 보호하는 법을 후퇴시킨다는 것을 어떻게 설명할 수 있을까? 노동자들을 보호하는 알량한 울타리를 걷어내는 것에 대한 어떤 합리적 설명이 가능할까? 생리휴가를 없애자고 주장하는 사람들에게 요구한다. 어디 한번 우리를 이해시켜보라.

역사의 기관차

전술기획조에서 극비리에 전달된 계획은 의미심장했다.

첫째, 이번에는 열차를 실제로 세운다. 과거와 같이 파업 중에도 차가 절반 정도 운행되는 반쪽짜리 파업은 절대로 하지 않는다. 그렇게 되면, 욕은 욕대로 먹고 성과는 성과대로 없다. 필수 근무 요원들은 하루 전에 각 기지별로 대오에 합류하여 파업이 시작될 때까지 이탈하지 않는다.

둘째, 지하철 역사의 점거 농성에 참여하는 조합원에게는 파업 개시와 동시에 헬륨 풍선을 지급한다. 휴대용 헬륨 가스 용기는 현장 간부가 지참한다. 헬륨 풍선이 전력 공급선에 닿으면 폭발과 동시에 전력 공급이 차단된다는 것을 유념할 것. 지하철 역사의 파업 대오에 공권력이 투입될 경우 위 사항을 경찰 병력 지휘관에게 주지시킬 것.

셋째, 철로에 쇠사슬로 몸을 묶는 농성 조는 파업 시작 1시간 뒤에 행동 개시한다. 행동 개시 시각까지 각 장소별로 비트에 대기한다. 행동 개시 직전 별도의 지시에 따른다. 최후의 선택인 만큼 비장한 각오로 임할 것.

넷째, 법률 및 언론 지원 조는 만반의 준비를 위하여 지원 세력과 함께 행동한다. 예상 가능한 문건은 미리 작성해놓는다. 상황 종료 뒤에도 조합원들을 위해 계속 활동해야 하는 조직이라는 것을 명심할 것.

다섯째,

여섯째,

일곱째……

마지막으로, 책임은 철저하게 간부가 진다. 조합원과 함께 하되, 해고와 구속은 간부의 몫이다. 감당할 수 없는 동지는 언제라도 의사 표명 후 낙오해도 좋다. 아무도 욕하지 않는다.

위원장은 위와 같은 결정 사항을 전달하면서 목이 메었다.
"동지 여러분! 나이를 먹으면 죽는 것이 겁나지 않습니다. 나이를 꽤 많이 먹었다는 것을 저는 그렇게 알게 되었습니다. 어느 날부터인가 문득 죽는 것이 겁나지 않더란 말입니다. 정말로 죽는 것은 겁나지 않습니다. 그러나 내가 죽은 다음에 남겨질 사랑하는 아내와 자식들이 걱정됩니다. 동지들도 나이를 먹어보면 아실 것입니다. 정말로 내가 죽어서 관에 담겨져…… 땅속에 들어가 누워 있을 것은 겁나지 않단 말입니다. 나는 노동조합의 위원장입니다. 총대를 메라고 동지 여러분들이 뽑아준 사람입니다. 죽는 것은 겁나지 않으나, 내가 죽은 뒤에 남겨질 조합원들이 걱정됩니다. 내 죽음이 개죽음이 되어 아무런 성과도 없게 될까봐. 그것이 겁납니다. 동지 여러분, 나이가 많은 저를 위원장으로 뽑아준 이유를 저는 그렇게 알고, 가겠습니다. 승리합시다!"

집행부는 파업이 예고된 상태에서 교섭에 들어갔고, 1만여 명의 조합원들은 위원장의 총파업 명령을 기다리며, 마지막 근무에 임했다.

파업 예정 1시간 전, 각 기지별로 필수 근무 요원까지 모두 대오에 합류했다는 연락이 왔다. 인원을 점검해보니, 파업 결정 찬반 투표에서 반대표를 던진 조합원들까지 집결지에 모두 모여 있는 셈이었다.

그는 철로에 쇠사슬로 몸을 묶는 농성 조에 포함되었다. 지정된 장소로 이동해 몸을 숨긴 채 날이 밝았다. 한밤중에 집을 몰래 빠져나오며, 한 번 더 바라보고 왔던 아내와 딸아이의 잠든 얼굴이 눈에 선했다. 새벽이슬에 젖은 쇠사슬을 어루만지며 그는 잠시 눈을 붙였다.

파업 예정 30분 전, 좁은 역사에 빽빽이 들어찬 수천 명의 조합원들은 더위와 긴장감으로 목덜미가 뻣뻣해지고 숨이 턱까지 찼다. 마실 물이 모자라다는 연락이 왔고, 서둘러 식수가 공급되었다.

그의 아내는 새벽에 잠을 깨었다. 남편의 이부자리는 비어 있었다. 머리맡에 놓인 작은 종이쪽지에는 눈에 익은 남편의 글씨가 쓰여 있었다.
"여보, 나는 가오."
그 한마디뿐이었다. 아내는 그 종이를 움켜쥐고 아이를 둘러업은 채 기지로 달려갔다.

마침내, 교섭이 타결되었다는 소식이 현장에 전해졌다. 파업 개시 예정 시각을 몇 분쯤 남긴 뒤였다. 조합원들에게 이미 '임금'은 안중(眼中)에도 없었다. 해고된 동지들의 복직과 노동조합 상근자 축소 철회……. 승리였다.
각 기지별로 집결해 있던 조합원들이 해산한 뒤, 집행부는 공식적으로 상황 종료를 선언했다. 그러나 그는 철로에 자신의 몸을 묶기로 했던 쇠사슬을 버리지 않고 잘 두었다. 우리의 싸움은 아직 끝난 것이 아니니까……

노동자는 여전히 역사의 기관차다.

그 다음 해, 다시 파업을 앞두고 있을 때, 지하철 노조의 간부를 만났다. 3주 뒤에나 있을 파업을 미리 준비하고 있다고 했다. "이번에는 정말로 열차를 세운다"고 웃으며 장담을 하기에 나는 농담을 했다.

"작년에도 정말 세울 거라고 큰소리만 뻥뻥 치더니……."

그가 정색을 하며 말한다.

"이번에는 정말로 세운다니까요. 손해배상 청구 200억 원쯤 각오하고 있다니까요. 다른 방법이 도저히 없어요."

수천 명의 조합원들이 연행 되면 서울 시내 전역의 경찰서에 분산 수용될 것이기 때문에 변호인단을 각 경찰서별로 미리 구성해야 한다고 했다. 그런 얘기들을 나누고 있는데 그에게 전화가 왔다. 나도 알고 지내는 변호사였다. 그 변호사는 "지하철 노조가 파업을 준비하면서 변호인단을 구성한다는 소문을 들었습니다. 저도 자원하겠습니다"라고 말하더란다.

세상은 이래서 살맛이 난다.

무노동 무임금을 자본가에게

그는 해고된 지 9년 만에 복직되었다. 그 세월 동안 그가 겪은 고통은 당해보지 않은 사람이라면 누구도 그 깊이를 알 수 없을 만큼 혹독한 것이었다. 그가 해고될 때 초등학교 4학년이었던 그의 아들은 이제 대학생이 되어 아버지를 자랑스러워할 만큼 철이 들었고, 워낙 새치가 희끗희끗했던 그의 머리는 완전히 희어져버렸다. 내가 그에게 내 아내를 처음 소개했던 날, 그는 "제 나이를 머리로 보지 말고 얼굴로 봐주십시오"라고 인사를 해야 했을 만큼 백발이 다 되어버렸다.

노동조합 사무실에서 9년 만에 다시 작업복을 입어보면서 씨익 웃는 그의 옆얼굴이 〈한겨레〉에 실렸었는데, 수억 원을 받고 프로야구단에 입단 계약하는 선수보다도 멋져 보였다.

복직된 지 1년 6개월 만에 그는 노동조합장에 당선되었다. 그가 노동조합장으로 취임하는 날, 나는 사무실을 대표하여 생전 처음 제법 값이 나가는 커다란 화분을 사들고 노조 사무실에 축하 방문을 가는 '미친 짓'을 해보았다.

며칠 뒤, 그가 내게 전화를 했다.

"자네 '임투에 임하는 조합 간부의 자세'라는 주제로 강의할 수 있나?"

"그거 바로 제 전문입니다."

"그럼 하나 부탁한다."

"어느 사업장인데요?"

"어디긴 어디야, 바로 우리 노동조합이지. 내일 오전 10시까지 조합 사무실로 와."

"그렇게 벼락치기로 하는 교육이 어디 있어요? 다른 것도 아닌 임투 교육이라면서."

"내일 임시대의원 대회가 열리는데 그냥 안건 토의만 하고 끝낼 수가 없어서 그렇다고. 할 거야, 말 거야?"

"해야지요. 누구 분부신데."

그 다음 날, 노동조합에 가서 들은 이야기 중에서 한 토막.

노동조합 위원장에 취임하자마자 그는 부서별로 돌아가며 조합원 간담회를 가졌다. 새 민주 집행부의 포부와 조합원들의 요구 사항에 대해 이야기들을 나누었다. 물론 근무시간을 이용했다.

회사의 생산부장이 부서마다 따라다니며 조합원들에게 일할 것을 지시했으나 "노동조합 조직부장 말을 듣겠소? 아니면 생산부장 말 듣겠소?"로 시작되는 노조 조직부장의 뛰어난 선동에 힘입어 부서마다 모두 2시간 가량의 간담회를 무사히 마칠 수 있었다.

며칠 뒤 "그동안의 노조 간담회 시간을 무노동 무임금 원칙에 따라 처리하라"는 생산부장 명의의 공문이 경리부서에 돌았다. 노조 위원장은 그 공문을 들고 다짜고짜 생산부장 사무실로 갔다.

"꼭 이렇게 해야 되겠소?"

생산부장이 거만하게 되받았다.

"법대로 합시다."

생산부장은 해고된 긴 세월 동안 노동 상담 실무자로 활동하느라고 노동법 전문가가 된 그를 완전히 잘못 건드린 셈이었다.

"무노동 무임금이 법인줄 아시나본데 육법전서 어디에 무노동 무임금이 나옵니까? 법 좋아하시는 모양인데, 진짜 법대로 한 번 해보시겠소? 근로기준법 116개 조항과 산업안전보건법, 시행령, 시행규칙, 산업안전기준에관한규칙 405개 조항, 산업보건기준에관한규칙 256개 조항들을 회사가 얼마나 제대로 지키고 있는지 오늘부터 노동조합에서 대대적인 실태 파악을 해볼 테니 노동부와 한 번 싸워보시겠습니까? 노조 집행부 들어선 지도 며칠 안 되었는데 나는 벌써부터 피곤하게 회사와 싸울 생각 없습니다. 싸움은 우리가 붙여 드릴 테니 노동부하고 한 번 맞서 보시지요. 10여 년 만에 민주 집행부가 들어섰다고 조합원들 기대가 지금 이만저만 아니어서, 나도 이참에 조합원들의 원성이 가장 자자한 관리자 한 놈 때려잡을 생각인데 알아서 하시오. 이 공문을 당장 조합원 수만큼 복사해서 현장에 배포하겠습니다. 아마 오늘 저녁부터 잔업이 없을 거요."

그가 총알같이 말을 마치고 사무실을 박차고 나오는데 생산부장이 따라 나와 그의 팔을 움켜잡으며 말했다.

"위원장님, 저…… 없었던 일로 합시다."

밑져야 본전

어려움을 당하고 있는 노동자들에게 가끔 '밑져야 본전'이라고 말해야 할 때가 있다. 유사 이래 철저하게 착취당해온 노동자들이 사람답게 살아보자고 맨 몸뚱이만으로 모인 것이 노동조합인데, 실제로는 그러한 숭고한 노력에 대해 피눈물을 뿌려야 하는 가시밭길로 보답하는 것이 현실이다. 영원히 달걀이거나 영원히 바위인 것을 역사가 용납한 적은 없었으니까. '끝내는 그렇지 않다'는 것이 역사의 교훈이기는 하지만, 아직까지 우리 사회에서 노조 간부가 된다는 것은 '향후 몇 년간의 고생을 각오한다'는 것과 같은 뜻이다. 중요한 것은 그 고생을 무색하게 하는 그 무엇인가가 우리에게 있다는 것이다.

  법의 힘을 빌려 노동자의 빼앗긴 권리를 되찾으려고 할 때 우리가 경계해야 할 태도들 중 하나는 '청산주의적 사고'다. 법의 힘을 빌려 노동문제를 해결한다는 것이 아무래도 노동문제의 본래적 해결 방법은 아닐 텐데, 자칫하면 '그동안 할 만큼 했으니 이제 재판 결과나 지켜보자'는 생각으로 당면한 싸움을 게을리 할 우려가 있다는 것이다. 알 만한 사람은 다 안다. 힘겨운 싸움으로부터 벗어나도 스스로에게 욕먹지 않을 이유를 찾기 위해 얼마나 애쓰게 되는지…….

매번의 싸움마다 '이번에 지면 우리는 끝이다' 라는 각오로 임해야 하지만, 처절하게 실패했다 해도 마치 고개 하나를 넘은 것처럼 '밑져야 본전이었다' 라고 가볍게 생각하고 다음의 고개를 넘을 준비를 할 수 있어야 한다. 내가 사람들에게 '밑져야 본전' 이라고 말할 때는 대개 그런 뜻이었다.

규모가 제법 큰 병원에 노동조합을 만들었다가 여지없이 해고된 사람들을 2년 가까이 만나왔다. 회사가 고용한 폭력배들에 의해 노조 사무실 집기들과 함께 길바닥으로 내동댕이쳐져야만 했던 사연만 이야기해도 한 편의 소설이다.

그 노동조합의 간부들 중에 여자처럼 곱상하게 생긴 남자가 하나 있었다. 말씨도 조용조용하고 생전 화낼 줄을 모르는 사람이었다. 한 번은 약속을 했는데 아무도 오지 않았다. 무슨 사고라도 있었나 걱정을 하고 있는데, 이튿날 몇 사람이 와서 하는 말이, 바로 어제 그 얌전한 남자 조합원의 다섯 살 난 딸이, 세 들어 사는 집 2층에서 놀다가 떨어졌는데 그만 죽었다는 것이다. 방금 영안실에서 동료들과 함께 밤새고 오는 길이라면서 노동조합장이 부스스한 얼굴로 말했다.

"죽으려고 그랬는지, 그 딸이 그렇게 예뻤어요. 그만큼 예쁜 여자 애를 아직 못 봤었는데. 참 이상해요. 죽을 만큼 높은 위치가 절대로 아니었는데……."

한 달쯤 지나 그 얌전한 노조 간부를 만났다. 컴퓨터 부품 회사에 새로 취직이 되었다고 명함을 내밀면서 "필요한 부품이 있으면 말씀만 하세요. 대한민국에서 제일 싸게 사 드릴 자신이 있습니다"라고 했다. 집 안 구석구석에 숨어 있다가 짬만 나면 아빠에게 얼굴을 내미는 귀여운 딸에 대한 아픈 기억을 잘 이겨내고 있는 것처럼 보여서, 다행이다 싶었다. 이야기 중에 내가 그 '밑져야 본전'이라는 말을 했다.

"결과가 안 좋으면 그동안의 우리 정성이 좀 아깝다는 것뿐인데, 그러니까 덤으로 해볼 수 있는 싸움이라고 생각하고. 법이 가능한 한 노동자에게 불리하게 해석되는 세상이니 크게 기대하지는 말고. 다행히 잘되면 좋은 거고 잘 안 되어도 본전이라고 생각하고 시작해봅시다."

그가 얼굴빛이 달라지면서 작은 소리로 혼잣말처럼 말했다.

"절대로 본전이 아니지요. 제 딸이 지난번에 그렇게 먼저 갔을 때도, 제 아내가 '노동조합 한다고 매일 집에 늦게 들어오느라고 언제 딸아이 한 번 따뜻하게 안아준 적이나 있었느냐' 면서……. 얼마나 나한테 그랬는데요. 어찌나 울면서 그러던지, 저는 아무 말도 못했어요. 절대로 본전이 아니지요. 결코 본전일 수는 없어요."

나는 아무런 할 말이 없었다. 그가 계속 말했다.

"내가 해고된 병원이 집에서 가까웠어요. 그런데 우리 애를 안고 거기로 갈 수는 정말 없더군요. 그 병원으로 갔으면 살았을지도 모른다는 생각 때문에…… 밤마다 잠이 안 옵니다."

마지막 말은 채 입 밖으로 나오지 못했다. 그는 고개를 꺾은 채 가만히 바닥만 보고 있었는데, 바닥으로 눈물방울이 뚝뚝 떨어지는 것이 보였다. 나는 가만히 있을 수는 없어서 정말로 궁색하게 한마디 했다.

"이 다음에 하늘에서 다 같이 만날 수 있겠지요."

그 뒤로 나는 노동자들에게 함부로 "밑져야 본전"이라고 말하지 않는다. "밑지는 일이 없도록 우리 한번 잘해보자"라고 말한다.

희망을 키워갈 때

연수원에 도착하니 '위원장님과의 대화'가 진행되고 있었다. 순서지에는 없었고, 지부장이 "소장님 교육 시간의 30분가량을 저희가 먼저 쓰겠습니다"라고 양해를 구했던 것으로 보아, 위원장이 예정에 없다가 뜻밖에 방문한 모양이었다. 4만여 명의 조합원을 대표하는 위원장을 나는 그날 처음 만났다. 취임한 지 얼마 안 된 위원장이 자신의 포부를 밝히는 말을 끝내고 질문을 받기 시작했다. 위원장은 자신 있게 말했다.

"자유롭게 무엇이든지 물어보시기 바랍니다."

한 조합원이 단체교섭안을 꺼내들고 질문을 시작했다. 퇴직금 중간정산의 평균임금 산정 방식을 그렇게 바꾸면 자신과 같은 직종에 근무하는 사람들에게는 불이익이 돌아오니 그렇게 하면 절대로 안 된다는 것이었다. "역논리에 빠진다", "역모순에 빠진다"는 표현을 사용해가며 그 내용을 장황하게 설명했으나 위원장은 자세하게 이해하지는 못하는 눈치였다. "실무소위에서 해결될 문제이지만, 불이익이 돌아오는 일은 없도록 하겠다"는 약속을 하고 넘어갔다.

그 다음에 이어진 질문들도 비슷한 내용들이었다. 위원장은 그러한 문제들을 "모두 받아 안겠다"고 답했고, 계속 이어진 질문들의 내용이 모두 마찬가지였다. 위원장은 "노동조합 내에 정파, 계파가 많다는데 이런 것들을 어떻게 해결할 거냐? 왜 그런 문제들도 많잖아요?"라고 유도했으나 이어지는 질문들은 하나같이 모두 자신들이 한 푼 더 받느냐, 마느냐에 관한 것들뿐이었다.

개인의 이해관계에 영향을 미치는 것들이 노동자들에게 절실한 문제가 아니라는 뜻이 아니다. 돈 문제에 연연해 하는 것을 마치 아주 천박스럽거나 몰지각한 행동으로 몰아붙이는 것은 경제 정의 실현을 두려워하는 자본과 권력의 술수이고 음모였다. 사람들에게 그렇게 가르치면서 자신들은 정작 뒤에서 돈을 챙겼다. ㄷ그룹의 ㄱ회장이 혼자 세탁한 검은 돈의 액수가 무려 25조여 원이라고 언론이 보도하지 않았던가. 인류 역사의 발전 과정은 어찌 보면 바로 이 '돈 문제'가 평등하게 실현되는 것을 추구하는 과정이었다고 해도 지나친 말이 아니다.

아무리 그렇다 해도, 4만여 명 조직을 대표하는 위원장에게라면 그런 것들 말고 좀 다른 것들을 물어봐야 하는 것이 아닌가. 맨 뒷자리 구석에 앉아 토론을 지켜보면서 나는 그런 생각을 떨칠 수 없었다. 자신들의 이해관계가 걸린 문제에 대해 확실한 답변을 요구하는 조합원들에게 30분 가까이 시달리는 위원장의 모습을 보면서 나는 '이것이 우리나라 민주노조운동을 상징하는 최대 규모 노동조합의 실상인가' 싶어서 거의 절망스러웠다. 나중에는 "나 오늘 강의 못하겠소. 도대체 이 꼴이 뭐요?"라고 말하면서 자리를 박차고 나오고 싶은 생각을 추스르느라 가슴이 벌렁거렸다. 그러다가 토론 마지막 무렵에 한 노동자가 던진 질문이 내 정신을 번쩍 깨웠다.

"산별노조 건설에 대한 입장과 계획을 분명히 밝혀주시기 바랍니다."

위원장의 답변이 이어졌다.

"산별노조로 반드시 갑니다. 대기업 노조의 기득권 절대로 주장하지 않겠습니다. 내가 그동안 여러 번 밝혔듯이 우리 대기업 노조가 산별노조 건설의 발목을 잡는 일은 결단코 없을 것입니다. 분명히 선언합니다. 산별노조 건설을 위해 우리 대기업 노조의 기득권 포기해야 합니다."

조합원들은 박수를 쳤다. 다른 노동자의 질문이 또 이어졌다.

"노동운동의 정치세력화에 대해서는 어떤 계획과 전망을 갖고 있습니까?"

아, 그러면 그렇지…….

나는 그날 강의를 시작하면서 말했다.

"마지막 두 동지의 질문이 없었다면 저는 오늘 이 강의를 하지 않았을지도 모릅니다……."

아직 희망을 버릴 때가 아니다. 지금은 희망을 키워갈 때이다.

노동조합을 만들고 달라진 것

최근에 집행부가 바뀐 노동조합에 찾아갔다. 새로 간부를 맡은 사람들은 대부분 노동조합 활동 경험이 없는 사람들이었다. 수련회를 시작하면서 간부들이 앞에 나와 한마디씩 하는 순서가 있었는데, 한 여성 간부가 "노동조합 간부를 맡은 뒤, 회사 안에서 저를 알아보고 인사하는 직원들이 많아져서 좋았다"고 말하며 활짝 웃었다. 뒷자리에 앉아 있던 나는 17년 전의 일이 떠올랐다.

'생산직 노동자가 진짜 노동자다'라는 생각이 아직 싹 가시지 않아서 사무직 노동조합에 갈 때에는 심드렁한 마음이 전혀 없지 않았다. 서비스업이나 전문연구직 노동조합에 대해서는 더욱 그랬다. '화려한 조명 밑에서 짙은 화장을 하고 일하는 사람들이 언제부터 노동자라고', '박사 학위를 갖고 상대적인 고소득을 받고 있는 사람들이 언제부터 노동자라고.' 그런 떨떠름한 생각을 하면서도, 그 노동자들이 오라고 부르면 가기는 했다.

백화점 현관 바닥에 옹기종기 모여 앉은 노동자들에게 강의를 하기 전에 나는 먼저 질문부터 했다.

"노동조합이 생기고 나서 달라진 것이 무엇입니까?"

'어른들한테 강의하면서 질문하는 강사가 바보다' 라는 말이 있을 정도로, 강연 도중에 하는 강사의 질문에 어지간하면 대답하지 않는다. 어릴 적부터 토론식 수업이 아니라 주입식 교육을 받아온 것과 무관하지 않을 것이다. 나는 한 번 더 물어보았다.

"달라진 것이 하나라도 있어야 노동조합이 좋은 것 아니겠습니까? 달라진 것이 전혀 없다면 뭐 하러 노동조합을 만들었습니까? 노동조합이 생기고 나서 달라진 것이 무엇입니까?"

묻는 나도 별로 기대하지 않았지만, 역시 아무도 대답이 없다.

"대답하지 않으면, 저도 오늘 강의하지 않고 그냥 가버리는 수가 있습니다."

몇 번이나 다그쳐도 아무도 말이 없었는데, 맨 뒤에 앉아 있던 여성 노동자 한 명이 일어나 말했다.

"저는 엘리베이터에서 일합니다. 노동조합이 생기기 전에는 내가 하루 종일 엘리베이터를 타고 오르내려도 나에게 인사를 하거나 말을 건네는 사람이 없었습니다. 그런데 노동조합이 생기고 나니까, 나한테도 인사를 하는 사람들이 생기더군요. 같이 농성하면서 얼굴을 익혔던 조합원들도 인사하고, 관리자들도 빈말 한마디씩이라도 하고 내리고……. 노동조합이 생기고 나서 나는 인사를 받게 되었습니다."

내가 그이의 말을 받았다.

"바로 그것입니다. 노동자를 비로소 사람답게 보이게 하는 것, 그것이 노동조합입니다. 하루 종일 일해도 따뜻한 인사 한마디 받지 못했던 노동자를 비로소 사람처럼 보이게 해서 인사받도록 하는 것, 인간 대접 받도록 하는 것, 그것이 노동조합입니다. 우리가 지금 돈이나 몇 푼 더 받자고 이러는 것이 아니라……"

한껏 목소리를 높이다가 나는 갑자기 목이 콱 잠겼다. 그동안 갖고 있었던 편견에 대한 부끄러움 때문이었을 것이다. 그 부끄러운 편견에 대한 참회 때문이었을 것이다. 그 뒤로도 한동안 그 일만 생각하면 습관처럼 목이 잠겼다.

아직도 이 땅의 많은 '노동 귀족'들은 그렇게 살아가고 있다.

노동조합의 영광을 가리는 일

천신만고 끝에 노동조합을 설립했다. 전체 가입 대상자 중에 10퍼센트도 안 되는 노동자들만 가입했을 뿐이지만 하루빨리 직원들에게 "우리 회사에도 노동조합이 있다"는 것을 보여줘야 했다. 그렇게 존재감을 각인시키지 못하면 노동조합은 미처 꽃을 피우기도 전에 시들어버리고 말 것이다.

단 몇 개 조항 밖에 안 되는 단체협약을 체결하기까지는 더욱 힘들었다. 노동조합 사무실과 전화기와 팩시밀리 한 대씩을 제공받았을 뿐이었지만, 그것은 회사가 노동조합을 끝내 인정할 수밖에 없었다는 상징이어서 실로 감격적인 승리였다.

어렵사리 노동조합 창립 기념 체육대회를 개최하기로 회사와 합의했다. 그 회사 노동자들이 하루를 쉬면서 다른 행사를 가져보기는 회사 설립 이래 처음이었다. 행사가 열리는 날, 노조 간부들은 미리 준비를 해야 해서 두어 시간 일찍 행사 장소에 도착했다. 현수막 담당인 조직부장이 현수막을 펼쳐 들고 미루나무 위에 올라가 붙들어 매었다.

'노동조합만이 살길이다'

조직부장은 나머지 현수막을 들고 다시 적당한 미루나무를 찾아 올라갔다. 한쪽 노끈을 단단히 미루나무에 동여매고 나머지 한쪽을 동여매는 순간, 조직부장의 왼발이 딛고 있던 가지가 뚝 부러지면서 커다란 몸집이 미루나무 밑으로 맥없이 툭 떨어졌다. 동료들이 비명을 듣고 달려가 보니 조직부장은 아무 일도 없었다는 듯이 씩 웃고 일어나다가 왼쪽 다리가 푹 꺾이면서 다시 쓰러지는 것이다. 왼쪽 무릎 아래 정강이뼈가 골절되어 마치 장작개비처럼 살을 비죽 밀어내고 있는 것이 보였다. 위원장이 놀래서 소리쳤다.

"빨리 구급차 불러!"

그 말을 들은 조직부장은 드러누운 채 손을 내저었다.

"위원장님, 안 됩니다."

"무슨 소리야?"

"구급차 절대로 부르지 마십시오."

"왜?"

"노동조합에 안 좋은 영향을 미칩니다. 구급차가 요란하게 사이렌 울리면서 와 보십쇼. 내가 다친 거 소문나면 노동조합 미워하는 놈들이 얼마나 좋아하겠습니까? 제발 소문나지 않게 처리해주십시오."

고통 때문에 잔뜩 일그러진 얼굴로 조직부장은 계속 팔을 내저었다. 조합원의 승용차를 이용해서 조직부장을 근처 병원으로 옮기는 수밖에 없었다.

나중에 소식을 듣고 병원으로 찾아갔을 때, 사고를 직접 목격했다는 다른 간부가 병실을 지키고 있다가 사고 당시의 상황을 설명해주면서 말했다.

"이순신 장군이 따로 없었다니까요. '동지들, 나의 부상을 적에게 알리지 마시오.' 우와, 이건 완전히 이순신 장군이 다시 살아난 모습이었다니까요. 하하."

할머니 환경 미화원

민주노총 지역 실무자가 갑자기 몸져눕는 바람에 사전 정보가 거의 없이 ㄱ대학교 노조 농성 천막에 찾아갔다. 교문 앞 천막에서 혼자 신문을 보며 나를 기다리던 나이 많은 노동자 한 분이 서둘러 앞장을 선다. 나는 따라가면서 급히 몇 가지 물어보았다.

"연봉 기준으로 얼마쯤 받으세요?"

"많이 받는 사람은 900만 원도 넘어요."

연봉 900만 원이라면 한 달 80만 원쯤 되는 액수일 텐데, 그걸 "많이 받는다"고 한다.

"나이 든 사람들도 많구요. 많이 배우지도 못한 사람들이니까. 어렵지 않게, 쉽게 쉽게 설명해주세요. 환갑 지난 할머니도 있거든요."

교문에서 강의실까지 걸어가는 동안 위원장님은 두 달 동안 천막 농성을 할 수밖에 없었던 이유를 설명하면서 "어렵지 않게, 쉽게 얘기해 달라"고 몇 번이나 강조했다. 그동안 와서 교육했던 사람들의 얘기가 너무 생경하고 어려웠던 모양이다.

'할머니가 몇 사람 섞여 있나보다' 짐작하고 강의실에서 들어서다가 나는 멈칫 서버렸다. 강의실을 절반쯤 채우고 앉아 있는 사람들은 대부분 할머니들이었다. 고생을 해온 탓에 나이보다 더 들어 보이기도 했겠지만 환갑이 되신 분들이 절반은 돼 보였다. 할머니들 주변에 역시 나이 많은 남자들 대여섯 명이 띄엄띄엄 떨어져 앉아 있었다.

나를 데리고 온 위원장님(이분 역시 할아버지다)은 나만 강의실에 달랑 집어넣고는 "저, 화장실이 급해서……"라고 말하면서 나가버렸다. 추운 천막에서 꽤 오랫동안 나를 기다리셨던 탓이다. 할아버지 한 분이 "아니, 이 사람이 강사를 소개하든지 그래야지"라고 하면서 위원장님을 따라 나가는데 내가 얼른 그분을 막아섰다.

"특별히 소개할 것도 없어요. 그냥 제가 다 알아서 하겠습니다."

휴, 이 일을 어떻게 하나. 솔직히 막막했다. 지금까지 내가 만난 노동자들 중에서 평균 연령이 가장 높은 사람들이었다. 높아도 보통 높은 나이가 아니다. 다른 곳에서 5분쯤 설명하면 되는 내용도 10분 이상 설명했다. 나는 강의할 때 판서를 거의 하지 않는 편이지만 이날은 칠판에 이것저것 많이 쓰고 그림도 그렸다. 금박 무늬가 화려한 중국풍의 누비옷, 두터운 스웨터 등을 입은 할머니들이 앉아서 고개를 연신 끄덕거리며 "맞아 맞아", "그려 그려" 하면서 열심히 들어주셨다.

아주머니 한 분이 위원장님과 귀엣말을 주고받더니 밖으로 나갔다가 잠시 후에 뚜껑까지 갖춘 스테인리스스틸 밥그릇을 두 손에 받쳐 들고 오셨다. 내 앞 책상 위에 올려놓고 뚜껑을 여는데, 보니까 그 안에 냉수가 담겨 있다.

"안 그래도 '여기는 강사한테 냉수 한 컵을 안 주네' 싶어서 섭섭해 하고 있는 중이었는데, 이제야 주시는군요. 스테인리스 밥주발에 담긴 물 마셔보기는 이 생활 20여 년 만에 또 첨이네."

내 너스레에 할머니들은 또 그 말이 재미있다고 한참이나 배를 잡고 웃으신다. 내 바로 앞에 앉은 할머니가 "그러니까, 우리가 특별 대우를 해준 거여, 특별 대우라니깐"이라고 하시는데, 정작 물을 떠다준 아주머니는 부끄러워서 어쩔 줄을 모른다. "그냥 맹물 밖에 없어서"라고 미안해 하시기에 내가 말했다.

"잘하셨어요. 말 많이 하는 강사한테는 맹물이 최곱니다. 이번 기회에 알아두세요. 주스나 다른 음료수를 마시면 말할 때 자꾸 입에 침이 고이거든요. 앞으로는 다른 강사한테도 맹물만 주시기 바랍니다."

내 말을 들으면서 할머니들은 아주 중요한 사실을 알았다는 듯 모두 고개를 끄덕거렸다.

다른 도시에서 한 병원 노동조합을 완전히 초토화시켰던 여류 명사가 이곳에까지 와서 또 천인공노할 못된 짓을 하는구나, 그 횡포 때문에 이 할머니들이 그 나이에 두 달 동안 추운 겨울에 천막 농성을 하는 투사가 될 수밖에 없었구나 하는 생각이 들면서 할머니들과 눈이 마주치면 자꾸 목이 잠겼다. 종이를 꺼내 강의 내용을 깨알같이 열심히 적는 할머니들도 있었다.

10년 가까운 세월 동안 학교에서 환경 미화원 일을 하면서 용역업체가 바뀌어도 계속 고용이 승계됐던 사람들을 '노동 유연화'라는 이름으로 하루아침에 길거리로 내쫓은 사람은 우리 사회 '여류 명사'가 되어 사람들의 존경을 받는데, 집에서 손자의 재롱을 보면서 노후를 즐겨야 마땅한 할머니들은 추운 겨울에 도로 옆 허름한 천막에서 오가는 사람들의 손가락질을 받으며 농성을 하는 '투사'가 되어 늘그막에 새삼 '노동운동'을 공부해야 하는 이 썩을 놈의 세상에서, 우리가 해야 할 일은 정말로 많고 내가 가진 힘은 너무 작다는 생각으로 하루 종일 마음이 무거웠다.

  2년쯤 뒤, 그 대학교에 다른 일로 찾아가 본관 현관을 들어서는데 할머니 두 분이 나를 알아보고 다가오셨다. "맞아. 2년 전에 와서 우리들한테 '유니온숍', '오픈숍' 가르쳐준 사람이구먼" 하신다. 나도 "복직되셨군요. 다시 일하게 되셨군요"라고 반갑게 인사를 했다. 할머니 한 분이 "우리는 다시 일하게 됐지만, 그때 경비하던 남자들은 다 짤렸어"라고 말하며 내 손을 마주 잡는데, 목젖이 또 울컥 잠겼다.

이제는 말할 수 있다

민주노총의 ○○지구협의회가 주관한 교육에 갔다. 내가 부탁받은 주제는 '노동조합의 현장 조직 강화 방안'이었다. IMF 외환위기를 등에 업은 자본의 공세를 능히 무찌를 수 있는 현장 조직 강화의 '뾰족한 수'를 사람들은 기대하고 있을 거였다. 그러나 대부분의 경우 그 '뾰족한 수'는 없기 마련이다. 노동조합이 항구적으로 지켜야 할 원칙과 간부들의 덕목이 계속 중요할 뿐이다.

내가 그 교육을 부탁받은 것이 한 달 반 전이었으니 실무자들이 그 교육을 준비한 기간도 최소한 한 달 반은 되었을 거였다. 그 지역의 YWCA 회관을 빌렸는데, 교육 시작 시간인 저녁 7시에서 30분이나 지날 때까지 그 자리에 온 노동자는 단 네 명뿐이었다. 그래도 명색이 도청 소재지인 그 도시의 민주노총 조직 역량 중에서 단 네 명뿐이라니……. 실무자들은 교육을 포기하자고 했고, 나는 그래서는 안 된다고 설득했다.

"부산까지 허겁지겁 내려가서 세 명 앉혀놓고 교육한 적도 있었다. 전노협 시절에는 여섯 개의 단체가 두 달 동안 준비한 교육에 단 두 명이 참석했지만 그래도 열심히 했다. 단체에서 대표로 참석한 실무자 여섯 명이 두 명의 노동자를 앞에 놓고 몇 시간이나 강의했다. '어려운 때라고 게으러질 수는 없다'고 서로 힘을 북돋아주었다. 사람이 적을수록 교육에 참석한 사람들한테는 오히려 유익하다. 이렇게 한 번 실패하면, 다시 일어서기가 더 어려워진다."

내 설득은 소용이 없었다. 한 번 하지 않기로 마음먹은 실무자들은 "하 소장님한테는 죄송하지만……"을 연발하면서 결국 못하겠다고 했다. 내가 맡은 강의는 교육 셋째 날에 배치되었는데 첫째 날과 둘째 날의 강의가 자기들이 바라던 내용이 아니었다고 했다.

주제가 어긋났을 뿐만 아니라 내용도 충실하지 못한 편이어서 서울로 돌아간 강사가 나중에 실무자에게 전화를 해 "미안하다"고 여러 번이나 사과했을 정도였다고 했다. 그래서 첫날 꽤 많이 왔던 노동자들이 실망하는 바람에 안 온 것인지도 모르겠다고 했다. 나는 '자기 자랑'이라는 비난을 들을 것을 각오하고 사람들에게 말했다.

"여기 온 사람들은 오늘 배웠다고 끝나는 것이 아니라 그 내용을 가슴에 품고 현장에 돌아가 조합원들에게 다시 교육을 해야 할 노조 간부들이다. 지금까지의 교육이 별로였다면 그래서 더욱, 제대로 하는 교육이 어떤 것인지 한 번쯤 봐야 한다."

그렇게까지 말했으나 소용없었다. 노동자들은 "그런 귀한 강의일수록 우리만 들을 것이 아니라 많은 사람들이 들을 수 있도록 나중에 기회를 다시 만들어야 한다"고 했다. 그 교육을 주관했던 여성 활동가는 고개를 숙인 채 "오늘은 이렇게 그냥 가구요……. 내일 아침에 출근하자마자 우리 ○○지구협의회 간판을 아예 내려버리고 말 거에요. 정말이에요. 간판을 내려버리고 말 거에요"라고 비장하게 말했다. 나는 더 이상의 설득을 포기했다.

그곳을 나와 집으로 돌아오다가 찬바람 부는 골목길 노점상 의자에 혼자 쪼그리고 앉아, 튀김 천 원어치를 늦은 저녁으로 사 먹고 있는데, 씨발, 눈물이 나왔다.

기적을 만들어내다

민주노총의 한 지구협의회로부터 '노동자학교' 첫 번째 시간 '노동자의 삶과 철학' 강의를 부탁받았다. 계단을 올라가니 교육장 입구에서 접수를 받느라 분주한 여성 활동가가 나를 보고 인사하면서 말한다.

"5년 전쯤에 저희가 소장님 강의 한 번 펑크 낸 적 있었지요? 기억하세요?"

아, 생각났다. 바로 그 지구협의회로구나. 나로 하여금 주택가 골목에 쪼그리고 앉아 튀김 천 원어치를 늦은 저녁으로 사 먹으며 눈물 떨어뜨리게 했던 곳.

그 여성 활동가는 "오늘은 사람들이 몇 명이나 올까……"라고 5년 전과 똑같이 초조해 하면서도 "아까 조직 점검을 해봤는데, 오늘은 꽤 많이 올 것 같아요"라고 기대하는 눈치였다. 자리에 앉아 강의 시간을 기다리는데 나는 5년 전에 그 여성 동지가 "오늘은 이렇게 그냥 가구요……. 내일 아침에 출근하자마자 우리 ○○지구협의회 간판을 아예 내려버리고 말 거예요. 정말이에요. 간판을 내려버리고 말 거예요"라고 거의 울먹거리던 모습이 생각나 자꾸 목젖이 묵직해졌다.

그날, 80명 정도가 빽빽이 앉을 수 있다는 강의실은 가득 차고 넘쳤다. 자리가 없어 뒤에 서서 강의를 들어야 하는 노동자들도 많았다. 진부하고 상투적인 표현이지만 솔직히 "벅차오르는 감동을 주체할 수 없었다."

"가슴이 벅차올라 지금 주체할 수가 없군요. 평상심으로 강의를 시작하기가 어려운 상태입니다."

그렇게 5년 전 이야기로 강의를 시작했다.

"그날, 일기에 제가 이렇게 썼습니다. '씨발, 눈물이 나왔다' 고……."

노동자들이 크게 웃었다. 강의를 끝내고 나서 "오늘 몇 명 참석했어요?"라는 물음에 그 여성 동지는 활짝 웃는 얼굴로 답했다.

"정식으로 등록한 사람만 90명 넘었구요, 아마 전부 합하면 100명도 훨씬 넘을 것 같아요."

신이 나서 못 견디겠다는 표정이었다. 5년 전 그곳이 바로 민주노총 경기 본부 '수원화성지구협의회'였다고 이제는 감히 말할 수 있다. 우리는 5년 만에 네 명이 100명이 되는 '기적'을 만들어내기도 한다.

3부
옷깃을 여미며

"뭔가 벌써 이룬 것처럼 사람들이 대우해주는 데 익숙해진 사람들" 이야말로 계속 더 배워야 한다. 나도 예외일 수 없다. 아들 녀석조차 "친구들이 '너네 아빠는 도대체 정체가 뭐냐?'고 물어보는데, 뭐라고 답해야 돼요?"라고 물은 적이 있다. '하종강의 정체성'은 무엇인가? 나도 그것을 잘 모르겠다. 다만 내가 아는 것은, 초등학교 도덕 교과서에서 배운 몇 가지 원칙을 지키기 위해서라도 사람은 죽는 날까지 배워야 한다는 것이다. 그리고 더욱 중요한 것은 배운 만큼 실천해야 한다는 것이다.

막차에서 만난 사람

    부산역에서 밤 12시가 다 된 시간에 서울로 출발하는 마지막 열차를 탔다. 사람들이 굳이 막차를 타는 이유는, 밤 기차를 타고 올라오면서 잠을 좀 자면, 그 다음 날 일을 할 수 있기 때문이다. 나도 마찬가지였다. 부산에서 하루저녁 묵었다 가라고 사람들이 붙들었지만, 그 다음 날 서울에서 일을 해야 해서 굳이 막차를 탔다.
    부산에서 기차가 막 출발했을 때, 빈자리가 없나 두리번거리던 사내 한 사람이 내 옆 자리에 와서 털썩 앉았다. 그렇게 기차가 출발한 다음에 굳이 빈자리를 찾아 앉았다는 것은, 그 사람이 표가 없다는 뜻이다. 자리에 앉더니 사내는 어디엔가 전화를 한다.
    "아, 내가 지금 잠들어버리는 바람에 그냥 부산까지 와 버렸거든……. 다행히 다시 올라가는 막차를 집어탔으니까, 한 시간 반 후에 동대구역에서 보자고."
    전화를 받는 상대방에게 거듭 미안하다고 말하더니, 그 사람은 이내 또 잠이 들었다. 나도 그 옆에서 열심히 잠을 청하고 있는데, 잠이 들 만하면 그 사람에게 자꾸 전화가 오는 것이다. 사내는 전화를 받을 때마다

"아, 조금만 더 기다리라니까……. 내가 지금 막차를 타고 열심히 올라가고 있다니까……"라고 귀찮은 듯 말했다.

나도 그 옆에서 계속 잠이 들었다 말았다 하고 있는데, 열차 안내 방송이 들렸다.

"잠시 후, 우리 열차는 왜관에 도착합니다. 왜관역에서 내리실 분은 잊으신 물건 없이 열차에서 내릴 준비를 해주시기 바랍니다."

그 안내 방송 소리에 잠이 깼는데, 내 옆 자리의 사내에게 또 전화가 왔다. 사내는 "아, 내가 지금 다시 기차를 타고 올라가는 중이니까, 조금만 더 기다리라니까……." 짜증 섞인 목소리로 답을 하고는 다시 또 잠이 드는 것이다. 나는 하는 수 없이 그 사내를 깨웠다.

"아저씨, 동대구역 지났는데요. 여기 왜관인데요."

사내는 화들짝 놀라면서 잠을 깨더니 "아, 이거 큰일 났네. 아, 이거 큰일 났네"라고 낭패한 듯 중얼거리면서 왜관에서 허겁지겁 내렸다.

왜관에서 기차가 출발하자, 이번에는 조금 젊은 남자가 옆 자리에 와서 털썩 앉았다. 그런데 그 사람은 나에게 또 이렇게 묻는다.

"아저씨, 저, 여기가 어딘가요?"

내가 왜관이라고 답하자 그 사람은 또 이렇게 묻는 것이다.

"그럼, 대전에서 많이 내려왔나요?"

내가 "그럼요. 꽤 많이 내려왔지요"라고 답하자, 그 남자는 "하, 이거 큰일 났네. 내가 대전에서 내렸어야 하는데, 잠드는 바람에 그냥 여기까지 와 버렸네. 하, 이거 정말 큰일 났네"라고 말하는 것이다. 나는 그날 결국 그 남자가 대전에서 무사히 내리는 것을 볼 때까지 잠들지 못했다. 그날 밤, 잠을 완전히 설쳐버렸다.

나는 '별 이상한 사람들만 만나서 잠도 제대로 못 잤네' 그렇게 생각하지 않으려고 애썼다. IMF 구제금융이라는 태풍을 만나, 우리나라 경제가 풍전등화와 같을 때였다. '아, 사람들이 이렇게 힘들게 사는구나. 사람들이 이렇게 힘들게 일하며 사는구나' 그런 생각으로, 대전을 지나면서부터 서울에 도착할 때까지 거의 잠들지 못했다.

목포행 고속버스

목포에 다녀왔다. 고속버스에 올라탔는데 생선 비린내가 차 안에서 진동한다. '어휴, 이 냄새를 맡으면서 네 시간 반이나 가야 하다니.' 멀미를 할지도 모르겠다고 은근히 걱정이 되기 시작했다.

버스가 출발한 뒤 10여 분이 지나지 않아, 나는 그 냄새의 범인을 쉽게 알아낼 수 있었다. 내 자리 통로 건너편에 앉아 있는 아주머니가 부스럭거리면서 움직일 때마다 생선 비린내가 더 심하게 났으니까. 50대 중반쯤 돼 보이는 아주머니였다. 생선을 다루는 일을 하다가 앞치마만 벗어놓고 헐레벌떡 나온 차림이다.

아주머니는 신발을 벗은 채 책상다리를 하고 올라앉아 있었는데, 몸집이 작아서 마치 고속버스 의자에 푹 파묻힌 것처럼 보였다. 돌아앉아서 마치 남이 볼까봐 감추기라도 하듯 조심스럽게 한참 부스럭거리더니 붕어빵을 꺼내 먹기 시작했다. 봉투를 밖에 드러내지도 못한 채, 옷 사이에서 하나씩 꺼낸 붕어빵을 꾸역꾸역 먹는 모습을 보는 순간, 내 머릿속에는 그 아주머니가 옷도 못 갈아입고 허겁지겁 고속버스를 집어타게 되기까지의 장면이 마치 영화처럼 눈앞에 훤히 그려졌다.

부두에 고깃배가 닿으면 생선 장사 아주머니들이 손수레를 끌고 몰려들고, 그렇게 받은 생선을 길거리에 늘어놓고 팔다가, 찬밥 한 그릇에 열무김치 몇 가닥이 반찬의 전부인 한 끼 식사를 길거리에 쪼그리고 앉아 먹기도 하다가, 중국에서 활어로 수입되는 값싼 생선들 때문에 갈수록 장사는 힘겨워지고……. 그러다가 목포에 있는 누군가가 일을 당했다는 소식을 듣고 황급히 나서는데, 옆 노점상 아주머니가 "가는 길에 요기라도 하라"며 얼른 붕어빵 한 봉지를 들려주는 모습.

붕어빵을 차례로 꺼내 먹고 있는 아주머니의 모습을 물끄러미 바라보다가, 나는 또 목이 잠겼다. 생선 비린내 따위로 기분을 상했던 내 모습이 부끄러웠다. 나는 항상 부끄러움을 통해서 배운다.

'하종강의 노동 시대'

　기독교 방송 〈시사자키 오늘과 내일〉의 진행자 정태인 씨와 담당 PD로부터 "노동문제를 다루는 프로그램을 한번 만들어보자"는 제의를 받았다. 진작 의기투합했지만, 내 개인적인 일정들 때문에 첫 방송이 계속 미뤄져 "시작하기도 전에 잘릴지 모른다"는 흉흉한 소문이 떠돌다가, 결국 무사히 시작하게 됐다.
　일주일에 한 번 금요일 저녁마다 나가서 30분 동안 출연하는 생방송인데, 한 사람에게 그렇게 많은 시간을, 그것도 순전히 노동문제에만 할애한 것은 우리나라 방송 관행으로 보아 매우 파격적인 일이라고 했다. 아마 방송 사상 최초일 것이라고 했다.
　방송에 몇 번 출연한 뒤, 내가 집에 없는 시간에 옛친구가 전화를 했다. 아내가 받았는데 "하종강 씨 들어오거든 늦더라도 전화 부탁한다"고 하기에 아내가 그의 전화번호를 물었더니 "내 전화번호야 친구들에게 수배하면 금방 알 수 있을 것"이라면서 끝내 가르쳐주지 않더라는 것이다. 친구 전화번호조차 모르고 살아가는 무심하고 소원한 관계에 대한 불만을 그는 그렇게 표현했을 것이다.

아내는 그 친구가 전화했다는 얘기를 전하면서 "그 사람 옛날 꼬장꼬장한 성격 하나도 안 바뀌었던데. 내가 '진화가 전혀 안 됐다'고 놀렸더니 진화가 안 된 건 우리도 마찬가지래냐"라고 했다.

그 친구가 내게 하고 싶은 말이 듣기 좋은 소리는 아닐 거라는 짐작은 했지만, 나는 다른 친구들을 두 명이나 거쳐 어렵사리 그의 연락처를 알아내 전화를 했다. 친구는 우연히 내가 출연하는 방송을 들었다면서 "내가 딱 두 가지만 얘기하겠다"면서 다음과 같이 조목조목 짚었다.

"첫째, 네가 그날 방송에서 '노동자들을 모아놓고 노동법 교육을 하면서'라는 표현을 사용했는데, 나는 그 말이 심히 거슬려. 그냥 '노동자들에게' 또는 '노동자들이 모인 곳에서'라고 말해. 노동자들은 누가 '모이라'고 하면 그냥 모이는 그런 생각 없는 사람들이 아니야. 네가 뭔데 노동자들을 모아?"

그 표현에 대해서는 나도 방송 중에 '아차, 실수했다' 싶어 반성을 하고 있던 터라, 백배 사죄했다.

"둘째, 너의 음성을 오랜만에 들으면서 나는 '하종강이 옛날처럼 고민하면서 살고 있지는 않구나'라는 느낌을 받았어. 왜 그런 느낌을 받았는지는 나도 잘 모르겠어. 아무튼 느낌이 그랬어."

이 대목에서 그는 가장 길게 설명했다. 다음과 같은 얘기들도 했다.

"15년 전에 내가 잠시 징역을 살고 나왔을 때, 어떤 지식인은 '그렇게 싸울 계획이었으면, 우리와 함께 싸우지 왜 노동자들끼리만 싸우고 구속됐느냐?'고 말했어. 나는 그 말이 참 웃긴다고 생각하면서 그 사람에게 '지랄하고 있네'라고 했지. 그때 너도 나한테 한 말이 있었어. 그때 하종강이 내게 뭐라고 했냐 하면 '노동자들은 분노만으로도 싸울 수 있어서, 그것이 참 부럽다'고 했어. 너는 그런 말을 한 것도 잊었겠지만 나는 아직도 잊지 않고 있지. 그때 하종강에게 받은 느낌은 '아, 저 사람은 고민하면서 살고 있구나, 어떻게 하면 노동자들처럼 잘 싸울 수 있을까, 그런 고민을 하면서 사는 사람이구나' 하는 거였지. 그런데 며칠 전 방송에서 들린 네 목소리는 고민하는 사람의 목소리가 아니었어. 그 분명한 이유는 나도 잘 모르겠어. 느낌이 그냥 그랬어."

그가 그렇게 느낀 이유는, 아마 내가 '달변'으로 위장했기 때문이었을 것이다. 고백하건데, 사실 나는 "생방송을 처음 하는 사람이 어쩌면 저렇게 잘할 수 있을까"라는 칭찬을 사람들에게 듣고 싶었다. 그러나 고통받는 노동자들의 삶을 전하겠다는 사람이 어떻게 '달변'일 수 있겠는가.

옷깃을 여미며

하나

평화 시장의 남자 미싱사를 만나 오랫동안 얘기를 나누었다. 하는 일의 내용을 듣고 내가 아는 척을 했다.
"그러니까 '오야 군요.'"
"저 정도 되면 '오야'라기보다 완전 '프로'라고 해야 맞지요."

둘

그가 한 달 동안 번다는 액수를 듣고 나는 깜짝 놀랐다.
"그런 거 보면, 나 같은 월급쟁이가 제일 불쌍하다니까."
"월급쟁이만큼만 일하면, 나는 한 달에 10만 원도 못 벌 겁니다."

셋

그가 제주도 출신이라고 하길래, 내가 또 아는 척을 했다.
"4·3사건 때문인지 제주도 출신 친구들은 근성이 있어요. '육지 놈'들 싫어하고…… 한 집 건너씩은 제삿날이 모두 같다지요?"
"한 집 건너라니요? 전부 다예요. 제주도에 여자가 왜 많은데요. 제주도에 여자 많아서 좋겠다고 얘기하는 놈들은 다 때려죽이고 싶습니다."

넷

그가 "하루 종일 미싱만 만져가지고는 사람 꼴이 우스워지고, 무슨 서류 한 장 제대로 꾸밀 줄도 모르는 채 살다가 죽어버릴 것 같아서, 아는 사람 편에 어느 회사 사무직에 이력서를 냈다"고, "돈이 문제가 아닌 것 같다"고 해서, 내가 또 무심코 말했다.
"이 사람, 아직 배가 덜 고파봤구만."
그가 얼굴빛이 달라지더니 낮은 목소리로, 그러나 단호하게 말했다.
"고생, 죽도록 해봤습니다."
그 자리에 함께 있던 그의 아내(역시 고참 미싱사다)는 내가 계속 헛다리를 짚으면서 자기 남편한테 당하고 있는 것이 재미있었던지, 내내 웃고 있었다.
그러니, 그동안 내가 "노동자 정서에 대해 그래도 알 만큼 아는 편"이라고 자부해온 게 무슨 개뼈다귀 같은 소리냐 이거다.

죽음 곁에서

유난히 '죽음'과 가깝게 지내야 했던 최근 며칠이었다. 촉망받는 후배 경제학자 양○규의 자살, 우리 사무실에서 일을 꼼꼼하게 챙겨 주던 김○연 씨의 갑작스러운 죽음, 현대자동차 비정규직 노동자 류기혁 동지가 스스로 선택한 죽음⋯⋯.

잇따른 죽음 앞에서 살아남은 자들의 슬픔을 아무리 노래한들 그들의 죽음을 다시 되돌릴 수는 없다. 살아남은 사람들이 죽은 사람 몫까지 '제대로' 잘 살아야 한다.

한진중공업 김주익 위원장이 골리앗 크레인에서 129일 동안 홀로 고독을 견디다가 스스로 목을 맨 뒤, 한 달 사이에 노동자들이 네 명이나 잇따라 목숨을 끊는 일이 발생하자, 한 방송사의 PD가 카메라를 들고 나섰다. 노동문제에 특별한 관심이 있어서가 아니라, 한 달 사이에 네 명의 노동자가 스스로 목숨을 끊는다는 것은 아무리 생각해도 보통 일이 아니었기 때문이다.

전국 곳곳을 다니며 노동자들의 삶과 주변 이야기들을 100여 개의 테이프에 담았는데, 도대체 내용을 어떻게 전개해야 될지 엄두가 나지 않는다고 해서, 어느 일요일 우리 연구소에 모여 자유롭게 이야기를 나눈 적이 있다. 세 시간쯤 걸려 이야기가 다 끝나고 나서 그 PD가 나에게 마지막 질문을 했다.

"이제 마지막으로, 분신하거나 자살한 그 노동자들 입장에서 한마디 해주십시오."

나는 그 물음에 이렇게 답했다.

"그 사람들의 입장을 내가 어떻게 몇 분의 일이라도 짐작할 수 있겠습니까? 129일이나 크레인 꼭대기에서 고독을 견디다가 자신의 목을 맨 사람이나, 1년 반이나 수배생활을 하다가 자신의 몸에 스스로 불을 지른 사람의 입장을 제가 어떻게 몇 분의 일이라도 짐작할 수 있겠습니까? 감히 그 사람들의 입장에 설 수 있다고 생각하는 것은 교만이지요."

내 대답에 그 PD는 어이없다는 듯 내 얼굴을 바라보더니 내뱉었다.

"내가 지금 어떻게든 그걸 한번 해보겠다고, 이렇게 돌아다니고 있는 거 아닙니까?"

아, 나는 부끄러웠다. 노동운동을 20년 넘게 했다는 경력이 부끄러웠다. 우리가 '제도언론'이라고 비웃는 방송사의 제작진조차 노동자들의 절실함을 조금이라도 사람들에게 전하려고 저렇게 애쓰고 있는데, 명색이 노동문제연구소 소장이라는 작자는 그 노동자들의 죽음이 헛되지 않도록 얼마나 노력하고 있는 것일까 반성했다. 도대체 나와 그 PD의 이러한 차이가 어디서 생겼을까?

1년 6개월 동안 수배돼 있다가 자신의 몸에 불을 지른 노동자의 삶의 흔적이 어떠했을까? 아무리 노동운동 20여 년의 경력이라고 해도 노동자의 집에 가서 곰팡이가 하얗게 뒤덮여 있는 냉장고의 반찬들을 직접 본 사람의 절실함을 따라갈 수는 없었던 거다. 직접 본 사람과 보지 못한 사람의 차이는 산 것과 죽은 것만큼이나 컸던 거다. 그 PD는 "돌아다니면서 비정규직 노동자들의 삶을 직접 보니까, 정말 말이 안 나오더군요"라고 혀를 찼다.

동료의 죽음을 직접 목격한 노동자들의 입장에서 생각해보는 것이 그들의 죽음을 헛되지 않게 하는 일이다. 마치 스스로 죽음을 선택한 사람에게 문제가 있었던 것처럼 생각하는 것은 사물을 올바로 이해하거나 사건을 올바르게 풀어가는 태도가 아니다.

무섭도록 성실한

노동조합에서 나를 오라고 부르는 것은 당연한 일이지만, 가끔 회사 경영진 측에서 나를 부를 때가 있다. 단체협약 등에 있는 "회사가 실시하는 사원 교육 중 연 두 시간은 노동조합이 추천한 강사를 초빙한다" 등의 규정에 의해 노동조합이 회사에 요구하면 마지못해 나를 부른 경우가 대부분이다.

호남 지역에 있는 제법 큰 회사에서 그런 교육이 있었다. 2천 명의 직원들을 500명씩 나누어서 네 차례 강의를 했다. 일주일에 한 번씩 모두 네 번 내려갔었는데, 내려갈 때에는 항공 편을, 올라올 때에는 열차 편을 이용했다.

그 교육을 담당하는 부서의 최고 관리자는 차장이었다. 공고 졸업 학력으로 입사한 뒤 초고속 승진을 한 사람으로서 그 회사의 입지전적 인물이었다. 실제로 그 차장 밑에는 그보다 나이가 많고 학력이 월등한 직원들도 많았다.

그 차장은 매번 공항에 직접 차를 몰고 나와서 정중하게 나를 마중했고 강의가 끝나면 기차 정거장까지 나를 배웅했다. 두 번째 날이었던가 그가 공항에서 나를 회사까지 태우고 가면서 말했다.

"지난번에 '이 차가 업무용 차냐?'고 저에게 물으셨을 때 말이지요. 월급쟁이가 중형차 탄다고 욕하실까봐 '그렇다'고 대답했지만 사실은 이게 제 차입니다. 중국 공장에 2년 동안 파견 나갔다 와서 구입했는데, 바로 IMF가 터질 줄 누가 알았습니까. 지금은 공장 주차장에 세워놓고 거의 사용하지 않고 이렇게 업무용으로만 가끔 쓰고 있습니다."

내가 하는 강의 내용이 회사의 관리자가 듣기에는 좋은 내용일 리가 없기 때문인지, 공장장은 매번 직원들에게 인사말만 하고 잠시 앉아 있다가 내 강의가 시작되면 눈치껏 빠져나갔지만, 그 차장은 거의 같은 내용의 강의를 네 번이나 꼬박 듣고 앉아 있었다.

세 번째 날이었다. 강의를 마치고 기차 정거장에 도착하니 시간이 30분쯤 남아 있었는데 그 역이 시발역인지라 기차는 벌써 플랫폼에 서 있었고 개찰구도 열려 있었다. 나는 그에게 인사를 하고 일찌감치 기차에 올라탔다. 대합실에서 기다리느니 기차의 내 자리에 앉아 편히 쉬는 게 더 낫겠다는 생각이었다.

출발 시간이 5분쯤 남았을 때, 생수 한 병이 있어야겠다는 생각으로 얼른 플랫폼으로 내려가 매점에서 생수를 한 병 주문했더니 그 매점에는 생수가 없고 정거장 대합실 밖 광장의 슈퍼마켓까지 가야 생수를 살 수 있다는 거였다. 쏜살같이 개찰구를 뛰어나가는데 누군가 나를 불렀다.

"어디 가십니까?"

바로 그 차장이었다.

"생수 한 병 사려고요."

그 말을 들은 차장은 "제가 사오지요"라고 말하더니 나보다 훨씬 빠른

속도로 광장으로 뛰쳐나가 생수를 한 병 사들고 와서 가쁜 숨을 몰아쉬었다. 나는 그에게 놀란 표정으로 물었다.

"아직까지 안 가고 뭐하셨어요?"

"기차가 잘 떠나는지 보고 가려고요."

세상에……. 그는 나와 헤어진 후 25분 동안이나 정거장 대합실에서 기차가 떠나는 걸 보려고 지켜 서 있었던 것이다. 내가 탄 객차는 앞부분에 있고 대합실에 서 있는 그는 열차의 중간 객차들만 볼 수 있을 뿐이었는데도 그는 고집스럽게 내가 탄 기차가 무사히 출발하는지 지켜보고 있었던 것이다. 사람이 이렇게까지 성실할 수 있다니……. 무서울 정도였다.

그가 독학으로 영어를 깨우쳐 회사 내에서 영어통으로 인정받게 된 얘기도 나를 충분히 놀라게 했다. 그는 우리말조차 능숙하게 하는 사람이 아닌 것이다. 그는 우리말조차 좀 더듬거리면서 하는 사람인 것이다. 그가 영어를 유창하게 하는 모습을 나는 도저히 상상할 수 없었다.

교육 마지막 날, 그 차장이 사회를 보면서 직원들에게 나를 소개하는 동안 나는 내 옆에 앉아 있는 공장장에게 그 차장을 가리키며 말했다.

"저 사람, 보기 드물게 성실한 사람입디다."

"예, 정말 그렇습니다."

"저는 이렇게 돌아다니면서 사람 만나는 게 일이어서 사람 보는 눈은 있는 편인데, 저렇게 성실한 사람은 이 생활 20여 년 만에 처음 보았습니다."

공장장도 내 말에 동의했다.

네 차례의 교육을 모두 마치고 한 달쯤 지난 뒤, 그 차장은 내게 전화를 해서 내가 했던 교육에 대한 회사의 평가를 전해주고 내 안부를 물었다. 말 끝 무렵에 그는 예의 그 더듬거리는 말씨로 말했다.
"공장장님에게 잘 말해주셔서 고맙습니다."
나는 빚을 갚은 기분이었다. 그렇게 성실한 사람이 '사측'에 있다는 것이 못내 아쉬웠다.

노동 대학에 가다

내가 처음 성공회대학교의 노동 대학 강좌를 듣겠다고 했을 때, 연구실장은 한심하다는 듯 "그걸 뭐 하러 신청하냐?"면서 웃었다. 그렇지만 최근 나의 활동이 너무 소모적이었다는 반성을 하고 있던 터라 망설임 없이 수강료를 온라인으로 입금했다.

한동안 우리와 같은 바닥에서 '무슨 무슨 통'으로 활약하다가 훌쩍 외국에 공부하러 떠나버리는 사람들이 있었다. 제한된 지식과 부족한 상상력으로 용감무쌍하게 무장한 단세포적 관료들과 경영자들의 행태를 볼 때마다 노동자들은 이제나저제나 공부하러 떠난 그 사람들이 돌아오기만 기다렸다. "정태인, 한홍구, 유철규 등만 돌아오면…… 너희들은 그날로 끝난다"고 얼마나 학수고대했던가. 그 사람들이 돌아와 성공회대학교 노동 대학에서 강의를 한다는데 당연히 들어야지.

첫날, 그곳에서 나를 본 사람들이 모두 한마디씩 했다.

"강의를 하러 오신 겁니까, 아니면 들으러 오신 겁니까?" (입구에서 만난 이웅규 노무사)

"어, 오늘 프로그램에 하 소장 강의는 없던데……." (내 옆에 앉았던 서

울 지하철 노조 김선구 위원장)

"아마추어가 강의를 하는데 '프로'가 와서 듣겠다고 앉아 있으니 부담스러워서…… 나 참."(휴식 시간에 만난 김동춘 교수)

"어, 웬일이야? 노동 대학 강좌 들으러 온 거야? 그걸 뭐 하러 들어?"(야간 강의가 있었는지 한 무리의 학생들과 함께 현관을 나오던 허상수 선생)

"강의 잘하는 방법 좀 가르쳐주고 가세요."(노동 복지 강의를 담당한 이영환 교수)

"배우겠다는 태도가 정말 훌륭하세요."(매일노동뉴스의 진숙경 기자)

"노동 대학이 강의를 제대로 하는지 못하는지, 감시하러 오신 모양입니다."(나를 굳이 일으켜 세워 사람들에게 소개했던 박경태 학장)

"어제 숭실대에서 소장님 강의를 들었는데, 오늘은 여기에서 이렇게 같은 학생으로 만나니까, 영 이상하네요."(스포츠조선 노조 위원장)

"수요일마다 강의 들으러 오시는 게 지금 가능할 거라고 생각하고 신청하신 거예요?"(내가 소장을 겸직하고 있는 산업안전보건교육연구센터의 박정순 실장)

그러나, 첫날 신영복 선생님의 특강을 들으며 나는 '역시 오기를 잘했다'는 생각을 했다.

"자신이 알고 있는 제한된 지식만을 반복적으로 사용할 것을 강요받는 삶, 그것이 노동자의 가장 큰 비극입니다."

아, 그것은 나를 두고 하는 말이었다. 제한된 지식을 반복적으로 사용하기—그것이 바로 최근 내 모습 아니었던가. 사람들이 나를 벌써 뭔가 이룬 사람처럼 대우하는 것에 익숙해져 우쭐해 있다가, 커다란 망치를 뒤통수에 맞은 꼴이었다. 부디 그 망치를 교훈 삼아 환골탈태하겠다는 결심을 했고, 그 결심은 헛되지 않았다. 강의를 들을 때마다 나는 몇 대씩의 쇠망치를 뒤통수에 맞았으니까.

　TV에서 불우한 이웃들의 사연을 소개하는 프로그램의 사회를 진행하던 여자 아나운서가 눈물을 글썽거리고 목이 메는 것을 보았다. 사람들은 그 장면을 보고 감동받았을 것이다. 그러나, 그 아나운서는 그 방송국 노동조합이 파업을 했을 때, 뉴스를 계속 진행하겠다며 노동조합에서 탈퇴했던 사람이다. 이 이율배반을 어떻게 설명할 수 있을까?

　그 아나운서가 최소한 노동 대학 강의를 수강했다면, 그런 행태를 보이지는 않았을 것이다. 노동조합의 파업에 적극적으로 참여하는 것이 이 땅의 불우한 이웃을 돕는 가장 빠르고 바른 지름길이라는 것을 깨우쳤을 테니까.

　그 아나운서가 최소한 노동 대학을 수강했다면, "농민들은 가뭄으로 애가 타는데 노동자들은 무슨 총파업이냐"고 민주노총을 매도하지도 않았을 것이다. 노동자들이 총파업에 적극적으로 참여하는 것이야말로 왕가뭄에 가슴까지 쩍쩍 갈라진 농민들도 평등하게 살아갈 수 있는 세상을 앞당기는 지름길이라는 것을 깨우쳤을 테니까.

　이 글을 쓰고 있는 중에 마침 CBS의 노조 위원장이 전화를 했다.

　"저희 파업, 오늘 끝났습니다. 265일째입니다."

　그 목소리를 듣는 순간 200명의 조합원 단식을 하면서 누워 있던 정말로 영화 같은 장면이 떠오르며 가슴이 찡해진다. "건강은 어떠냐?"는 내 물음에 "몸무게가 28킬로그램 줄었습니다. 아홉 달이나 파업을 하게 만든 이 무능한 위원장을 조합원들이 헹가래쳐줬습니다." 말하다 목이 메는 노조 위원장의 목소리를 들으며 나도 한동안 목이 잠겨 할 말을 잃었다. 착해 빠진 노조 위원장이 "그동안 연락 자주 드리지 못해서 미안하다"고 말한다. 무슨 소리, 바쁘다는 핑계로 얼굴 비치지 못한 내가 죽일 놈이지. 이놈들아, 봐라. 우리는 이렇게 살고 싸우며 승리한다.

"뭔가 벌써 이룬 것처럼 사람들이 대우해주는 데 익숙해진 사람들"이야말로 계속 더 배워야 한다. 나도 예외일 수 없다. 아들 녀석조차 "친구들이 '너네 아빠는 도대체 정체가 뭐냐?'고 물어보는데, 뭐라고 답해야 돼요?"라고 물은 적이 있다. '하종강의 정체성'은 무엇인가? 나도 그것을 잘 모르겠다. 다만 내가 아는 것은, 초등학교 도덕 교과서에서 배운 몇 가시 원칙을 지키기 위해서라도 사람은 죽는 날까지 배워야 한다는 것이다. 그리고 더욱 중요한 것은 배운 만큼 실천해야 한다는 것이다.

우리 모두 노동 대학에서 배운 소중한 지식들이 우리의 내딛는 발걸음에 힘을 더하도록 하자. 노동 대학에서 배운 지식이 우리의 무기가 되도록 하자. 그걸 해내지 못한다면 우리는 한낱 교육 중독증에 걸린 관념론자가 될지도 모른다. 그것은 노동 대학이 절대로 바라지 않는 일일 것이다. 이제, 무기를 들고, 우리 모두 현장으로 돌아가자!

안동에서 만난 아줌마

 칠곡에서 영양으로 가는 길에 안동에서 묵었다. 안동 시내 길가 주차장에 차를 세우고 식당에 들어가 밥도 먹고, 찻집에 들어가 차도 마시고, 학생들 시험 답안 채점도 하고 나오느라고 한참만에야 나왔더니 주차장을 관리하는 아주머니가 "일이 아주 많았나봐"라고 말을 붙인다.
 내 자동차 번호판을 보더니 "인천에서 오셨구만. '인천'을 한자로 쓰면 '어질 인(仁)'에 '내 천(川)' 자를 쓰지?"라고 직접 허공에 글씨를 써 보인다. 그렇게 대화가 시작됐다.
 "여기는 주차 관리 일을 주로 여자 분들이 하시네요. 이게 쉬운 일이 아니라고 하던데."
 오래전, 우리 사무실에서 맡았던 일 중에 주차 관리원을 하다가 과로로 쓰러진 사람의 사건이 머리에 떠올랐다.
 "맞아. 내가 지금 딱 열 칸을 맡아서 관리하는데, 이 열 칸 관리하는 것도 쉬운 일이 아니야."
 요즘 날씨가 얼마나 추운가. 예년보다 10도 가까이 기온이 내려갔다는 글자 그대로 엄동설한(嚴冬雪寒)인데 아주머니는 바람막이 하나 없이 길바닥에 허름한 의자 하나를 내놓고 거기에 앉아서 하루 종일 일을 하시는 거다. 모자를 푹 눌러쓰고 목도리를 두 개나 칭칭 감고 팔에 토시를 두른 모습이 마치 중무장한 지리산 빨치산 같다.

"안동에 자주 오시나?" 아주머니는 반말도 아니고 존댓말도 아닌 말씨로 아주 친한 사이가 된 듯 묻는다. "가끔 들립니다"라고 했더니 "그럼 다음에 왔을 때 꼭 들려. 언제 또 오는데? 한 달 안에 오나?"라고 하신다. "예, 한 달 안에 또 지날 일이 있을 거예요"라고 했다.

"여기 '내비게이션'에 기록해놨다가 다음에 안동에 오면 꼭 다시 찾아와서 주차할게요."

내가 '내비게이션' 버튼을 누르기 시작하자 아주머니가 차창 밖에서 말씀하신다.

"응. 거기다 '숙명여고 나온 아줌마'라고 적어놔. 내가 숙명여고 나왔거든."

"그러셨어요?"

사뭇 놀란 듯 되묻자 아주머니는 "응. 소설가 박완서 씨가 그 학교 나왔지"라고 자랑스럽게 가슴을 펴며 말씀하시는데, 가슴에 매달린 커다란 기계가 눈에 확 들어온다. 한눈에 보기에도 '목 아프게 어떻게 저걸 하루 종일 걸고 있을까?' 싶은 커다란 시계였다.

시동을 걸고 막 출발했다가 급히 차를 세우고 감히 아주머니에게 부탁했다.

"아주머니, 사진 한 장만 찍게 해주세요."

아주머니는 선선히 그러마 했다. 나는 차 안에서 차창 너머에 있는 아주머니에게 휴대폰을 들이대고 '찰칵' 소리를 내며 사진을 찍었다. 두 눈만 겨우 보이게 얼굴을 온통 가리고 있는 목도리가 신경 쓰였는지 아주머니는 "얼굴 잘 보이게 목도리 내리고 다시 찍을까? 그래도 이거 하나 이렇게 두르고 있으면 훨씬 따뜻해서"라고 설명을 하신다. 그 얼굴에 다시 휴대폰을 들이대기가 송구스러워서 "괜찮습니다"라고 했다.

차창을 닫고 출발하는데 아주머니가 차 안에까지 잘 들릴 정도로 큰 소리로 외친다.

"그럼 한 달 안에 또 와."

후사경 안에서 손을 흔들고 서 계신 아주머니 모습이 점점 멀어졌다. 이 추운 겨울날, 바람막이 하나 없이 길거리에서 하루 종일 일해야 하는 아주머니 모습이 그날 내내 머리에서 떠나지 않았다. 사람 사는 문명사회에서 어떻게 이런 일이 가능할까? 이런 일을 어떻게 이성적으로 설명할 수 있을까?

저녁에 만난 사람에게 그 아주머니 얘기를 했더니, 세상을 나보다 훨씬 더 많이 산 그 사람은 이렇게 말했다.

"그나마 그 아주머니는 그 일이라도 있으니 나은 형편인 거야. 그런 일자리도 구하지 못해 쪽방에서 하루 한 끼도 제대로 먹지 못하며 겨우 연명하는 노인들에 비하면……."

사람 사는 사회에서 어떻게 이런 일이 아무렇지 않게 매일 벌어질 수 있을까? 어떻게 사람들은 이런 일에 그토록 무감각하게 살아갈 수가 있을까?

의사를 찾습니다

몇 년 전부터 가끔 가슴이 아프기 시작했다. 명치끝에서부터 시작된 동통이 서서히 가슴 위로 올라와 목을 조이거나 양쪽 어깨 쪽으로 퍼지다가 잠시 후에 사라졌다. 자주 그런 것은 아니고 일 년에 한두 번쯤 그랬다. 아무런 예고도 없이 갑자기 찾아왔다가 잠시 뒤 사라지곤 했지만 밥을 먹다가, 운전을 하다가, 책을 보다가 그 '가슴앓이'가 찾아오면 잠시 동안 아무 일도 할 수가 없었다.

동네 병원에 갔다. 심전도 검사에는 아무런 이상 소견이 없었으나 의사는 "큰 병원의 잘 아는 의사를 소개해줄 테니, 한번 가서 자세히 검진을 받아보라"고 했다.

그이의 소개로 찾아간 큰 병원에서 나는 '운동부하 심전도 검사'라는 걸 받았다. 일이 밀려서 며칠 동안 잠을 거의 못 잔 뒤였다. 그 전날에도 두 시간 정도 밖에 자지 못했다. 전선이 달려 있는 전극 여러 가닥을 너덜너덜 온몸에 붙인 채, 나는 검사원의 지시대로 걷다가, 조금 빠르게 걷다가, 뛰다가 하기를 되풀이했다. 30분쯤 걸렸을까. 검사를 받으면서도 나는 '이렇게 자세한 검사는 비용도 꽤 많이 나오겠지' 걱정이

됐다.

검사가 끝나고 나서 나는 거의 탈진했다. 괄약근이 거의 풀린 상태까지 갔지 싶다. 검사실 바닥에 그냥 대자로 뻗어버렸다. 나이 지긋한 간호사가 내 얼굴을 보더니 "이 사람 빨리 침대에 눕히고 담요를 덮어주라"고 지시했다. 내 얼굴이 오죽 딱해 보였으면 그랬을까. 나는 침대에 누워서 곁에 서 있던 검사원에게 물었다.

"다른 사람들도 이 검사 받으면 이렇게 힘들어 하나요?"

"힘이 좀 들기는 하지만, 이렇게 완전히 그로기 상태가 되는 경우는 거의 없습니다. 아직 그러실 나이가 아닌데, 참 이상하군요."

나는 참 창피했다. 군대에서 제대한 뒤 근 20년간 운동이란 걸 전혀 모르고 살았으니 그럴 만도 했다. 정상적이기를 바란 것이 오히려 이상하지.

침대에 30분도 더 누워 있다가 겨우 일어났다. 의사가 부른다기에 외래 진료실에 갔더니 두툼한 검사 결과지를 펼쳐놓고 한참 꼼꼼히 살펴보던 의사가 "별 이상은 없다"고 했다. "만일 심장에 이상이 있었다면 이 검사로 95퍼센트 이상은 알아낼 수 있는데, 별 이상이 없는 것으로 보아 안심해도 되겠다"고 했다. 의학적인 이야기를 몇 가지 더해준 의사가 마지막에 물었다.

"어떤 일을 하십니까?"

아, '직업'을 묻는 의사를 나는 일단 존경한다. 환자의 질병을 그 사람의 '직업'과 연관시키려는 생각이 있는 의사는 우리나라와 같은 의학계 풍토에서는 그것만으로도 참 드문 사람이라고, 어느 존경하는 의사 선배가 말한 적도 있었다.

"작은 노동문제연구소에서 일합니다."

내 답을 들은 의사가 다시 물었다.
"노동문제연구소라면 구체적으로 어떤 일들을 하십니까?"
"노동문제에 대한 상담을 하고, 노동조합에 찾아가 교육도 하고, 명색이 '연구소' 니까 가끔 연구도 하고 그럽니다."
"참 훌륭하고 힘든 일을 하시는군요."
"아, 아닙니다. 별로 힘들지 않습니다. 제가 그냥 좋아서 하는 일입니다."
의사는 잠시 생각하는 표정이 되더니 말했다.
"이 병원이 제가 직접 운영하는 병원이 아니라서, 진료비를 깎아드리기가 어렵군요. 그렇지만 말이죠, 완전히 빼버릴 수는 있습니다. 그냥 가세요."
나는 무슨 말인지 선뜻 이해가 되지 않아서 '사오정' 처럼 되물었다.
"예?"
"그냥 가시라고요. 수납 거치지 말고 그냥 나가시면 됩니다."
"그래도 어떻게 그렇게 합니까? 저, 실비라도."
"그냥 나가시면 된다니까요."
내 말을 막은 의사는 내 등을 거의 떠밀다시피 하면서 현관까지 나를 배웅했다. 물론 수납 창구는 거치지 않았다. 그 의사의 말처럼 '완전히 빼버리는 것' 이 가능했을까? 아마 그 의사가 나중에 자신의 돈으로 내 진료비를 내야 했던 것은 아닐까?
병원을 나오면서 '나중에 한번 찾아가서 밥이라도 같이 먹어야겠다' 는 생각을 했으나, 바쁘다는 핑계로 차일피일 미루다가, 몇 달이나 지나서 작은 선물을 마련해 다시 그 병원을 찾아갔을 때, 그 의사는 이미 그 병원을 떠나 다른 곳으로 간 뒤였다.

예전에 기독청년 활동을 열심히 한 적도 있었다는, 단아한 인상의 그 의사가 지금은 어디에서 어떻게 의술을 베풀고 있을지 가끔 궁금하다.

완주 기행

포옹

　죽었는지 살았는지 어디에 살고 있는지 한동안 종적이 묘연해진 친구의 안부를 모두들 궁금해 했다. 사람들이 가끔 나한테 그 친구의 소식을 물을 때마다 차마 "모른다"고 답하기가 부끄러워 "응, 가끔 연락이 오기는 해"라고 적당히 얼버무리곤 했지만 사실은 거짓말이었다. 나이는 나보다 조금 어렸지만 모든 면에서 내 인생의 선배와 같은 사람이었다.
　익산 '노동자의 집' 강연을 갔다가 뜻밖에도 몇 년 만에 그곳에서 그를 다시 만났다.
　"아니, 이 사람아. 도대체 어떻게 된 거야?"
　그는 말없이 웃기만 하다가 잠시 시간을 두고 답했다.
　"세상이 내게 지운 짐이 너무 무거웠던 거지요. 그렇게만 말해둡시다."
　강연을 마치고 그의 집으로 따라가면서 내가 말했다.
　"자네 부인을 만나거든 뜨거운 포옹을 할 수 있도록 미리 허락을 얻겠

네."

"물론이지요. 집사람도 무척 반가워할 겁니다. 그런데 그렇게 되면, 나한테도 그에 따른 응분의 혜택이 있어야 하지 않겠습니까?"

"음, 자네가 이다음에 인천에 올라오거든 내 아내와 뜨거운 포옹을 할 수 있는 권리를 주지."

그는 잠시 생각하는 눈치이더니 말했다.

"그러면 내가 훨씬 손해인데요."

우리는 모두 크게 웃었다. 완주군 소양면에 있는 어느 산자락 맨 끝 동네, 맨 끝 집이 그가 살고 있는 곳이었다. 넓다란 마당이 있는 그림같이 예쁘고 단정한 집이었다. 자갈이 깔린 마당에 차가 들어서니 그의 아내가 자갈 밟히는 소리를 듣고 손님을 맞으러 나왔다. 나는 차에서 내리자마자 두 팔을 벌리고 그녀에게 다가가 말했다.

"우리, 포옹 한번 합시다."

어쭙잖게 껴안는 시늉을 하는 걸 보더니 친구가 말했다.

"뜨거운 포옹이 겨우 그 정도 밖에 안 되냐?"

널찍한 그의 집 거실에 둘러앉아 차를 마셨다. 이야기가 길어져 차를 여러 번이나 우려 마셨다. 그의 아내가 나를 물끄러미 바라보다가 말했다.

"형 생각을 많이 했어요. 우리 부부의 형에 대한 생각은 좀 남달랐어요. 뭐라고 할까……"

그녀는 한참이나 단어를 고르다가 말했다.

"많이 그리웠어요. 형이 많이 그립더라고요."

산속 동네의 밤은 점점 깊어갔고 우리는 새벽녘까지 밀린 이야기들을 나누다가 잠자리에 들었다.

새날이

친구는 첫아이인 딸에게 '새날'이라는 예쁜 이름을 지어주었다. 초등학교 1학년인 새날이는 학교를 50분이나 걸어서 다닌다고 했다. 이튿날 아침, 나는 등교하는 새날이를 따라나섰다. 아침 안개가 뽀얗게 서려 있는 산길에는 한참을 가도록 새날이와 나 두 사람 외에는 아무도 없었다.

"학교에 다 갈 때끼지 이렇게 아무도 없는 길을 혼자서 가야 하니?"

"아니요. 시멘트 포장길도 조금 있어요. 학교 다 가서 아주 끝에 조금 나와요."

"시간이 얼마나 걸리는데?"

"빨리 걸으면 40분, 보통으로 걸으면 50분."

"학교에 너처럼 멀리에서 다니는 아이가 또 있어?"

"1학년 중에서는 나 밖에 없어요. 5, 6학년 오빠 언니들 중에는 몇 명 있어요."

한 20분쯤 함께 걷다가 나는 새날이에게 말했다.

"아저씨는 이제 여기서 그만 돌아가야겠다. 새날아, 잘 가."

"예."

새날이는 고개를 숙인 채 종종걸음으로 계속 걸어갔다. 나는 제자리에 선 채 안개가 낀 산골짜기 사이로 새날이가 멀어져가는 걸 바라보았다. 가물가물 안 보일 만큼 갔을 때 새날이가 문득 걸음을 멈추더니 나를 돌아보는 것이었다. 내가 손을 흔들자 새날이는 부끄럽다는 듯 휙 돌아서서 뛰어갔다.

혼자 돌아오는데 개들이 짖기 시작했다. 아마 온 동네 개가 모두 다 짖었지 싶다. 우리 집 아이들이 즐겨보던 만화영화 〈101마리의 개〉가 생각났다.
"낯선 발자국 소리가 들린다. 어느 집인지 빨리 보고하라. 멍멍."
"나도 들었다. 처음 듣는 발자국 소리가 틀림없다. 월월."
"우리 집에 온 손님이다. 얼굴을 보아하니 나쁜 놈은 아닌 것 같다. 캥캥."
친구네 집에 돌아오니 강아지가 달려와 놀자고 내 다리에 감긴다. 기념으로 가져가려고 마당에 깔린 자갈들 중에서 제일 잘생긴 놈을 고르고 있는 동안에도 강아지는 계속 옆에서 킁킁거리며 참견을 했다.

정표

친구 집을 떠날 때, 친구는 자기가 직접 기른 무공해 애호박 세 개와 호박잎 한 무더기와 약수 한 병을 내게 건네주었다. "호박잎은 나중에 잎이 마르면 껍질을 벗겨내기가 어렵다"면서 그와 아내가 일삼아 툇마루에 앉아 껍질을 모두 벗겨냈다. 친구는 그 선물 꾸러미를 내게 건네주며 말했다.
"사실은 어제 하 형이 우리 집에 들리지 않고 바로 올라갈지도 몰라서, 익산에 나갈 때 호박과 약수를 챙겨서 갔었지요. 정표로 주고 싶어서. 다시 집으로 갖고 왔다가 이제야 드립니다."
나중에 내가 다시 그의 집에 찾아오기 쉽도록 약도를 아주 자세히 그려주면서 "시간이 허락하면 가족들과 함께 꼭 한번 내려오라"고 했다. "고향이 하나 더 생겼다고 마음 든든하게 생각해도 되겠느냐?"고 내가 물었더니, 친구는 "물론이죠"라고 답하며 활짝 웃었다.
집으로 돌아오는 동안 친구가 준 호박들이 계속 차 안에서 이리저리

굴러다녔다. 호박이 구르는 소리가 들릴 때마다 호박처럼 친근한 느낌을 주는 그의 편안한 얼굴이 생각났다.

집에 돌아와 아내에게, 서로 상대방의 부인과 포옹을 하면 "자기가 훨씬 손해"라고 그 친구가 말했다고 전하자 아내가 웃으며 말했다.

"당장 오라고 그래. 아주 죽음 가까운 줄 알라고 그래."

'죽음 가깝다'는 말은 특수교사인 아내가 사용하는 가장 격렬한 증오의 수화식 표현이다. 친구 집 마당에서 골라 온 돌멩이를 보고 아내는 "참 예쁘다"고 했다.

담배에 관한 추억

일찍이 담배를 1988년에 끊었다. 그후로 지금까지 한 개비도 안 피웠으니 나의 금연은 일단 성공했다고 볼 수 있다. 아직도 가끔 꿈속에서는 담배를 피운다. 담배를 끊기 이전에는 남달리 많이 피우던 사람이었다. 오죽했으면 사무실에서 내가 한동안 담배 장사를 했을까.

성격이 좀 모호한 어느 재야 연구소에서 허울 좋은 '연구원' 으로 일하고 있을 때였는데, 사람들의 착한 돈들을 어렵사리 끌어다가 이○오 교수 등과 함께 그 무렵 엄청나게 쏟아져 나오기 시작한 운동권 팸플릿들을 일목요연하게 분석하고 정리하는 프로젝트를 진행하느라고 스트레스를 많이 받고 있었다. 이 프로젝트는 우여곡절 끝에 완수되어 《한국노동운동의 이념》이란 책으로 출판되었고, 꽤 많이 팔렸다. 그때 우리는 출판 등록도 하나 내어 출판 사업도 벌이고 있었는데, 그 출판사의 기획 · 편집 · 제작 · 영업 업무를 내가 혼자 담당하고 있었다.

그 책을 출판한 뒤, 전국 대학 앞의 사회과학 서점에 배본이나 수금을 나가면 나를 대하는 책방 주인들의 태도가 달랐다. '미○' 출판사를 경영하는 김○묵 씨가 나를 한 번 만나더니 "이렇게 만들면 팔리지. 암, 이렇게 만들면 팔린다고"라고 부러워하면서 자기들도 비슷한 기획을 추진하고 있다가 우리 책이 나온 것을 보고는 포기할 수밖에 없었노라고 했다. '아, 이 기쁨 때문에 출판사를 경영하는구나.'

연구 출판 프로젝트 업무가 사람을 만나고 원고지와 씨름을 하는 것이어서 정신적 스트레스가 많은 편이었다. 오전에 피운 담배만으로도 내 책상 위의 커다란 유리 재떨이에는 꽁초가 차고 넘쳤다. 폭력 영화에서 사람을 쳐 죽일 때 사용히는 솥뚜껑만큼이나 커다란 유리 재떨이가 내 책상 위에 있었다. 내가 담배를 하도 많이 피우니까 사람들이 담배가 떨어지면 나한테 담배를 사러 오곤 했다. 담배가 떨어진 사람들의 절박한 사정을 이해하는 나는 항상 책상 서랍 속에 담배를 몇 보루씩 장만해 두었다. 그때 제일 비싼 국산 담배가 500원짜리 '솔'이었는데, 나중에 나는 50원을 덧붙여서 550원씩 받았다. 한 번은 원장이 담배를 사러 왔다가 50원을 더 받는다고 나를 "전매법 위반으로 전매청에 고발하겠다"고 해서 내가 그랬다.

"그게 싫으면 지금이라도 엘리베이터 타고 지하 2층 담배 가게까지 내려갔다 오시던지요."

우리 사무실은 7층에 있었다. 원장은 하는 수 없이 입맛을 쩍쩍 다시면서 550원을 냈다. 이 원장님은 김대중 '국민의정부'에서 대한민국 노사정위원회 위원으로 노후를 보냈다.

덕분에 나는 담배 가게 아가씨와 친해졌다. 내가 담배를 몇 보루씩 사니까 하루는 아가씨가 내게 묻는다.

"담배를 무척 많이 피우시나봐요."

"그게 아니라 사무실 사람들이 담배가 떨어지면 자꾸 나한테 와서 팔라고 해서요."

내가 "동전 건사하기도 아주 귀찮다"고 했더니, 아가씨는 "좋은 방법이 있다"면서 일회용 가스라이터 받침대를 하나 주었다. 일회용 가스라이터 수십 개가 꽂혀 있던 플라스틱 받침대 한 칸마다 100원짜리 동전 다섯 개가 맞춤처럼 들어간다. 나는 서랍 속에 그 받침대를 넣어두고 잔돈 정리함으로 아주 잘 썼고, 그 받침대는 20여 년이 지난 지금까지도 골동품으로 내 책상 서랍 속에 남아 있다. 이렇게 생활의 작은 흔적들을 잘 버리지 못하는 습성을 문학평론가 김현은 몰리에르의 《수전노》에 나오는 주인공의 이름을 본떠 '아르빠공 콤플렉스'라고 이름 붙이기도 했다.

86년엔가, 후배 하나가 200쪽 분량의 팸플릿을 하나 발표했다. 제목은 잊었는데 그 내용 중에 보면 "북한이 일찍이 사회주의를 건설하고 공산주의 사회로 진입하지 못하는 이유는 '무력적화통일' 노선의 오류 때문이다. 과도한 군사비가 인민의 복지를 침탈하고 있는 것이다. 북한은 무력적화통일 노선을 포기하고 남한 혁명은 남한 사회 운동권 역량에 맡겨야 한다. 김일성은 이제라도 겸허하게 나의 사상적 지도를 받으라"고 했으니 그 기고만장은 가히 짐작이 가고도 남을 일이다. 그 후배가 기어이 잡혔고 우리 '오르그'는 결딴났다. 노동 현장에 들어가 있던 사람들이 모두 나왔는데, 그 중에 내가 특별히 아끼는 후배가 하나 있었다.

당시 연구소에서는 노동자 활동가들의 수기를 정리하는 일을 돕고 있던 네 명의 아르바이트 인력이 있었는데, 모두들 대학 학보사 편집장 출신의 인재들이었다. 어느 날 회의를 하면서, 나는 아르바이트 인력 네 명에게 지급되는 돈을 모으면 한 사람을 너끈히 정식 직원으로 채용할 수 있으니 그렇게 하자고 주장했다. 결국 내 책상 옆에 작은 책상을 하나 더 들여놓고 그 특별히 아끼는 후배를 출판 담당 직원으로 채용했다.

그때 연구소가 사용하던 사무실은 45평형 아파트였고 취사·취침 시설이 완벽했으니 수배 중이었던 그 후배에게는 금상첨화였다.

그런데, 그 후배 녀석이 들어와서 내가 담배 장사를 하는 것을 보더니 자기는 '솔' 담배를 530원씩에 팔기 시작하는 것 아닌가. 내 담배 장사는 그날로 망했다. 그러나 솔직히 담배 장사가 은근히 귀찮아지기 시작했던 나는 마음속으로 쾌재를 불렀다.

후배 녀석도 결국 두어 달쯤 지난 뒤에는 담배 장사가 보통 성가신 일이 아니라는 것을 알게 되었다. 어느 날 라면 박스를 하나 구해오더니 열심히 칸막이를 만들고 새 담배 몇 갑과 개봉한 담배 한 갑을 그 박스에 잘 정돈해서 집어넣고는 앞가슴에 조심스럽게 받쳐들고 사무실마다 돌아다니면서 홍보를 했다.

"안녕하세요? 제가 오늘부터 무인 판매를 시작하기로 했습니다. 한 갑은 500원, 한 개비는 30원입니다. 거스름돈도 놔둘 테니 양심껏 거슬러 가시기 바랍니다."

그 후배 녀석은 같이 일하는 사람들의 양심을 너무 과대평가했다. 그 후배의 담배 장사도 그날로 망했다.

누구를 위한 잔치였는지 아직도 감이 잘 잡히지 않고, 숨어서 더러운 이득을 챙기는 사람들은 따로 있었던 '당신들의 잔치' 88올림픽으로 온 나라가 술렁대던 어느 날 아침, 나는 출근해서 책상에 앉자마자 후배가 깨끗이 닦아놓은 커다란 유리 재떨이를 뒤집어놓았다. 그리고 오전 내내 원고지와 씨름하면서도 담배를 한 대도 피우지 않았다.

"어, 잘하면 담배 끊겠는데······."

오후에는 담배가 무척 고팠지만 그때까지 안 피운 것이 아까워서 조금 더 참아보았다. 그리고 그날로 담배를 끊었다. 74년에 담배를 배웠으니까 실로 14년 만의 결단이었다. 단 한 번의 시도로 성공한 것이다. 특수교육을 전공한 아내에게 영향받은 '혐오학습'이 도움이 되었다.

내가 만일 흡연량을 조절할 수 있었다면 굳이 담배를 끊지 않았을 것이다. '야, 오늘 하루 종일 단 두 개비만 피웠네' 라고 좋아하다가도 저녁에 열받는 일이 생기면 앉은자리에서 한 갑도 비웠다. 도저히 흡연량을 조절할 수 없어서 결국 끊을 수밖에 없었다. 결국 내가 담배에게 진 것이다. 담배를 끊은 사람들을 의지가 강하다고 생각한다. 그러나 그 반대다. 조절할 의지가 없기 때문에 끊을 수밖에 없는 것이다. 완전히 끊는 것 밖에는 다른 수가 없어서 그렇게 하는 것이다. 하루에 두 개비 정도만 담배를 피울 수 있다면 참 좋겠다. 그러나 그게 나한테는 불가능했다.

오래전, 나의 이 얘기를 듣고 소설가 이○경은 이렇게 말했다.

"난 방독면 쓰지 않을래요. 더 버텨볼래요. 그 냄새나는 수돗물도 식수로 지장 없다는데, 이까짓 먼지 따위가 폐에 무슨 영향을 끼칠라고요. 금연 구역 만들고, 담배에 찌든 폐를 멀티미디어로 보여주고, 한 대 피운 담배가 옆 사람 생명까지 단축시킨다고 난리들이지만, 그것 다 인정하더라도 담배 끊고 싶지 않아요. 인간의 수명 자꾸 길어지는 게 이상해요. 몸에 안 좋다는 게 많아질수록 목숨은 계속 늘어나잖아요. 어쩜 폐수나 매연 속에 과학적으로 밝혀지지 않은 성분이 들어 있어 노화를 방지하는지도 모르잖아요."

그의 손이 한 번 스치면

그림을 배우던 호사로운 시절이 나에게도 있었다. 훤칠한 키에 수려하게 잘생긴 친구가 하나 있었는데, 그림을 썩 잘 그렸다. 내가 붓을 잡고 끙끙대면 그가 가끔 와서 내 붓을 대신 잡아주곤 했다. 그의 붓이 한 번 스치기만 하면 캔버스는 곧 바다가 되고, 배가 되고, 산이 되고, 구름이 되었다.

건축공학도인 그는 장차 우리나라에서 가장 예술적인 건축물 중의 하나를 설계하게 될 거라는 말을 들었을 만큼 영민했지만, 우리는 그가 교만한 표정을 짓는 것을 한 번도 보지 못했다. 유난히 진득하지 못하고 산만했던 내가 화실을 들락날락거리면 다른 친구들은 "저 녀석은 잎 하나 그리고 나가서 술 한 잔 마시고, 꽃 하나 그리고 나가서 술 한 잔 마시고……. 그러다가 그림은 언제 다 그리냐?"고 나무랐지만 그 친구는 내게 싫은 소리 한 번 하지 않았다.

그와 나는 비슷한 무렵에 군에 입대했는데, 그가 작전 중에 탱크에서 떨어져 전신 마비가 되었다는 소식을, 함께 그림을 그리던 친구가 면회를 왔다가 전해주고 갔다.

제대하고도 한참이 지난 뒤, TV를 보고 있는데 그가 나왔다. 군대 병원에서 자기를 간호하던 간호장교와 결혼을 했고, 입에 붓을 물고 그림을 그리는 구족화가가 되어 있었다. 침대에 엎드려 있는 그에게 부인이 붓을 물려주고 일일이 물감을 묻혀주는 장면도 나왔다. 그의 그림은 여전히 훌륭했다.

그랬을 것이다. 그 간호장교가 아니더라도 그는 여러 사람의 마음을 설레게 했을 것이다. 그의 수려한 용모와 거의 완성태에 가까운 인품은 전신 마비라는 그의 결점을 넉넉히 감싸고도 남았을 것이다.

친구들과 연락을 해서 한 번 찾아가자고 말이 오갔지만 차일피일 미루다가 결국 만나지는 못했다.

그가 죽었다는 연락을 받은 것은 그 얼마 뒤였다. 전신 마비 환자에게 늘 죽음의 그림자처럼 따라다니는 전신 욕창 때문에 결국 그는 세상을 떠났고 대전의 국립묘지에 묻혔다고 했다.

간다 간다 하면서도 미루기만 하다가 3년이나 지난 다음에야 나는 대전의 국립묘지에 혼자 다녀올 수 있었다. 안내소에서 잘생긴 군인이 적어주는 위치표대로 그의 묘를 찾아갔다. 주머니에 있던 손수건을 꺼내 생각나는 대로 적었다.

"못난 친구가 이제야 왔다 가네. 용서하게. 김○호, 이렇게 빨리 떠나려고 자네는 세상의 수려함을 다 모은 것 같은 모습을 하고 있었던 모양이네. 자네 붓이 한 번 지나간 자리면 그것이 곧 하늘이 되고, 바다가 되고, 산이 되고, 구름이 되었지. 함께 그림을 그리던 친구들 중에서도 이제는 연락이 되지 않는 사람들이 꽤 많다네. 모두들 자네를 그리워할 거야. 나는 여기에 와서야 대성통곡이라는 것이 어떤 경지인지를 실감하네."

손수건을 펴서 네 귀퉁이를 돌멩이로 눌러놓고, 엎드려 절을 하다가 펑펑 울다가 내려왔다. 며칠 뒤 현충일까지 그 손수건이 그대로 잘 남아 있었는지, 남편의 묘에 아이들과 함께 찾아왔던 부인이 그 손수건을 보았는지, 눈물자국이 선명한 그 손수건을 그대로 두고 갔는지, 아니면 곱게 접어 챙겨갔는지에 대해서는 아는 바가 없다.

해마다 현충일이 되면, 자신의 그림을 물끄러미 바라보던 그 친구의 잘생긴 옆얼굴이 선명하게 되살아난다.

내 친구의 별명

쉰을 훨씬 넘긴 나이에 쓰기는 좀 낯간지러운 단어지만, 나도 소싯적엔 당연히 '짝꿍'이 있었다. 먼저 수업이 끝난 놈이 상대방 교실 앞에 가서 기다렸다가 쉬는 시간 동안 짧은 수다를 하고는 수업 종이 울리면 다음 쉬는 시간을 기약하며 아쉬운 이별을 해야 했던, 유별나게 살가운 친구가 고등학교 시절의 나에게도 있었다.

그 친구네는 큰 부자여서 가끔 TV 연속극의 대재벌 회장 집 촬영 장소로 쓰이기도 했는데, 정원에는 분수가 달린 작은 연못이 있었고, 잔디밭에는 벤치가 운치 있게 놓여 있었으며, 장남인 그는 고등학생 때부터 자기만의 거실과 침실을 따로 사용했다.

고등학교 2학년 어느 겨울 저녁, 힘없는 걸음으로 그 친구가 나의 초라한 집 작은 방에 불쑥 찾아왔다. 여자 친구를 만났던 내밀한 이야기를 하려는 눈치가 분명했는데, 나는 친구의 말을 가로막으며 말했다.

"이야기하지 마. 언젠가는 너에 대해서 가장 많이 안다는 이유로 나를 가장 많이 미워하는 날이 올지도 모르니까."

친구는 볼멘소리로 말했다.

"엄마에게도, 누나에게도, 아무에게도 할 수 없는 이야기를 너에게만 하겠다는 것인데……. 그렇다면 네가 생각하는 '친구'의 의미는 도대체 뭐냐?"

결국 친구는 아무 말도 하지 못한 채, 택시 뒷좌석에 푹 파묻혀 모자를 깊이 눌러쓰고 갔다. 내가 그 장면을 마치 어제 일처럼 자세히 기억하는 이유는, 그날의 일기를 그 뒤 몇 년 동안 두고두고 들쳐봤기 때문이다.

그 친구는 의사가 되었고, 나는 명색이 '노농운동'을 한다는 놈이 되어 한동안 서로 만날 일이 없었다. 그러다가 몇 년 전, 동창회에서 만나 둘이서만 살짝 빠져나와 작은 술집에 갔다. 20년 만의 만남이었지만, 그 친구나 나나 그 겨울 저녁의 일을 신기할 정도로 선명하게 기억하고 있었다. 친구가 먼저 물었다.

"너, 그날 나한테 했던 말 생각나냐?"

"그럼. '언젠가는 너에 대하여 가장 많이 안다는 이유로 나를 가장 많이 미워하게 될 날이 올지도 모른다고. 말하지 말라'고 내가 그랬었지."

"나는 '엄마에게도, 누나에게도, 할 수 없는 이야기를 너에게만 하겠다는 것인데, 그걸 못하게 하면 네가 생각하는 친구의 의미는 도대체 뭐냐?'고 너에게 따졌지. 그날 내가 얼마나 섭섭했었는지 지금도 잊을 수가 없다."

술집 주인과 그의 친구라는 젊은 아가씨는 다분히 '상술'이었겠지만, 실로 감탄하는 표정들이었다.

"고등학생 때 그런 말들을 주고받았단 말이지요? 두 분이 고등학교 다닐 때 그랬단 말이지요? 너무 멋있어요. 너무 멋있어요. 어쩜 그런 말들을 할 수 있었을까."

남달리 여린 감성을 가진 그 친구가 아무 연고도 없는 강릉에 병원을 열었다는 소식을 들었을 때, 나는 참 그 친구다운 결단이라는 생각을 했다. 검푸른 동해 바다 물결이 보이는 도시 강릉. 방학 때마다 우리도 한번 "고래 잡으러" 가보자고 지도를 보며 상상의 나래를 펴곤 했던 그 도시에서 살겠다는 결정은 그에게 썩 어울리는 것이었다. 그러나 이 무심한 친구는 10년 세월이 훨씬 넘도록 아직까지 그 친구의 병원에 가보지도 못했다.

그 친구가 얼마 전에 불쑥 전화를 했다. 내 전화번호를 어떻게 알았을까 신기할 정도로 소원했기에 무척 반가웠다. 고등학교 동창들이 어울려 동해 바다와 설악산을 찾아가기로 했다는데 날더러 그 여행에 함께 올 수 있느냐고 물었다. 자기가 그 여행에 시종일관 함께 하기로 했으니 나도 같이 오면 좋겠다고 했다. "선약이 있어 갈 수 없다"는 내 답을 듣고 친구가 말했다.

"나도 그동안 많은 일을 겪었어. 많은 일들을 겪었다고. 정말 많은 일들을 겪었어."

자신이 그렇게 많은 일들을 겪는 동안 까맣게 모르고 살아온 우리는 이제 더 이상 친구도 아니라는 우울함이 그의 말에서 뚝뚝 묻어 떨어졌다. 그가 겪었다는 그 많은 일들은 무엇일까? 그날 잠들 때까지 나는 몸을 뒤척이며 내 나이 또래의 사내들이 겪을 수 있는 많은 일들에 대해 생각했다. 며칠 전, 동창회 사이트를 샅샅이 뒤져서 강원도 여행 사진들 속에서 그의 모습을 찾았다. 한때 내 '짝꿍'이었던 그 친구의 별명은 그를 닮은 미국 영화배우 이름이다.

요즘은 강릉 지역 민주노동당 당원들과 민주노총 활동가들을 통해 그 지역에서 양심적 보건 의료인으로 활동하고 있는 그 친구의 소식을 전해 듣고 있다. 신기한 일이다.

주례를 서다

여수에서 전화가 왔다. 일전에 화순에서 내 강의를 한 번 들었던 사람이라고 했다.

"소장님께 뭐 하나만 여쭤봐도 되겠습니까?"

"뭔데요?"

"혹시 가부장적이십니까?"

"예? 아닌데요. 오히려 그 반대인데요."

"그러면 됐습니다. 제 결혼식 주례 좀 서 주십시오."

주례를 부탁받은 것이 처음은 아니다. 그러나 아직 그럴 자격이 없다는 생각 때문에 실제로 해본 적은 없었다. 그 사람에게도 여러 가지 이유를 붙여 마다했다.

'페미니스트'였는지 그는 처음에 아예 여자 주례를 찾았다고 한다. 그런데 마땅한 여자 주례를 찾지 못했고, 결국 나한테 부탁하기로 했다는 것이다. 나는 일단 안 되겠다고 답했고 그는 그때부터 거의 매일 나한테 전화를 해서 주례를 맡아달라고 졸라댔다.

배달된 월간 〈사회평론 길〉 잡지를 받아보니 표지에 조화순 목사님 사진이 실렸다. 나는 무릎을 쳤다. 내게 주례를 부탁했던 그 노동자도 마침 그 잡지를 구독하고 있었고 "대한민국 위장 취업 노동자 1호 조화순 목사님에게 주례를 부탁하자"고 하니까 무척 좋아했다. 당장 조화순 목사님에게 전화를 해서 그 친구의 주례를 부탁했다. 그런데 목사님의 답은 이랬다.

"너, 내가 거절 못하는 병 있는 거 알지? 그런데, 이번에는 정말 안 되겠다. 내가 며칠 전에 허리를 다쳤거든. 그래서 요즘 치료받으러 매일 병원 다니는데, 의사 선생님이 '꼼짝하지 말라'고 했거든. 서울이면 어떻게 무리를 해보겠지만, 여수는 너무 멀다. 얘, 어떻게 하지?"

꼼짝없이 그 주례는 내 몫이 될 판이다. 같이 일하는 연구실장 후배는 "주례하지 마세요. 그 나이에 주례가 어울릴 법이나 해요? 신랑이라면 몰라도……"라고 말렸고, 어느 여자 선배는 "너 그거 하면 빨리 늙는다. 절대로 하지 마. 알았지?"라고 거듭 다짐을 하기도 했다.

며칠을 두고 목사님께 조르다가, 결국 내가 주례를 서기로 결정한 것은 결혼식을 이틀 밖에 남겨두지 않은 날이었다. 결혼식 하루 전인 토요일에 나는 사무실 근처의 결혼식장 두 곳에 가서 모두 네 건의 결혼식을 견학했다. '음, 혼인 서약은 저렇게 하는 것이로군. 성혼 선언은 저렇게 하면 되겠군.' 열심히 적어서 부지런히 외웠다.

드디어 운명의 날, 여수의 결혼식장에 도착했다. 기침감기에 걸려 있던 나는 예식 도중에 기침이 나올까봐 기침약을 두 숟가락이나 꿀꺽꿀꺽 마셨고, 알레르기성 비염이 도져서 콧물이라도 뚝 떨어지는 망신을 당할까봐 항히스타민제를 한 알 삼키고 주례석에 올라섰다. 나이 많은 하객들이 "주례가 너무 젊어"라고 불만을 표시하는 입 모양이 아주 정확하게 읽혔다.

혼인 서약, 성혼 선언문 낭독까지는 괜찮았다. 그런데 "이제 두 사람이 평생 동안 마음속에 간직하고 살아가야 할 귀한 주례사가 있겠습니다"라는 사회자의 말에 뒤이어 주례사를 시작했을 때부터 입이 마르기 시작하는 것이다. 와, 난 사람의 입이 그렇게 돌처럼 바싹 마를 수도 있다는 사실을 그날 처음 알았다. 나중에는 혀가 마치 플라스틱으로 만들어진 것처럼 입 안에서 따로 놀았다. 그놈의 감기약과 항히스타민제의 복합작용에 정신적 긴장이 겹쳤기 때문이었을 것이다. 그래도, 다른 사람들이 눈치 채지 못하게 큰 실수 없이 잘 마쳤다. 그날 마흔네 살의 '너무 젊은' 주례가 했던 주례사의 내용은 다음과 같다.

주례사

겨울의 문턱인 입동을 맞이한 오늘, 혼인하는 두 사람을 축하해주기 위해 이곳까지 찾아와주신 하객 여러분들에게 깊은 감사를 드립니다.

주례를 부탁받고 나서 아직 쉰 살도 안 된 제가 과연 주례를 맡을 자격이 있는가, 그런 생각을 해보았습니다. 그런데 생각을 해보니, 주례를 설 자격이 전혀 없지는 않다, 그런 생각이 들기도 합니다. 우리나라에 〈여성신문〉이라는 신문이 있는데 그 신문사가 매년 '올해의 평등부부'를 선발하여 시상을 하는 행사를 벌입니다. 그런데, 지금으로부터 10년쯤 전에, 그 올해의 평등부부상을 우리나라에서 맨 처음 받은 사람이 바로 저희 부부였기 때문입니다.

그때 일간지에 그 기사가 크게 실렸었는데, 기사의 제목이 "밥 빨래까지 하는 민주 남편"이었습니다. 그래서 친구들로부터는 "남자 망신 다 시킨다"는 핀잔을 듣기도 했으나, 요즘은 시대가 많이 달라져서 남자가 부엌에 들어가거나 가사 노동을 담당하는 것이 흉이 되는 것이 아니라, 상을 받기도 하는 그런 시대가 되었습니다. 오늘 결혼하는 신랑 신부도 주례의 뒤를 이어 언젠가는 '올해의 평등부부상'을 받을 수 있는, 그런 평등하고 민주적인 부부가 되시기를 바란다는 것을 첫 번째 부탁으로 드립니다.

어떤 나무는 옮겨 심을 때에, 굵은 뿌리를 몇 개 잘라버려도 잘 자라지만, 잔뿌리들을 모두 잘라버리면 죽는 나무가 있습니다. 또, 어떤 나무는 가지치기를 할 때, 굵은 가지를 몇 개 잘라버려도 잘 자라지만, 잔가지들을 모두 잘라버리면 다음 해에 잎을 피우지 못하고 그만 죽어버리는 나무가 있습니다. 부부생활도 그것과 같아서, 집안에 커다란 어려움이 닥칠 때에는 부부가 합심하여 그것을 이길 수 있지만, 작은 문제들 때문에 끊임없이 부딪치기 시작하면 그것을 이기지 못해 불행해질 수도 있습니다.

결혼이란, 서로 다른 성장 환경, 습관, 개성, 사고방식을 갖고 20여 년 이상 살아온 남녀가 만나서 함께 사는 것입니다. 왜 서로 차이가 없겠습니까? 어떤 때는 신라의 문화와 백제의 문화가 만나기도 하고, 어떤 때는 우리 문화와 외국의 문화가 만나는 수도 있습니다. 반찬이 짜다, 싱겁다 그런 작은 이유로 말싸움을 할 수도 있습니다. 같은 배를 타고 한솥밥을 먹는 관계이면서도 서로 다른 차이가 있는 것입니다. 결혼이란 이 차이들을 서로 양보하면서 점점 좁히는 일입니다. 어느 한 사람만이 한 사람에게 일방적으로 따라오라고 시킬 수가 없는 것입니다. 그래서 결혼이란 "좋은 배우자를 만나는 것"이 아니라, "좋은 배우자가 되려고 서로 노력하는 것"입니다. 많이 노력할수록 많이 행복해지는 것입니다. 오늘 결혼하는 두 사람도 서로 같아지기 위해 노력하는 부부가 되시기를 바란다는 말을 두 번째 부탁으로 드립니다.

지금으로부터 16년 전 저희 부부가 결혼할 때에 몇 가지 원칙을 세웠는데 그 중에 하나는 "부부가 상의하지 않고는 양말 한 짝도 사지 않는다"는 것이었습니다. 언젠가 한번은 제 아내가 저와 상의하지도 않고 옷을 한 벌 샀길래 제가 "부부가 상의하지 않고는 양말 한 짝도 사지 않기로 했거늘, 자네는 어떻게 나와 상의하지도 않고 옷을 샀는가?" 이렇게 물어보니, 제 아내가 "우리가 요즘 상의하는 것이 양말 한 짝 사는 것 말고 뭐 있는 줄 알아?"라고 답한 적이 있었습니다. 그래서 제가 "아, 요즘 우리 부부 사이에 대화가 많이 부족했구나." 그런 반성을 많이 했습니다. 오늘 결혼하는 신랑 신부도 그렇게 "부부가 상의하지 않고는 양말 한 짝도 사지 않는다"는 원칙을 지키면서, 대화를 많이 나누면서 살아가시기를 바랍니다. 그 원칙을 세 번째 부탁으로 드립니다.

인간이 다른 동물과 구별되는 이유들 중의 중요한 한 가지는 '가족이 아닌 다른 사람을 위해서 희생할 줄 안다'는 것입니다. 소나 개나 말과 같은 짐승도 자기 식구들끼리는 끔찍하게 위할 줄 알지만, 가족이 아닌 다른 짐승을 위해 희생하지는 못합니다. 우리 가족만을 위해서, 우리 아이들만을 위해서 애쓰는 부부가 아니라, 우리 가족이 아닌 다른 사람들을 위해서도 노력할 줄 아는 부부가 되시기를 바랍니다. 다른 사람들을 위하는 것이 진실로 자기 자신을 위한 길이라는 것이 마흔네 해를 살면서 제가 깨달은 것입니다.

신랑 명○○군은 기왕에 자신이 일하는 전국 규모 기업 노동조합의 호남지역협의회 회장으로서 저와 인연이 맺어졌거니와, 노동조합 간부 일이라는 것이 바로 직장 동료들의 인간다운 삶을 위해, 이 땅 노동자의 삶의 질을 향상시키기 위해 자기 자신을 희생하는 것에 다름 아닙니다. "옳은 일을 하다가 낙심하지 말라"는 저희 집안의 가훈을 네 번째 부탁으로 드립니다.

이제는 두 사람뿐만이 아니라, 여기 모이신 모든 일가친척과 친지 여러분들께 한 말씀드리겠습니다. 제가 일하고 있는 연구소는 서울 서초동 삼풍백화점 바로 건너편에 위치하고 있습니다. 지금으로부터 4년 전, 삼풍백화점이 무너지던 날, 저는 그 백화점이 무너지기 두 시간 전에 그곳에서 점심을 먹었습니다. 그날 사무실에서 점심을 시켰었는데, 어떤 직원 하나가 급하게 나가야 한다고 해서 제 점심을 그 사람에게 대신 내주고, 저는 오후 3시쯤에 삼풍백화점에 혼자 가서 아주 늦은 점심을 먹었습니다. 제가 점심을 먹고 나온 뒤 두 시간 조금 지나서 삼풍백화점이 순식간에 무너졌고, 수백 명이 죽었던, 그런 슬픈 일이 일어난 것이었습니다. 저는 그날, 백화점이 무너지는 소리를 직접 들었습니다.

그 비극의 현장에서 기적적으로 살아난 세 사람의 젊은이가 있다는 것은 우리가 다 아는 사실입니다. 그 세 사람 중에 유지환 양이 있었습니다. 18세의 어린 여성이 칠흑처럼 깜깜한 지하에서 꼼짝하지 못한 채 13일이나 갇혀 있다가 구조되는 장면이 전국에 방영되었던 것을 우리는 똑똑하게 기억합니다. 그후 유지환 양이 남달리 산업 현장이나 장애인들 행사에 자주 참석하는 모습을 보여서 저에게는 특별히 기억되었는데, 나중에 그녀의 아버지가 산업재해를 당한 장애인이었다는 사실을 어느 일간지 귀퉁이에서 읽고 저는 깊은 감동을 받았던 적이 있습니다. 유지환 양은 구출된 후 어머니를 처음 만나서 이렇게 말했다고 전해집니다.

"어머니, 어머니가 저한테 평소에 그랬잖아요. 어떤 어려움 속에서도 희망을 잃지 말라고……. 저는 13일 동안이나 꼼짝하지 못한 채 갇혀 있으면서도 내가 죽을 거라고 생각해본 적은 단 한 번도 없었어요. 아빠가 산업재해를 당해서 장애인이 되셨을 때도 엄마가 그랬잖아요. 어떤 어려움이 닥치더라도 절대 희망을 버리지 말라고. 저는 엄마 덕분에 살았어요."

여기 모이신 모든 분들은, 우리 모두, 서로에게 그런 희망이 되기를 바랍니다. 그런 일이 있어서는 안 되겠지만, 오늘 결혼하는 이 두 젊은이가 앞으로 행여 어떤 예기치 않은 어려움을 겪게 되더라도, 오늘 이 자리에 모이신 많은 분들이 이 두 사람에게 그런 희망이 되어주기를 바란다는 간절한 소망을 마지막 부탁으로 드리면서, 주례사에 대신합니다. 부디 행복한 부부가 되시기를 바랍니다. 고맙습니다.

1998. 11. 8. 주례 하종강

예식이 끝나고 나는 정성껏 적어서 갖고 내려간 주례사에 서명을 해서 신랑에게 주었다. 신랑은 정색을 하고 "오늘 주신 가훈을 평생 마음속에 간직하고, 정말 열심히 살겠습니다"라고 말했다.

피로연의 음식은 정말 다채로웠다. 내 옆 자리에 앉았던 사람이 "오랜만에 진짜 전라도 잔칫상을 받아본다"라고 말했을 정도였다. 이름 모를 생선을 반으로 갈라 구운 요리가 있었는데, 열심히 먹다 말고 한 사람이 말했다.

"이게 무슨 생선이지? 처음 보는 거네."

옆에 있던 사람이 "뒤집어봐야 알지"라고 말하면서 생선을 뒤집었다. 그래도 아는 사람이 없었다. 생선을 뒤집었던 사람이 "그럼 반으로 접어보면 알지"라고 말하면서 생선의 등 쪽을 중심으로 척하니 접어서 태초의 모습으로 만들어놓았다. 그래도 아는 사람이 없었다. 한 사람이 말했다.

"아, 이게 그거다. 도다리야. 도다리."

"야, 임마, 이게 무슨 도다리냐. 그건 정말 아니다."

"아님 말고."

생선을 반으로 접었던 사람이 젓가락으로 생선을 들어 올리면서 한껏 노인네의 말씨를 흉내 내어 말했다.
"애야, 네가 정말 누구냐."
내 앞에 앉아 있던 사람이 말했다.
"죽은 자는 말이 없는 거야."
논쟁은 거기서 끝났다. 음식을 다 먹을 무렵에 홍어회가 따로 나왔다. 사람들이 환성을 질렀다.
"와, 홍어 한 마리에 요즘 수십만 원씩 한다는데. 귀한 음식이 나왔네."
아까 그 '이름 모를 생선'에 관한 논쟁을 끝장내었던 내 앞에 앉은 이가 나한테 말했다.
"이 지방에서는 말입니다. 아무리 잔칫상을 잘 차려도 홍어가 빠지면 '싸가지 없다'는 말을 듣습니다."
그 잔치 자리에서 사람들은 주례에게 이렇게 말해주었다.
"주례를 여러 번 해보신 솜씨더군요."
"하 소장님이 주례하면 안 되겠어요. 주례가 너무 빛나서 신랑이 죽어요."
"그렇게 공개적으로 노동조합 열심히 하라고 해버리셨으니, 오늘 확실한 노동조합 위원장 한 사람 만드셨네요."
이 말은 틀렸다. 굳이 내 말이 아니어도 신랑은 그 일을 꽤 오래도록 할 사람이다.

4부
어느 편에 설 것인가?

가족이 아닌 사람을 위해 묵묵히 자신에게 손해가 되는 길을 선택하는 모습은 그것이 비록 '작은' 희생일지라도 가족을 위한 '큰' 희생 못지않게 감동적이다. 피 한 방울도 섞이지 않은 사람들을 위해서 부당한 권력과 자본에 의한 피해가 뻔히 예상되는 길을 선택하는 것은 사람만이 할 수 있는 일이다. 가족이 아닌 남을 위해 자신을 희생하는 것이야말로 인간이 개와 구별되는 아주 중요한 이유가 아닐까? 나는 지금 옳은 일을 위해서 어떤 손해를 감수하고 사는가.

햄스터에게 배우다

초등학생 아들 녀석이 햄스터 두 마리를 친구에게서 얻어왔다. 다람쥐와 토끼를 적당히 섞어놓은 것처럼 생긴 작고 귀여운 동물이다. 나중에 그 햄스터는 우리 집에서 새끼를 일곱 마리나 낳았다. 처음에 태어났을 때, 털이 없는 새끼는 크기와 모양과 색깔이 영락없는 땅콩이었다. 그 땅콩만 한 새끼를 어미 햄스터는 오로지 자신의 젖으로만 키워서 스무하루 만에 모두 주먹만 하게 만들어놓았다.

새끼에 대한 어미 햄스터의 사랑은 정말 지극했다. 평소에는 새끼들이 조금도 밖으로 드러나지 않도록 자기의 온몸으로 감싸고 있다가, 먹이를 먹을 때에는 주변의 온갖 검불들을 동원해서 새끼들이 털 한 올도 보이지 않도록 꽁꽁 싸맨 뒤에야 밖으로 나왔다. 처음에 새끼들이 땅콩 크기만 할 때에는 그게 별로 어려운 일이 아니었지만, 새끼들이 점점 커져서 나중에는 거의 불가능한 일이 되었는데도 어미는 눈물겹게 그 행동을 계속했다. 스무하루 만에 새끼들을 자기 몸집만큼 키우느라고 어미는 거의 뼈와 가죽만 남았다. 자기 가족을 위해 희생하는 것은 햄스터 같은 작은 동물도 능히 할 줄 아는 일이었다.

항암 치료를 받느라고 머리카락이 다 빠져버린 아들을 따라 어느 아버지가 자신의 머리도 박박 깎고 다녔다는 이야기를 〈리더스 다이제스트〉에서 읽었다. 물론 감동받았다.

어릴 적 사고로 두 팔을 못 쓰게 된 아들을 위해 몇 년 동안 하루도 거르지 않고 하루에 네 번씩 차로 아들을 실어 나르는 뒷바라지를 하여 끝내는 아들을 명문 대학에 합격시켰다는 한 어머니의 감동적인 이야기도 신문에서 읽었다.

그러나 마음 한편에 아쉬움이 남는다. 세상의 많은 부모들이 자식을 위해 희생하는 것이 몰가치하다는 뜻이 결코 아니다. 어려운 가족들을 돌보느라 자신의 꿈을 저버리고 일찍부터 노동 현장에서 땀 흘리는 청소년들의 행위가 고귀하지 않다는 뜻이 아니다. 찢어지게 고생하는 가족을 위해 노동운동을 포기한 동지들을 헐뜯기 위함은 더욱 아니다.

세상에는 우리가 알지 못한 채 지나치고 있는, 그보다 더 의미 있는 많은 희생들이 있지 않은가 하는 생각이 드는 것이다. 가족들을 위한 큰 희생 못지않게, 피 한 방울 섞이지 않은 남을 위해 손해를 감수하는 작은 희생에도 관심을 많이 가졌으면 싶은 생각이 드는 것이다.

그런 의미에서, 요즘과 같이 어려운 시기에 모두들 마다하는 노조 간부 직책을 두말없이 맡아주는 노동자의 모습은 위에 나오는 헌신적인 아버지, 어머니 이야기 못지않게 내게 더욱 감동적인 일로 다가온다. 가족이 아닌 사람을 위해 묵묵히 자신에게 손해가 되는 길을 선택하는 모습은 그것이 비록 '작은' 희생일지라도 가족을 위한 '큰' 희생 못지않게 감동적이다. 피 한 방울도 섞이지 않은 사람들을 위해서 부당한 권력과 자본에 의한 피해가 뻔히 예상되는 길을 선택하는 것은 사람만이 할 수 있는 일이다. 가족이 아닌 남을 위해 자신을 희생하는 것이야말로 인간이 개와 구별되는 아주 중요한 이유가 아닐까?

'수신제가후치국평천하(修身齊家後治國平天下)'라지만, 사실은 그렇지 않다. '수신제가(修身齊家)' 하는 데에만 바쁜 사람이 '치국평천하(治國平天下)' 하는 경우는 별로 보지 못했다.

나는 지금 옳은 일을 위해서 어떤 손해를 감수하고 사는가.

그렇게 말할 수 있는 사람은 누구인가

　제주시의 가장 화려한 상가에서 간판만 보고 '괜찮겠다' 싶어 들어간 모텔은 지저분하기가 정말 가관이었다. 프런트의 직원은 "온돌방 밖에 남지 않아서 미안하다"면서 요금을 절반이나 깎아주었지만, 차라리 시골 읍내의 깨끗한 여인숙만도 못했다. 이부자리의 머리카락을 주워내는 데만도 한참 걸렸으니까……
　제주시에 사는 '좋은 술처럼 오래 묵은' 친구에게 전화를 할까 하는 생각이 들기도 했지만, 살기에도 힘겨운 섬 친구가 '육지'에서 오는 손님들 접대하느라고 쩔쩔매던 모습이 생각나 그만두었다. 내가 제주까지 내려왔다가 그에게 연락도 없이 올라갔다는 것을 나중에 알면 그는 얼마나 섭섭해 할까. 그래도 차마 연락할 수가 없었다.
　잠을 거의 설치고 새벽 첫 비행기로 올라와 숭실대 사회봉사관에서 네 시간짜리 강의를 마치고, 사무실에 잠깐 들렀다가 부지런히 나와서 저녁에는 한 포럼에 참석했다. '언론 개혁이 세상에서 제일 중요하다'고 생각하는 사람들의 이야기를 두 시간도 넘게 들었다.
　얼굴에 뜨끈하게 화기가 올라올 정도로 피곤함을 느끼면서 방배 지하철역 플랫폼에 들어선 시간은 밤 10시 반쯤이었다. 긴 나무 의자에 털썩 앉았는데 플랫폼 벽에 붙은 게시물이 눈에 들어온다.

어느 청각장애인이 20년 동안의 피눈물 나는 노력 끝에 세계적인 타악기 연주자가 되었다는 감동적인 내용이었다. 발바닥으로 느껴지는 마루의 울림으로 북소리를 듣기 위해 항상 맨발로 무대에 오른다는 그 청각장애인은 이제 공기의 미세한 흐름으로도 보통 사람보다 훨씬 섬세하게 북소리를 느낄 수 있는 경지에 이르렀다고 한다. 어느 소설가가 썼다는 그 글은 이렇게 끝맺고 있었다.

"무엇이 두려우십니까? 지금 당장 시작하십시오."

인적 뜸한 플랫폼의 의자에 앉아 곰곰이 생각에 잠겼다. 그러한 성공담들이 일방적으로 강조되는 분위기에는 어떤 음모가 도사리고 있는 것은 아닐까? 그토록 어려운 처지의 장애인도 훌륭하게 성공했으니, 그보다 더 어렵지도 않은 조건에서 성공하지 못한 사람은 불성실하거나 게으르기 때문이라는 은근한 조장이 그 글에 숨어 있는 것은 아닐까? 우리 사회의 모순된 억압 구조를 개인의 불성실로 은폐하고 싶어하는 불순한 시도가 글쓴이도 모르는 사이에 그 글 속에 숨어 있는 것은 아닐까?

오해가 없기를 바란다. 장애인들의 눈물겨운 노력을 폄하하자는 것이 아니다. 세상이 온통 다 두려운 장애인들에게 감히 "무엇이 두려우냐?"고 말하는 것은 정말 조심스러운 일이라는 말을 하고 싶은 것이다.

교통사고를 당한 뒤 비록 짧은 기간이었지만 나도 잠시 장애인으로 살아가는 체험을 해봤다. 그때 휠체어를 타거나 목발을 짚고 문을 나서면, 세상은 온통 나에게 두려움투성이였다.

순전히 선거용으로 치장된 '장애자의 날'이 찬란하게 선포된 며칠 뒤, 서울 봉○중학교 1학년생이던 뇌성마비 장애인은 학교생활을 견디지 못하고 목을 매 자살했다.

　지체장애인이 사법연수원을 수료하고 법관을 희망했으나 장애인이라는 이유로 임용에서 탈락하는 소동이 벌어지고 이들은 나중에 대법원장의 용단(?)이라는 형태로 구제되는 일이 최근까지도 있었다.

　종교 재단이 운영하는 의과대학에서조차 지체장애인 입시생을 장애인이라는 이유로 탈락시키고, 대학 입시철이면 어김없이 몇몇 대학에서 장애인 탈락 소동이 되풀이됐다. 언론의 질타에 못 이겨 결국 그 장애인을 합격시키기로 했으나 "앞으로 학교를 다니는 동안 어떤 불편도 감수하겠으며, 학교에 어떤 시설 개선 요구도 하지 않겠다"는 각서를 제출해야 했다는 대목에 이르면 이건 거의 코미디다.

　대학 졸업반이었던 시각장애인이 지하철역에서 전동차에 치여 사망하고, 머리핀·목걸이 등 액세서리를 만들어 생계를 꾸려오던 휠체어 장애인이 서울시장 앞으로 "거리의 턱을 없애주십시오"라는 내용의 유서를 남긴 채 자살을 해야 하는 세상이다.

　그런 세상에서 장애인들에게 "무엇을 두려워하느냐?"고 충고할 수 있는 사람은 누구인가? 그들에게 "못하니까 안 하는 것이 아니라, 안 해서 못하는 것이다"라고 감히 말할 수 있는 사람은 누구인가? 그렇게 말할 시간에 팔을 걷고 거리에 나가 벽돌 한 장이라도 들어내는 것이 세상에 도움이 되는 일은 아닐까?

스포츠 기자와 이라크 전쟁

고속도로에서 오랜 시간 운전을 했다. 라디오 방송을 많이 들었는데, 대구 근처에서 들은 한 지방방송 프로그램 진행자가 언론사 스포츠 담당 기자에게 전화를 해서 스포츠 화제에 관한 여러 이야기들을 듣는 시간이 있었다. 진행자는 대뜸 첫 질문으로 기자에게 "이라크 전쟁에 대해서는 어떻게 생각하십니까?"라고 물었고, 기자의 답은 이랬다.

"나는 전쟁에 대해서는 생각하고 싶지 않습니다."

아니 이렇게 딱한 사람이 있나. 아무리 스포츠를 좋아한다고 해도 그렇지. 아무리 스포츠가 자신의 직업이라고 해도 그렇지. 세상이 그 전쟁 때문에 온통 난리가 났는데, 전쟁에 대해서는 생각하고 싶지 않다니……. 나는 마음 한구석이 꽉 구겨지는 느낌이었다. 그런데, 그 기자는 뒤이어 이렇게 말했다.

"전쟁이란 두 나라가 같이 싸우는 것을 말합니다. 지금 이게 전쟁입니까? 이걸 전쟁이라고 말할 수 있습니까? 나는 생각하기도 싫습니다."

패권주의 강대국의 입장이 일방적으로 관철되는 행태를 그 기자는 그렇게 표현했다. 그 방송을 듣고 고속도로를 열심히 올라오면서, 나도 그런 생각을 했다.

'지구 한쪽에서는 수많은 무고한 사람들이 그 귀중한 생명을 앞으로 또 얼마나 잃어야 할지 모르는 전쟁이 벌어지고 있는 상황인데. 나는 노동자들 만난다고 계속 이러고 다녀도 되나. 사랑하는 가족들과 삶의 터전을 송두리째 잃고 길에 나앉아 울어야 하는 사람들이 앞으로 또 많이 생길 텐데. 미국의 한 이라크 소녀가 울부짖은 것처럼 꽃다운 어린 생명들이 또 그렇게 많이 스러져갈 텐데……. 나는 그냥 이렇게 평소 하던 일만 하고 살아도 괜찮은 것일까? 내가 지금 그 사람들을 위해서 할 수 있는 일은 도대체 무엇일까?'

인간 방패가 되기 위해 이라크로 건너간 사람들의 심정이 그러했을 것이다. 그렇게라도 하지 않고는 자기 자신을 용서하기 어려웠을 것이다. 한 후배가 이런 편지를 보냈다.

"삶과 죽음의 자의적 선택권마저 전쟁에 박탈당한 생명들 앞에, 면목 없는 고민을 합니다. 전쟁을 보면서, 인간 방패로 떠난 아름다운 사람들의 용기가 부럽습니다. 두렵지만 아름다운 죽음을 선택할 권리와 용기는, 누구에게나 부여된 것이 아니기 때문입니다. 목숨을 담보로 평화를 위해 전쟁의 복판에 선 그들, 그들에 대한 부러움 때문에 무척 우울합니다. 아무것도 할 수 없다는 것이 그냥 답답하기만 했습니다. 도대체 지금 뭘 해야 하나요?"

그러면서 후배는 오랜만에 자기 책상을 정리했다고 한다.

"그래, 이렇게 주위가 복잡하니까, 자꾸 미련이 남는 거야. 언제든지 떠나도 마음에 걸리는 것이 없게, 깔끔하게 주위를 정리하고 살아야겠다. 최소한의 몸짓으로 세상을 살아야겠다, 그런 결심을 했습니다."

전쟁이라는 엄중한 상황을 보면서, 우리가 할 수 있는 최소한의 반응이 바로 이런 것일지도 모른다. 적어도 자기 자신의 삶을 되돌아보면서 '최소한의 몸짓으로 살아야겠다'는 결심을 하는 계기가 될 수 있을지도 모른다. 그러나 그것은 어디까지나 최소한의 결단일 것이다. 이 전쟁을 바라보면서, 내가 할 수 있는 일은 과연 무엇일까? 그 해답을 구하는 것은 결국 각자의 몫이다.

어느 편에 설 것인가?

대기업 노동조합의 신입 조합원 교육을 다녀왔다. 강의가 끝나고 질문 시간에 한 사람이 이런 질문을 한다.
"북한 문제에 대해서는 어떻게 생각하십니까?" 사람들은 가끔 내가 노동문제 말고 다른 것들에 대해서도 잘 알고 있을 거라고 오해한다. 교육을 시작하기 전 기다리는 시간에, 또 교육 끝난 뒤 뒤풀이 자리에서 세상의 온갖 일들에 대해 물어보는 바람에 아주 난처할 때도 많다. 물론 그런 문제들에 대해서도 내 나름대로 정리된 생각은 있으니, 그 청년의 질문에 대해서도 평소 생각대로 '평화적 해결과 대화'라는 원칙을 설명했다.
내 설명을 듣고 그 청년이 또 묻는다.
"북한과 대화가 가능하다고 생각하십니까?"
그 청년은 교육이 끝난 뒤, 건물의 현관까지 나를 따라오면서 집요하게 "북한이 과연 대화가 가능한 집단이냐?"고 따졌다.
이 젊은이를 이렇게 만든 사람들이 누구일까? 그 청년은 그날 내가 했던 이야기들을 대부분 태어나서 처음 듣는다고 했다. 내가 강의 시간에 했던 이야기들이라고 해봐야 별 것도 아니다. 대충 이런 내용들이다.

힘있고 돈 있는 사람들이 우리의 생각을 자신들에게 유리하게끔 조율했을 수도 있다. 교육을 통해서 무엇을 가르칠 것인가, 언론을 통해서는 무엇을 전달할 것인가를 결정할 권한이 있는 사람들이, 지금까지 우리 사회를 지배해왔던 사람들이 자신들에게 불리한 것을 국민들이 알기를 원치 않았기 때문에, 우리는 지금까지 힘있고 돈 있는 사람들에게 유리한 내용들만 교육을 통해서 배우고, 언론을 통해 익혀오면서 그들의 입맛에 맞게 생각하는 사람이 되어버렸을 수도 있다. 우리 주변에서 "이건 내 생각인데……"라고 말하는 사람의 얘기를 들어보면 그 사람 생각이 아니라 수구보수 언론의 생각일 때가 많은 것은 그 때문이다.

그러니까 노동조합은 반드시 우리 사회에서 해로운 조직이 아닐 수도 있다. 노동자들이 노동조합 깃발 아래에서 자신들의 임금 인상을 위해 노력하는 것이 노동자들뿐만 아니라, 우리 사회 전체에 유익한 것일 수도 있다. 그렇지 않다면, 세계 대부분의 나라에서 그 권리를 신성한 노동기본권으로 보장했을 리가 없다. 노동조합은 우리 사회에 해로운 영향보다 유익한 영향을 더 많이 끼치는 조직일지도 모른다고 한번쯤 생각을 바꿔보자.

어려움을 겪고 있는 장애인들에게 "용기를 잃지 말고 계속 노력하시오. 당신도 노력하면 성공할 수 있습니다"라고 충고하는 것보다, 장애인들도 평등하게 살아갈 수 있도록, 세상을 조금씩 더 평등한 구조로 바꾸는 것이 더욱 중요한 것일 수도 있다.

대구 지하철 참사에 대해서도 마찬가지다. 범국민적으로 모금 운동을 벌이는 것도 좋지만, 다시는 이런 일이 발생하지 않도록, 지하철 노동자들이 안전 문제에 전혀 신경을 쓰지 못한 채 격무에 시달리도록 무리한 구조 조정을 결정한 높은 자리의 책임자들을 찾아내서 그 사람들의 책임도 철저히 따지는 것이 문제 해결을 위해 더 중요한 처방일 수도 있다.

뭐 이 정도의 내용들이었다. 그런데, 그런 이야기들을 그 청년은 "세상에 태어나서 처음 듣는다. 가치관의 혼란이 온다"고 했다. 아, 이 사람을 이렇게 만든 사람들이 누구일까? 그 사람들에게 화가 났다.

사람들은 미국과 이라크가 벌이고 있는 전쟁에 대해서 나름대로 자기 생각들을 다 갖고 있다. 그런데, 자신의 그런 생각들이 지금까지 우리 사회를 지배해왔던 힘있고 돈 있는 사람들, 즉 권력과 자본의 입맛에 맞게 조율된 것은 아닌지 생각해봐야 한다.

백 보를 양보하여, 정말 백 보를 양보하여, 이 전쟁이 불가피하다고 하자. 그렇다 하더라도, 누군가는 계속 그 전쟁이 불러올 엄청난 비극에 대해서 강조해야 한다. 그 전쟁 때문에 수많은 죄 없는 사람들이 목숨을 잃을 것이고, 사랑하는 가족과 삶의 터전을 잃게 될 것이라는 사실에 대해 누군가는 계속 외쳐야 한다.

사람들은 자신이 어느 편에 설 것인가를 결정해야 한다. 이 전쟁의 불가피성과 정당함을 주장하는 절대 권력의 편에 설 것인가, 아니면 그 전쟁이 불러올 비극을 가슴 아파하면서 "전쟁 반대!"를 외치는 편에 설 것인가.

30년쯤 전에도 사람들은 이와 비슷한 고민을 한 적이 있다. 매년 '보릿고개'만 되면 사람들이 굶어 죽어야 하는 나라에서 경제개발의 필요

성과 그 찬란한 성과인 '한강의 기적'을 찬양하는 군사독재 정권 편에 설 것인가, 아니면 그 잘못된 경제개발 정책이 조장하는 저임금 노동의 비참한 현실과 우리 사회의 기형적 불평등 구조가 가져올 파국을 일깨우는 노동자 편에 설 것인가.

그 둘 중에 후자의 편에 섰던 사람들은 해직 교수가 되어 길거리를 헤매거나 감옥에 갇히는 운동권이 되어야 했고, 독재 정권의 편에 섰던 사람들은 출세와 부귀를 약속받았다. 그로부터 사반세기쯤 뒤 우리나라 경제는, 대학에서 쫓겨나거나 감옥에 갇히면서 경제개발의 잘못을 지적했던 사람들의 말대로 완전히 '빈 깡통'이 되어 IMF로부터 불과 수십억 불의 돈을 받아야 겨우 지탱할 수 있는 치욕스러운 나라가 되고 말았다. 누구의 주장이 옳았는지는 역시 역사가 판단하는 것이다.

대구에서 만난 농민은 "작년 일 년 동안 7천 평의 농사를 지었지만 결과는 빚 천만 원뿐"이라고 했다. 일 년 동안 열심히 밭 갈고 씨 뿌리고 거름 주고 약 치면서, 더운 날 추운 날 가리지 않고 땀 흘려 열심히 일했지만 결국 아무 일도 하지 않고 놀고먹은 것만도 못했다는 것이다. 자신은 농사 10년 동안 1억 2천만 원의 빚을 졌는데, 요즘 농촌에서 1억 원은 빚도 아니라고 했다. 그래서 어떤 농민은 "이왕 빚을 질려면 크게 놀자. 한 10억 빚지고, 못 갚으면 그때 죽어버리면 된다"고 말했다는 것이다. 성공한 영농 후계자로 매스컴의 각광을 받고 허울 좋은 '신지식인'으로까지 선정됐지만 결국 빚을 못 이겨 자살한 농민 장례식에 다녀왔다면서 "지금 우리 농촌은 망해가고 있습니다"고 호소했다.

그 농민은 또 이렇게 말했다.

"농촌이 망하면 노동자도 망합니다. 농촌에서 살 수 없는 농민들이 농촌을 버리고 어디로 가겠어요? 모두 도시로 몰려갈 수밖에 없습니다. 도시로 몰려가서 저임금 노동자가 될 수밖에 없습니다. 농촌이 망하면, 앞으로 도시의 비정규직 노동자들은 더욱 늘어나고, 그것은 결국 정규직 노동자들의 발목까지 잡을 것입니다. 농촌이 망하면 노동자도 같이 망합니다."

그렇다. 총칼로 남의 나라 땅을 짓밟는 것만이 전쟁은 아니다. WTO를 앞세운 수입 개방 요구로 강대국의 요구가 관철되는 것 역시 전쟁이다. 이라크 전쟁이나, 농산물 수입 개방이나 모두 우리 노동자와 관계없는, 남의 나라 문제가 아니다. 이럴 때 내가 할 수 있는 일은 무엇인지, 곰곰이 생각해보고, 신발 끈을 다시 고쳐 매야겠다.

그들도 우리처럼

아내에게 진 빚을 갚는다는 생각으로 정말 오랜만에 함께 영화를 보았다. 결혼한 지 15년이 지나도록 극장에 같이 나란히 앉아서 영화를 본 것이 몇 번이나 될까? 먹고살기에 바쁜 맞벌이 부부라는 핑계가 '문화적 충격'을 공유하는 일에 대한 게으름을 합리화시켜주었을 것이다. 덕수궁 대한문 앞에서 아내는 이슬비를 맞으며 나를 기다리고 있었다. 아내의 머리카락에 이슬처럼 맺혀 있는 빗방울을 털어주며 말했다.

"이런 안개비를 순수한 우리말로 '는개'라고 하는 것 알아?"

함께 길을 걷기에는 불편했으나 그날 내내 비가 왔던 것은 얼마나 다행이었던가. 눅눅한 날씨가 적당히 우울한 영화의 분위기와 얼마나 잘 어울렸던가.

〈브래스드 오프〉를 보면서 화면 가득한 어둠 속에서 춤추듯 부드럽게 움직이는 하얀 점들이 광부들의 안전모에 달린 전등 불빛이라는 것을 깨달았을 때, 내 머리에 떠오른 또 다른 영화 하나는 〈제르미날〉이었다. 영화를 보는 내내 〈제르미날〉이 내 머리를 떠나지 않았다. 화면에 보이는 탄광 도시의 거리와 주택들. 100년의 세월이 지나도록 광부들의 삶에는 별로 변화가 없다. 석탄 먼지가 내려앉은 거리, 때 묻은 건물, 낡아서 삐걱거리는 문, 세월의 먼지가 쌓인 낮은 담장, 고단한 일상……

영화가 종반부에 이르자 눈물 많은 아내는 옆 자리에서 계속 눈물을 찍어내었지만 나는 울지 않았다. 〈아란훼즈 협주곡〉이 끊어질 듯 이어지면서 중요한 장면마다 심금을 울릴 때에도, 병실 앞에서 광부들이 〈대니 보이〉를 연주할 때에도, 광대의 옷을 입은 '필'이 "당신은 너무 장난이 심해! 더 이상 내 인생에 장난하지 마!"라고 신 앞에서 울부짖을 때에도, 나는 울지 않고 잘 참았다. 마치 내 몸 안의 감동이 울음으로 달아나기라도 할 것처럼, 상투적인 울먹거림으로 광부들의 절규에 대한 우리의 대답을 다한 것이라는 착각에 빠지기라도 할 것처럼 나는 울지 않았다.

마침내 〈윌리엄 텔 서곡〉 연주가 끝난 뒤, 감격으로 충만한 가운데, 서로가 서로의 어깨를 부둥켜안고 어쩔 줄을 모를 때, 광부 '필'은 집을 나간 아내에게 묻는다.

"이제 집으로 돌아올 거지?"

아내는 그 장면에서 당연히 "예"라고 대답해야 옳았다. 최소한 남편의 가슴에 머리를 묻고 아무 말도 하지 못해야 옳았다. 관객은 그 침묵을 긍정으로 받아들였을 것이다. 그러나 영화는 상식적인 해피엔딩을 거부했다. 아내는 남편의 가슴에 머리를 묻고 울먹이며 말한다.

"잘 모르겠어요."

나는 그 장면에서 울었다. 그것이 현실이다. 승리와 감동의 물결 속에서도 선뜻 집에 돌아오겠다고 대답하지 못하는 광부의 아내. 그것이 우리의 현실이다. 파업을 주동했다가 직장을 잃고 감옥에 갔다 온 뒤, 그때 진 빚을 10년이 넘도록 갚고 있다가 마침내 가재도구마저 모두 빚쟁이들에게 차압당하고 사랑하는 아내와 자식들을 길거리에 나앉게 만든 남편에게 쉽게 "돌아오겠다"고 대답할 수 있는 아내는 없을 것이다. 누가 '필'의 아내에게 돌을 던지랴.

우리나라 사북, 태백의 절망과 비탄은 〈브래스드 오프〉보다 한 수 위다. 〈브래스드 오프〉에 등장하는 얘기는 결코 우리에게 피안의 먼 얘기가 아니다. '그들도 우리처럼' 그런 일을 겪었을 뿐이다. '우리도 그들처럼' 똑같은 일을 현재진행형으로 겪고 있는 것이다. 사북, 태백의 탄광들이 문을 닫은 뒤, 다방에서 티켓을 팔던 우리의 '심혜진'들은 다 어디로 갔을까? 도시로 떠난 '문성근'이 하얀 와이셔츠에 넥타이를 매고 일하는 지금, 그곳에 남겨진, 한때 그의 동료였던 광부들은 지금 어디에서 무엇을 하고 있을까?

수십 년 세월 동안 경제성장의 역군으로 칭송되었던 사북, 태백의 광부들은 어디로 갔는지, 시냇물을 검은 색으로 그리던 그 아이들은 어디로 갔는지, 탄광 노동조합의 풍물패들과 노래패들은 다 어디로 갔는지, 마땅히 알아야 함에도 침묵을 지키는 이들은 말해보라.

그들은 스스로를 '막장 인생'이라고 불렀다. 수천 미터 땅속, 갱도의 맨 마지막 '막장'에서 느껴지는 절망감, 자기 몸무게만큼이나 되는 갱목을 등에 지고, 엎드려야 겨우 지나갈 수 있는, 무너져가는 갱도에서 홀로 '배밀이'를 하며 기어가야 하는 절망감을 아는가? '막장 인생'이란 더 이상 갈 곳이 없다는 뜻이다. 더 이상 갈 곳이 없어 그곳으로 몰려들었던 사람들은 어디로 갔을까? 더 이상 갈 곳이 없었는데 말이다.

"잘 모르겠어요"라는 필 아내의 대답을 들으며, 나는 잠시 잊고 있었던 이 땅의 많은 '필'과 그 아내들의 서러움이 한꺼번에 되살아나서 울었다. 정동진역의 화려한 일출을 보러 가는 사람들이 태백의 거리에

빈 창고처럼 남겨진 폐광의 황량함을 무심히 지나치는 것이 서러워서 울었다.

영화가 끝난 뒤, 관객들이 기립 박수를 치고 밴드 단원들의 이름이 차례차례 다 올라갈 때까지 아내와 나는 자리에서 일어나지 않았다. 극장 문을 나서며 나는 나에게 스스로 물었다.

'태백, 사북의 풍물패들은 어디로 갔는가…….'

〈빌리 엘리어트〉와 〈인랑〉

〈빌리 엘리어트〉나 〈레이닝 스톤〉이나 〈풀 몬티〉나 〈브래스드 오프〉 같은 영화를 보면 나는 마음이 조마조마해진다. 저 사람이 끝내는 파업을 포기하면 어쩌나 싶어서……. 그런 영화들은 마치 줄을 타는 광대처럼 아슬아슬하게 '가족 이기주의'의 경계를 넘나든다. 영화를 만든 사람의 성향에 따라 영화 주인공은 때로 그 경계선의 안쪽에서 살기도 하고, 때로는 그 바깥쪽에서 살기도 한다.

그런 영화를 만든 사람의 사회의식을 엿볼 수 있는 잣대가 있다. 가족 이기주의의 바깥에서 사는 사람들을 어떤 캐릭터로 묘사하는가를 보면 된다. 감독들은 대부분 그 경계선의 안쪽에 있는 사람들은 진지하고, 성실하고, 가족에 대한 사랑과 인생에 대한 성찰이 깊은 캐릭터로 묘사한다. 그 점에는 차이가 거의 없다. 그러나 그 경계선의 바깥쪽에 있는 사람들에 대해서는 경망스럽고, 불성실하고, 가족을 생각하지 않은 독불장군이고, 단세포적인 사고를 가진 캐릭터로 묘사하는 감독과 그렇지 않은 감독으로 구분된다. 그 구분은 너무나 분명해서 소름이 끼칠 정도이다.

〈빌리 엘리어트〉에서도 조금 그렇다. 파업을 줄기차게 하는 사람들은 인생에 대해서 별로 고뇌하지 않는 단세포적 인간인 것처럼 그려진다. 집안에서도 가족과의 대화를 단절한 채 헤드폰으로 크게 음악을 듣고, 자신의 음반을 만졌다고 동생에게 불같이 화를 낸다. 반면, 사랑하는 아들을 위해 파업 대오에서 이탈하는 아버지는 수많은 번민으로 괴로워하는 진지한 인간으로 그려진다. 그래도 이 영화에서는 아주 조금 그런 편이어서 참을 만하다.

지난겨울, 대구의 어느 낯선 극장에서 의자에 몸을 깊이 묻고 혼자 청승을 떨며 봤던 '저패니메이션' 〈인랑〉에 대해서도 할 말이 많다. 회색 톤의 깊은 허무주의는 그렇다 치자. 〈인랑〉에서 도시 게릴라들은 대부분 다른 등장인물들과 다르게 눈초리가 치켜 올라간 얼굴로 그려져 있다. 도시 게릴라들 중에 서글서글하거나 부리부리한 눈매를 가진 표정으로 그려진 사람은 없다. 타인의 생명조차 우습게 여기는 단세포적 폭력배들처럼 그려져 있다. 그러니 그들이 그 결단에 이르기까지 역사와 사회와 인간과 사랑에 대한 수많은 고뇌와 번민으로 밤을 새웠을 것이라는 것을, 직접 겪어보지 않은 사람들이 어찌 상상할 수 있으랴.

파업 노동자들을 찾아다니는 일을 직업으로 가진 사람으로서, 또 그 일을 20년 넘게 해온 사람으로서 감히 말하건대, 현실에서는 거의 그 반대다. 하루에도 수십 번씩 '여기서 포기할까?' 하는 마음을 다잡으면서 파업 대오에 남아 있는 사람들처럼 진지한 사람들을 나는 거의 보지 못했다.

회사 정문을 불바다로 만들면서 저지선을 돌파할 계획을 은밀히 세우는 노동자들은 우리나라의 숱한 영화나 드라마에 나오는 것처럼 격앙된 말씨로 말하지 않는다. 그들은 대개 낮은 목소리로 더할 나위 없이 진지하게 말한다. 수배된 동료들을 위해 '안가'를 마련하는 회의를 하는 노동자들이 부릅뜬 눈으로 과장된 몸짓을 사용하면서 이야기하는 장면은 상상하는 것조차 불가능하다. 그러나 영화나 드라마에서는 매번 그런 표정과 말씨로 묘사된다. 그 일속에 직접 몸을 던져보지 않은 사람들에게는 '적' 과의 전투에서 온몸에서 우러나오는 목소리로 쥐어짜듯 선동을 하는 노동자들만 보인다. 그러니 그 폭력적 행동이 인생에 대한 한없이 진지한 고민과 역사와 사회에 대한 깊은 성찰의 총체적 결실이라는 걸 이해하는 것은 불가능하다.

영화〈빌리 엘리어트〉에서 면접시험을 마치고 실의에 빠진 채 문 쪽으로 걸어 나가는 '엘리어트' 부자의 뒷머리에 대고 발레학교의 교장 선생님이 마지막 인사를 건넨다. 영국 로열 발레스쿨의 교장이라면 영국 사회에서도 최상류층에 속하는 사람이다. 권위의 상징과 같은 교장 선생님이 시골에서 올라온 광부 부자에게 던진 마지막 인사말 한마디.

"파업에서 꼭 승리하십시오."

이 짤막한 장면을 우리나라의 평균적 사회의식으로는 이해하기 어렵다. 영화를 본 우리나라의 많은 사람들은 그 장면을 발레학교의 책임자가 시골에서 올라온 주인공들을 조롱하는 것으로 이해했다니 더 말해 무엇하랴. 그 장면은 이를테면 홍세화 씨가 즐겨 말하는 "똘레랑스"의 영국 판이다. 노동자들의 권리를 지키기 위한 파업을 비난하지 않는 것이 결국 시민들의 권리를 지키는 길이라는 영국 시민의 깊은 이해를 보여주는 장면이다.

발레학교 책임자가 빌리의 아버지에게 던진 그 한마디의 말로, 나는 〈빌리 엘리어트〉에서 '빌리'의 형 — 노동조합 간부를 좀 더 진지한 인간으로 묘사하지 않은 감독에 대한 불만을 접기로 했다.

살아남은 후배에게

어느 영화 동호회 게시판에 후배가 '살아남은 자의 슬픔' 이라는 제목의 글을 올렸다.

물론 나는 알고 있다. 오직 운이 좋았던 덕택에 나는 그 많은 친구들보다 오래 살아남았다. 그러나 지난 밤 꿈속에서 이 친구들이 나에 대하여 이야기하는 소리가 들려왔다. "강한 자는 살아남는다." 그러자 나는 자신이 미워졌다.

그리고 70년대 동경대학에서 마지막 농성을 하던 학생들이 화장실에 적어놓은 글. "연대를 위하여 고립을 두려워하지 않고, 힘 미치지 못하여 쓰러지는 것을 두려워하지 않으나, 힘 다하지 못하고 쓰러지는 것을 거부한다."

강요된 해방구……. 어제 MBC에서 방영했던 86년 건대의 상황(언제나 그러하듯 건대항쟁이란 말이 익숙해져 있는데). 80~90년대의 진보운동을 다룬 다큐를 보면 언제나 눈물이 난다. 슬퍼서 우는 것도 아니다. 절망해서 우는 것도 아니다.

90년부터 시작된 나의 몸부림은 언제나 나에게 현실의 중심에 서라고 말했고 도피하지 못한 나는 언제나 가운데에 서 있었다. 거리에서 교문에서 화염병과 쇠파이프를 들고 서 있었다. 세미나에서, 강의실에서, 열정과 희망을 이야기했었다.

그러나 사실 너무 두려웠다. 죽는 것에 대해서……. 학생운동하다 구속되면 '훈장' 달았다고 생각한다고? 절대로 아니다. 집회 도중에 잡혀가버린 친구를 생각하며 밤새 괴로워하며 바로 눈앞에서 같이 도망가던 친구가 잡혀가는 것을 보면서도 도망칠 수밖에 없었던 나를 절망하고 술을 마시고, 집회에 나갈 때면 잡혀갈지도 모른다는 두려움에 후배들 몰래 동기들 몰래 소주 한 병을 사들고 병째 나발을 불고 집회에 나갔다. 잡혀간 학생들이 두드려 맞으면서 지르는 비명 소리. 그리고 막상 잡혔을 때의 굴욕감. 50미터의 거리를 끌려가면서 내 등으로 내 다리로 내리쳐지던 수많은 욕설과 군홧발과 몽둥이. 난 아직도 악몽을 꾼다. 끊임없이 도망 다니는 악몽을…….

내가 강해서 시작한 것이 아님을 알고 있다. 우연히 가입한 동아리를 사람들이 좋아서 무작정 남았고 그곳에서 느낀 것을 회피하는 것이 두려웠을 뿐이다. 그래서 내가 어떻게 살아야 할지를 고민했던 것뿐이고 그런 나에게 무엇을 해야 할지를 말해주던 친구들이 있었던 것뿐이다. 아마도 누구라도 나와 같은 상황이라면 그러했을 것이다. 만약 당신이 우연히 그런 곳에 가입을 하고 진실을 알아버렸다면 말이다.

난 늘 말하고 싶었다. 내가 용기 있어서, 내가 진실을 알고 있어서, 거리로 나갔던 것은 아니라고. 나는 단지 살아남은 것이다. 내 삶에서. 당신들이 자신의 삶에서 살아남았듯이. 결국 내가 강해서 살아남은 것이 아님을 알고 있다.

2002년, 이젠 절망도 희망도 아닌 무채색의 감정만을 가진 채 살아남았다.

얼마 전 채팅을 하다가 오고 간 대화를 생각해본다.

"우리 선배는 열사예요."

"무슨 일 있었나요?"

"학생운동을 하던 선배였는데 투신자살을 했어요."

"아. 어떤 일이 있었나요?"

"몰라요. 술 먹고 뛰어내렸대요. 히히히."

그 대화방에 있던 사람들도 전부 키득키득거리고 있었고 나는 갑자기 컴퓨터를 부셔버리고 싶었다.

그래, 이젠 아무도 80년을, 90년을 이야기하지 않아. 지금 세상을 살아가는 사람들에게 그 사람들의 이야기를 기억해달라고 잊지 말라고 이야기할 수 없어. 이젠 어느 술자리에서도 그 사람들의 이야기를 하며 우는 사람도 없고 기억해주는 사람들도 없어.

그런데 어느 날인가 TV에서 잊어버렸다고 생각하던 사람들이 나오면 자꾸 눈물이 난다. 한 시간이고 두 시간이고 끊임없이……

나는 이제 무채색으로 살아남았다. 오래도 살아남았다. 결코 강한 자가 아니라서.

그 후배와 길게 이야기를 해본 적이 한번도 없었다. 지금 생각해보니 짧은 이야기조차 나눠본 적이 없었다. 후배는 전혀 모르겠지만, 어쩌다 그와 눈이 마주치면 나는 차라리 시선을 내려버리는 편이었다. 그런데도 후배가 얼마 전 올린 글 '살아남은 자의 슬픔'을 읽었을 때, 나는 "그래. 내 이럴 줄 알았다니까" 하는 느낌으로 오랫동안 가슴이 떨렸다. 우리는 동병상련이었던 거다. 우리는 한때 놀았던 물이 비슷한 놈들이었던 거다. 이런 영화 동호회의 사이트에서는 별로 메아리가 없다는 이유로 그런 류의 글을 감히 올리지 못하고 있던 나는 후배에게 조금 부끄러

왔다.

그동안 내가 후배의 표정에서 "노동운동한다는 사람이 왜 이런 영화판에 와서 어슬렁거리고 있어요?"라는 따가운 느낌을 받은 것은 후배의 마음과 전혀 관계없이 순전히 나의 자격지심 탓이었을 것이다. 후배 역시 나의 표정에서 "한때 학생운동에 몸과 마음을 바쳤던 놈이 왜 이런 곳에 와서 어슬렁거리고 있느냐?"는 느낌을 받았는지는 모르지만, 만일 조금이라도 그랬다면, 우리가 서로 눈이 마주치는 것을 거북해 했던 이유는 바로 그 때문이었을 것이다.

나는 다행히 노동운동의 언저리에서 내 직업을 찾았다. 학생운동을 했던 다른 동료들처럼 학원 강사가 되어 동분서주하거나 자격증 고시에 매달리지 않아도 되는 행운아가 될 수 있었다. 내가 지금 직업으로 하는 일의 대부분은 아직도 오래전 한때 우리가 목숨을 걸었던 "자본과 권력의 가슴에 비수를 들이대는" 일이다. 그 일을 직업으로 갖고 있다는 알량한 이유로 나는 양심을 위로받는다.

내가 가끔 철딱서니 없는 짓거리를 할지라도 '나는 세상을 바르게 살려고 애쓰는 놈이야'라고 스스로 위로할 수 있는 것은 바로 그 알량한 직업, 노동 상담 때문이다. 우리 사회에서 권력이나 자본으로부터 '적'으로 취급된다는 것은 다른 무엇보다도 큰 손해일진데, 나는 '옳은 일을 위해 손해를 감수하는 삶'을 아직도 살고 있다고 스스로에게 자꾸 최면을 거는 것이다. 나의 직업이 나에게는 비굴하게도 면죄부 역할을 하고 있는 것이다.

후배의 글 '살아남은 자의 슬픔'이 남긴 비장함이 계속 나를 감싸고 있던 무렵에 원주의 퀴퀴한 냄새가 나는 낡은 극장에 앉아 영화 〈뷰티풀 마인드〉를 보았다.

그 영화의 주인공 '존 내쉬'에게는 그를 평생 동안 따라다니는 사람들이 있다. 검은 옷을 입은 기관원, 대학 기숙사의 룸메이트와 그 친구의 귀여운 조카. '존 내쉬'는 그 사람들을 떨쳐버리기 위해 온갖 노력을 하지만, 끝내는 그들을 평생 껴안고 살기로 결심하고 받아들인다. 영광스러운 노벨상 시상식장을 나설 때에도 행사장 한 귀퉁이에서 자신을 바라보고 있는 그 세 사람의 모습이 보인다. 그는 평생 동안 그 사람들로부터 자유로울 수 없다.

그 영화를 보면서, 한 번도 이야기를 나눠보지 못한 후배의 얼굴이 계속 떠올라 목이 잠겼다. 후배뿐만 아니라 우리 시대 많은 젊은이들의 가슴에 남아 있는 환영이 떠올라 눈물지었다.

한때 우리 시대 많은 젊은이들이 '레닌이스트'였던 적이 있었다. 그것은 우리의 적을 거꾸러뜨리기 위한 가장 효과적인 무기였으니까. 물론 그 후배 역시 '레닌이스트'였는지 아니었는지는 잘 모른다. 북쪽의 지도자를 '김 주석'이라고 부르며 존경하는 쪽이었는지 아니면 '김일성'이라고 하대하며 폄하하는 쪽이었는지 잘 모른다. 분명한 것은 후배가 한때 한 손에는 화염병, 한 손에는 쇠파이프를 들고 전경을 향해 내달리는 우리 시대 많은 청년들 중의 하나였다는 것이다. 오늘 잡혀갈지 내일 잡혀갈지 모르면서도 수배된 동료들을 위해서 '안가'를 마련해야 하고 정문을 불바다로 만드는 '택'을 준비해야 했던 청년이었다는 것이다.

시대가 바뀌어 어느덧 우리의 적이었던 '군사독재 정권'도 바뀌고 이제는 무기도 바뀌어야 한다고 깨달았을 때, 우리의 '이상'이었던 무기를 '환상'이나 '오류'라고 바꿔 불러야 한다고 느꼈을 때, 많은 젊은이들은 "하룻밤에 한 양동이 분량의 눈물"을 흘려야 했다. 생각해보라. 오랜 세월 '이상'이라고 믿고 의지했던 신념이 한낱 '환상'이었을지도 모른다고 깨달았을 때의 절망감을·······.

그 흔적은 이 땅 많은 젊은이들의 가슴에 평생 동안 떨쳐버릴 수 없는 '환영'으로 남았다. 마치 '존 내쉬'에게 평생 붙어 다니는 그 세 사람의 모습처럼.

'존 내쉬'가 평생 그 세 사람을 끌어안고 사는 수밖에 없는 것처럼, 우리 역시 그 환영을 영원히 끌어안고 살 수밖에 없다. 생업전선에서 열심히 일하다가도 문득 본 TV 화면에서 그 '업'을 만나면 후배처럼 "진보운동을 다룬 다큐를 보면 언제나 눈물이 난다"고 고백할 수밖에 없다. 후배는 아마 남은 평생 동안 그렇게 살 것이다. "잡혀간 학생들이 두드려 맞으면서 지르는 비명 소리, 그리고 막상 잡혔을 때의 굴욕감. 50미터의 거리를 끌려가면서 내 등으로 내 다리로 내리쳐지던 수많은 욕설과 군홧발과 몽둥이. 난 아직도 악몽을 꾼다. 끊임없이 도망 다니는 악몽을······." 후배는 아마 남은 평생 그 악몽으로부터 자유로울 수 없을 것이다. 그 환영은 시도 때도 없이 우리의 앞을 가로막고 나타날 것이다.

이 땅의 젊은이들이 '열사'를 "술 먹고 취해서 뛰어내린 사람" 정도로 이해하는 세상이 되었다고 해도, "이젠 아무도 80년을, 90년을 이야기하지 않는다"고 해도, 자신이 "무채색으로 살아남았다"고 자책하다가도, 후배는 앞으로도 계속 "TV에서 잊어버렸다고 생각하던 사람들이 나오면 자꾸 눈물이 난다. 한 시간이고 두 시간이고 끊임없이······"라고 고백할 수밖에 없을 것이다.

이야기를 길게 나눠본 적조차 없는 후배가 이 글을 읽고 "나는 아직까지 단 한 번도 그것을 '환영'이라고 생각해본 적이 없었어요"라고 하거나 아니면 "나는 그 정도는 아니었어요. 별일 아닌데 왜 그렇게 유난을 떠세요?"라고 말할지도 모르겠다. "선배, 이러다 사람들에게 잘난 척 한다고 욕이나 먹어요"라고 말할지도 모른다. 그러나 그 후배는 나에게 '운동권'과 '영화'를 이어주는 드문 사람들 중의 하나다. 그것이 내가 영화 〈뷰티풀 마인드〉를 보면서 내내 그 후배를 떠올렸던 이유일 것이다.

　후배야, 앞으로도 계속 그렇게 살자. 그 환영을 가슴에 껴안고 사는 사람들이 어떻게 견디며 낄낄거리는지 함께 구경 가자고 조만간 연락을 하마. 자네가 남긴 글 몇 자에도 사람들은 모두 반가워할 거야. 모두 같은 병을 앓고 있는 사람들이니까.

　살다가 문득 그 환영들이 우리 앞에 나타날지라도 '존 내쉬'처럼 다른 사람들에게 "저 사람이 보이세요?"라고 물어보면서 여유롭게 살자. 우리의 그런 물음에 다른 사람들이 아무런 메아리를 보내주지 않는다 해도.

노동절에 생각한다

오늘은 전 세계 노동자들의 기념일인 노동절이다. 1889년 세계 각 나라 노동자들이 모인 제2인터내셔널 창립대회에서, 미국 노동자들의 8시간 노동 쟁취 투쟁을 전 세계의 노동자들과 함께 기억하기 위해, 매년 5월 1일을 세계 노동자들의 기념일로 지키기로 결정한 지 올해로 벌써 113년이 되었다.

우리나라의 노동자들은 일제 식민지 시절인 1923년부터 세계 노동자들과 함께 노동절 행사를 가져왔다. 그러나 미 군정이 전국노동조합평의회를 불법 단체로 간주하고 1946년에 설립된 대한노총(총재 이승만)을 지원하기 시작한 이래 1948년부터 10년 넘는 세월 동안 노동절 행사는 정치인과 자본가들에게 충성을 다짐하는 날이 되어버렸고, 그 날짜도 이승만 정부는 "잔인무도한 공산도당과 같은 날에 기념할 수 없다"는 이유로 5월 1일에서 3월 10일(대한노총 설립일)로 바꿔버렸다.

5·16 군사쿠테타 이후 박정희 정부는 그 명칭마저 '노동절'에서 '근로자의 날'로 바꾸어버렸고, 대한민국 정부가 그 날짜를 5월 1일로 다시 바로잡은 것은 지난 1994년이었으니, 우리나라 노동자들이 전 세계 노

동자들과 함께 노동절을 기리게 되는 데에는 100년 이상의 세월이 걸린 셈이다.

요즘은 방송 진행자들과 아나운서들도 대부분 '노동절'이라고 말하고 있지만, 아직까지 우리나라 현행법상 5월 1일의 명칭은 '근로자의 날'이다. 자신의 권리를 당당하게 주장하는 '노동자'가 아니라, 고분고분 시키는 대로 말 잘 듣고 일벌처럼 열심히 일하는 '근로자'만 필요했던 박정희 정부의 왜곡된 경제개발 정책이 우리에게 남긴 상처를 우리는 아직도 치유하지 못하고 있다. 참여 정부는 그 명칭부터 바로잡아야 한다. 그래야만 우리 사회에 그릇되게 만연돼 있는 '노동'이란 단어를 불온시하는 잘못된 인식도 바로잡히기 시작할 것이다.

5월 1일 노동절 행사에 수만 명의 노동자가 모이는 지금도 우리 사회에는 '무노조 경영'을 '일류 경영'이라고 생각하는 사람들이 있다. 강의가 끝난 뒤 "삼성이 무노조 경영으로 일류 기업이 된 것은 부인할 수 없는 사실 아닙니까?"라고 당당하게 묻는 고등학생, 대학생들이 거의 매번 있다. 이번 기회에 밝히자면, 무노조 경영을 통해서 일류 기업이 된 것이 아니라 일류 기업이라는 자부심 때문에 한시적으로 무노조 경영이 가능한 것이었다. 무노조 경영은 노동자들의 노동 조건이 경쟁업체나 동종업체보다 조금이라도 나은 경우에만 가능하다. 그 지위가 흔들리는 순간 무노조 경영은 순식간에 막을 내릴 수밖에 없다.

형식상 그룹에서 분리되었지만 무노조 경영이라는 전근대적 경영 방침을 그대로 물려받은 백화점에 노동조합이 설립됐을 때, 그 백화점 노동자들이 노동조합을 결성하게 된 동기를 설명하면서 "경영진은 우리의 자긍심에 먹칠을 했다. 경쟁업체 백화점에서는 체불임금 발생이 없었지만, 우리 백화점에서는 경영 사정을 이유로 상여금이 지급되지 않았다"

고 울분을 토로했던 사실이 그것을 잘 설명해준다. 노동조합이 없는 회사의 노동자들이 노동조합이 있는 회사 노동자들보다 상대적으로 나은 대우를 받는 것은 결국 다른 노동조합 활동에 무임승차하는 것이나 마찬가지이다.

앞으로 복수노조가 합법화되면, 한 회사에 여러 개의 노동조합을 설립하는 것이 가능해진다. 그때가 되면 더 이상 무노조 경영을 고수하는 것이 불가능해지고, 그동안 노동조합 활동 경험을 쌓을 기회가 전혀 없었던 기업의 노사는 엄청난 비용을 지불하는 비싼 대가를 치를 수밖에 없게 될 것이다. 경영계 일각에서조차 "삼성 그룹이 무노조 경영 원칙을 지키기 위해 과도한 비용을 지출하고 있다"고 걱정하는 의견이 있을 정도이다. 지금의 무노조 경영 원칙은 노동조합이 설립될 때까지의 시기를 조금 더 늦출 수 있을 뿐이다.

공무원들도 자신들이 노동자라고 인식하고 노동조합 깃발 아래 모이는 지금, 노동절을 맞아 무노조 경영을 아직도 훌륭한 경영 방식인 양 착각하는 부끄러운 일 하나만이라도 우리 사회에서 하루빨리 사라지기를 기원한다.

'학벌'이란

 방송사 둘, 금융계 회사 넷, 종합병원 두 곳의 신입 직원 교육을 두어 달 사이에 열 번쯤 했다. 노동조합이 회사와 싸움 싸움해서 신입 사원 연수 기간 안에 겨우 몇 시간을 확보하고, 그 귀한 시간의 일부를 나에게 할애한 것이다.
 재벌이 운영하는 종합병원은 전국의 간호대학에서 상위 5퍼센트 이내 성적에 해당하는 학생들만 추천받았다. 한 학년 정원이 불과 몇 십 명밖에 안 되는 학교에서 상위 5퍼센트 이내면 거의 1, 2등 했다는 얘기다. 그러다가 다른 재벌이 경영하는 병원이 상위 1퍼센트 이내 성적 학생들을 교수의 추천만으로 '무시험 취업' 시키는 제도를 만들자, 이 병원도 뒤질세라 똑같이 상위 1퍼센트 이내 성적 학생들을 무시험으로 받았다. 한껏 차려입은 신입 간호사들은 표정도 밝고 세속적 미모도 결코 뒤지지 않는다. 가서 그들을 만나보면 안다. 성적이 비슷비슷하게 우수한 학생들이 모였다면 병원에서 어떤 외모를 갖춘 지원자를 선발하겠는가를.
 취업하기 그렇게 어렵다는 요즘, 초임 연봉으로 3천만 원 이상 받는 은행에 입사하기란 "하늘의 별 따기"다. 불과 100여 명을 뽑는데 전국에서 수만 명이 지원한다. 신입 사원 명단에는 공인회계사 자격을 가진 사람들이 수두룩하고 미국 공인회계사 자격을 얻은 사람도 꽤 여럿이다. 지역 할당제를 특별히 실시하는 곳이라면 모르지만(그런 은행이 딱 한 곳 있었다) 그렇지 않은 은행의 신입 사원들 중에서 지방대 출신을 만나는 것은 아예 꿈도 꾸지 말아야 한다. 노조위원장이 신입 사원 명단을 들여다보고 있는 내게 말했다.

"요즘 같으면 나 같은 사람은 절대로 우리 은행에 들어오지 못했을 겁니다."

한 방송사에서 교육 시작 전에 신입 사원 명단을 받았다. 흔히 '스카이(SKY)'라고 부르는 서울대·고려대·연세대 출신을 빼니 딱 한 명 남는다. 성균관대. "참 대단한 성균관대로군요." 나는 KBS의 성균관대 출신 인물 '복가' 생각을 하며 농담을 했다.

그 다음 달에 찾아간 다른 방송사의 신입 사원 명단에는 아예 연세대, 고려대 출신도 '가뭄의 콩'이다. 서울대 출신이 거의 대부분이다. "이거 너무 심한 거 아니야?" 내 말에 노동조합 간부 한 사람이 답한다.

"우리는 그래도 나은 편입니다. '조○일보'는 훨씬 더 심합니다. 서울대 출신 아니면 말도 못 꺼냅니다."

옆에 있던 인사부 직원이 약간 거만한 표정으로 말한다.

"다른 것 안 보고 실력으로만 뽑다 보니까, 어쩔 수 없이……."

아나운서·피디·기자들을 뽑는 시험의 경쟁률은 100 대 1을 쉽게 넘는다. 한 방송사의 아나운서 채용 경쟁률이 700 대 1이나 됐던 적도 있다. 오죽하면 '언론 고시'라고 하지 않던가. '언론 고시'를 통과한 신입 사원들 역시 학교에서 1, 2등을 놓치지 않은 사람들이다. 남들과 경

'학벌'이란

쟁하며 이기는 데는 "도가 튼" 사람들이다. 실력 있을 뿐만 아니라 가정 배경도 훌륭한 사람들이 많다.

칠전팔기 끝에 기어이 '언론 고시'를 통과했던 한 후배가 시험 보러 갔다 오더니 농담을 한다. "가서 보니까, 사장 백이 제일 약한 백입디다." 그렇게라도 해서 자기가 떨어진 것을 위로 삼고 싶은 마음이 없지 않았겠으나 전혀 근거 없는 말은 아니다. 방송사 신입 사원들이 모인 곳에 가 보면 얼굴 표정과 몸가짐이 벌써 보통 사람들과는 사뭇 다르다. 어릴 때부터 지금까지 그렇게 남과 경쟁해 이기며 살아온 사람들이 많다. 선배들이 신입 기자들을 '8학군 기자'라고 농담처럼 부르기도 한다. 한껏 세련된 복장으로 복도에서 차를 마시며 휴식 시간을 즐기는 신입 사원들을 바라보던 노조 위원장이 내게 말했다.

"저게 15년 전의 내 모습입니다. 저도 처음에는 내가 노동자가 아닌 줄 알았거든요. 노동자 정체성이 없었거든요."

이 똑똑하고 잘난 사람들에게 "우리에게 노동조합이 왜 꼭 필요한가"를 설명하는 것이 내가 하는 일이다. 지금까지 살아오는 동안 노동조합이란 단어가 자신의 인생과 바늘 끝만큼이라도 관계를 맺게 될 것이라고는 눈곱만큼도 생각해보지 않은 사람들 앞에 나가 설 때마다 막막함과 무력감이 나를 짓눌러 똑바로 서 있기조차 버겁다.

지금까지 찾아간 회사의 신입 사원 명단에 '출신 학교'가 빠진 적은 없다. 대개는 이름, 생년월일, 성별 그리고 그 바로 뒤 칸이 '출신 학교'다. 도대체 이게 왜 필요할까? 우리 사회에서 '학연'과 '학벌'이 만들어 내는 유대는 그만큼이나 공고한가.

민예총 진보아카데미 강좌의 내 강의를 들은 청년들 3분의 2가 대학생이었다. 강의가 끝난 뒤, 수려하게 잘생긴 젊은이가 인사동 골목까지

나를 배웅했다. 강좌 시작 무렵 자기소개 시간에 "학생회에서 활동합니다. 한총련 소속입니다"라고 말했던 것이 기억나 무심코 물었다.

"어느 학교 다니세요?"

내 질문을 받은 학생은 얌전하게 그러나 단호한 목소리로 답했다.

"학벌 없는 사회를 지향하기 때문에 말씀드리지 않겠습니다."

아, 나는 항상 부끄러움을 통해서 배운다. 물어본 사람이 부끄러웠다. 그날 저녁 집에 돌아와 내 홈페이지의 내 소개 글에서 학력과 관련된 내용을 모두 지웠다. 그래도 그 부끄러움은 며칠 동안이나 가시지 않았다.

연구소에서 함께 일하는 후배의 시아버님이 돌아가셨다. 그 후배는 선배인 나보다 몇 배나 더 유능한, '서노련 신문' 편집장 출신의 맹렬 여성이고, 그 남편 역시 노동단체에서 일하는 활동가다. 시동생 부부는 불과 몇 년 전까지도 부부가 서로 어느 조직에 몸담고 있는지 모른 채 활동하다가 최근에야 공개 조직으로 올라온 우리 시대 마지막 남은 '좌파'다. 병원의 빈소는 마치 운동 단체 총집결장소 같았다. 유난히 '품성'을 강조했던 NL의 젊은 후배들이 손 걷어붙이고 온갖 궂은일을 맡아 뛰어다니는 모습은 정파를 떠나서 감동적이었다.

'함께하는시민행동'의 하승창 씨가 방송 출연을 마치고 헐레벌떡 달려와 내 옆에 앉았다. 우리 사회의 '학연'이 도마에 올랐을 때 하승창 씨가 말했다.

"우리 사무실에는 서울대 출신이 한 사람도 없어."

내가 웃으며 받았다.

"그러면 사람들은 당신이 서울대 출신 아니어서 그렇다고, '서울대 콤플렉스' 때문이라고 손가락질해. 빨리 한 사람 뽑아."

하승창 씨는 얼굴 가득 웃으면서 말했다.

"안 그래도 올해 새로 지원한 활동가들 중에서 서울대 출신 한 사람 뽑았어. '역차별도 차별'이라고 우리들끼리 웃었지."

"바보 같은 질문이지만, 진보를 믿으세요?"라고 내게 당돌하게 물었던 후배도 있었지만, 때로 진보의 방향은 너무 간단하고 쉽다. "학벌 없는 사회를 지향하기 때문에 말씀드리지 않겠습니다." 그 한마디가 위의 모든 현상이 지향해야 하는 '진보'의 방향이다. 세상은 그쪽으로 흘러갈 것이다. 그 청년의 한마디가 앞으로 내게 '학벌' 또는 '학연'이라는 화두가 떠오를 때마다 명쾌한 해답이 될 것이다.

톨스토이 예술론

고등학교 학창 시절의 나는 한마디로 문과(文科) 적성의 이과(理科) 학생이었다. 초등학교 시절부터 줄곧 문예반 활동을 하면서 눈꼴사나울 정도로 문학소년 티를 냈으면서도 고등학교 2학년으로 올라가면서 이과를 선택한 이유는, 책상머리에 앉아 상상만으로 소설을 쓴다는 것이 사춘기의 오만함으로는 도저히 받아들일 수 없는 웃기는 일처럼 여겨졌기 때문이다.

고등학교 2학년 초에 선생님들이 교실에 들어와 출석을 부르다가 내 이름이 나오자 멈칫거린 적이 몇 번 있었다. 어떤 선생님은 "내가 지금 교실 잘못 찾아 들어왔나? 여기 문과반인가?"라고 묻기까지 했다. 아이들이 웃으며 말했다.

"하종강 때문에 그러시지요? 종강이가 원래 이과반이에요."

선생님들은 이해할 수 없다는 표정을 했다. 나에게 남달리 문학적 소양이 있어서가 아니라 어지간히도 티를 내며 싸돌아다녔던 탓이다.

박정희의 유신헌법이 발표되고 1년 조금 지난 1974년 봄, 대학에 입학하면서 호기롭게 가졌던 각오는 간단했다. "이 나라의 대학은 2년 만다니자. 그 2년은 아예 내 인생에서 없는 셈 치자." 자연계는 2년, 인문계는 4년을 수료해야만 정부가 외국 유학을 허가하는 답답한 시대였다. 조국의 대학을 2년씩이나 다녀야 한다는 걸 무슨 대단한 수치처럼 여기는 덜 떨어진 수재들이 있었고, 나는 결코 수재가 아니었으면서도 되지 못하게 수재 흉내를 냈다. 20대에 박사가 되는 것도 별로 어렵지 않아 보였고 강의 시간에는 언제나 맨 앞자리에만 앉았다.

중·고등학교 6년 동안 '까까중' 빡빡머리와 목을 조이는 검은색 교복 속에 갇혀 숨을 죽여야 했던 예술과 문화에 대한 배고픔을 충족시키기 위한 노력도 게을리 할 수 없었다. '천박스럽지만 않다면 가릴 게 없다' 는 생각이었다. 날을 잡아서, 9시간 동안 꼼짝 않고 앉아서 맹물만 마시며 관현악을 들어보았는데 견딜 만했다. 친구들과 함께 고전음악감상회에 가입해 '바로크'에 푹 젖어 살았다.

중고등학교 문예반의 연장선상에서 자연스럽게 시(詩) 동인회에 가입했고 저널리즘에 대해서는 일천한 고민도 해보지 않은 채 학보사에 들어갔다. 고등학교 때 미술실에 드나들며 곁눈으로 배웠던 데생을 미술 동아리에서 마저 배웠고 나중에는 수채화와 유화를 몇 점 흉내 내어 전시회장에 걸어놓으니, 나처럼 세상을 풍요롭게 사는 놈도 없는 듯싶었다.

고등학교 때 함께 문예반 활동을 했던 가까운 선배들이 쥐도 새도 모르게 잡혀갔다는 소문이 가뭇가뭇 들리는가 싶더니, 그 훌륭한 선배들이 간첩보다도 더 흉악한 빨갱이였다는 기사를 반국가단체 조직도에 끼워 맞춘 선배들의 얼굴 사진과 함께 신문에서 읽기도 했지만, 예술지상주의에 심취한 젊은이에게 그러한 세속 사건들은 특별히 주목할 만한 가치가 있는 일은 아니었다. 그러다가 그 '민청학련' 사건에 관해 열린

비밀스러운 모임과 종교단체 행사에 몇 번 참석했다. 가까이 알고 지내던 선배들에 대한 최소한의 인간적 예의로 그 정도는 해야 한다고 생각했다.

'아, 이건 뭔가 잘못되었다. 내가 아는 선배들은 저렇게 모진 고문을 받고 십 수년 징역형을 살아야 할 만큼 나쁜 사람들이 절대로 아니다. 진실은 알려져야만 한다. 뭐가 뭔지도 모른 채 그저 건들거리며 학교를 들락거리거나 죽어라 공부만 하는 친구들에게, 사실은 그게 아니라고 한마디라도 해야 한다.'

참 단순했다. 저급한 수준의 사회의식조차 없었기에 복잡할 것도 없었다. 고전적 휴머니즘이었다고 해도 감지덕지이다. 고등학교에 다닐 때 달달 외웠던 유신헌법이 사실은 민족적 죄악이었다는 자각이나 이른바 역사의식을 갖기 위한 노력은 그 한참 뒤의 일이었다.

문고판《톨스토이 예술론》을 만난 것은 그 무렵이다. 도대체가 '예술'을 감히 '논(論)' 한다는 것 자체가 불경스럽다는 생각으로 아무 기대도 없이 그 책을 집어 들었는데, 첫 장부터 나는 머리에 큰 망치를 맞는 느낌이었다.

"가장 보편적인 새 오페라가 무대 연습을 하고 있는 곳에 찾아간 적이 있었다. 무대 뒤에는 배경을 변화시키는 거대한 기계가 설치돼 있었고 그 어둠 속에서 사람들은 바쁘게 일하고 있었다. 그 무리 가운데, 창백한 얼굴과 빼빼 마른 몸에 때 묻은 옷을 입고, 일 때문에 지쳐버린 더러운 손과 마디가 튀어나온 손가락을 가진 한 사람이 피로한 나머지 불쾌한 말투를 내뱉으며 내 옆을 지나갔다."

오페라 가수가 기묘한 모양으로 입을 벌리고 "신부를 데리고 돌아가네"라는 노래를 부르며 일정하게 손을 움직이는 동작을 감독의 마음에

들 때까지 수십 번 되풀이하는 동안, 악단에서 피리를 부는 사나이들과 가수들과 무용수들은 지휘자와 감독으로부터 '개새끼', '천한 것들', '어리석은 것들', '산돼지 같은 것들'이라는 말을 수백 번이나 들어야 하는 모습을 보면서 톨스토이는 고민하기 시작한다.

'누구를 위해 연기를 하는 것일까? 그것은 누구를 즐겁게 할 수 있는가?'

"온갖 무용, 곡예, 오페라, 오페레타, 전람회, 회화, 음악회, 서적 출판 등을 위해 수천수만에 달하는 사람들의 격렬하고도 마음 내키지 않는 노동이 요구당한다. …… (중략) …… 이러한 돈은 국민으로부터 징수되고 있다. 그들 속에는 국세를 납부하기 위해 하나 밖에 없는 소까지 팔지 않으면 안 될 사람도 있다. 더구나 그들은 예술이 안겨다 주는 미적 만족마저 얻을 수가 없는 것이다."

톨스토이가 이러한 고민들을 굳이 '인민의 눈물 젖은 빵'과 연결시키는 것에 동의하지는 않았지만 '유신헌법'과 '긴급조치'의 서슬 시퍼런 칼날이 국민의 권리를 숨 막힐 듯 옮아매고 있는 나라의 혈기왕성한 대학생은 그 고민들을 쉽게 뿌리칠 수 없었다. 시작 부분 몇 페이지만으로도 고전음악과 미술이라는 나의 '귀족 취미'는 쉽게 혁파되었다. 정도(正道)였다고 자신 있게 말할 수는 없으나 얼마 뒤에는 사전을 뒤적여가며 '루카치'를 원서로 읽었다.

사고의 깊이가 가장 원숙했던 시기의 톨스토이가 오랜 세월 동안 수많은 저작들을 독파하면서 깨달은 '예술'이란, 최소한 "형이상학자가 말하듯이 미(美)라든가 신(神)에 대한 뭔가 신비적인 관념을 나타내는 것은 아니다. 또 유미주의(唯美主義)적인 생리학자가 말하듯이, 인간의 막혀서 흐르지 못하는 잉여 에너지를 발산하기 위한 유희가 아니다.

…… 하물며 예술은 심심풀이는 아니다." 또한 그 예술은 "명철하고 간결해서, 인류의 대다수를 점하는 교양이 없는 사람들도 알 수 있는 것"이어야 한다는 것이다.

톨스토이가 주창한 농민 공동체들이 결국 인간의 이기주의적 본성이 청교도적 덕목보다 강하다는 것을 입증했을 뿐, 실패로 끝났다 할지라도 톨스토이의 가치 판단 기준은 예술에만 국한되는 것이 아니라 우리 주변을 둘러싼 모든 사물에 대해 그 의미를 묻는다.

최소한 사회적 약자들을 외면하지 말아야 한다는 것, 그것이 다른 많은 경험들과 함께 '톨스토이 예술론'을 통해 내가 깨달은 최저값이다.

5부

살며 사랑하며

'가족 이기주의'를 벗어난 것처럼 보이는 가족 신문은 찾지 못했다. 나는 며칠 고민하다가 '가족회의'에서 말했다. "우리는 이렇게 행복하게 산다우 따위의 자랑 말고, 우리가 행복하게 사는 기록을 오래도록 남긴다는 의미 말고, 우리가 만드는 가족 신문이 이 땅의 어렵고 가난한, 죄 없이 고통받는 다른 사람들에게 작은 도움이라도 될 수 있는 방법을 찾을 때까지 가족 신문 만드는 것을 연기해야 한다고 생각합니다."

첫눈

매년 첫눈은 온 듯 만 듯 내리는 것인지도 모른다. 그래서 어떤 사람은 "지난번에 내린 눈을 올해의 첫눈으로 간주하는 것을 강력히 거부한다"고까지 말하는 걸 들은 적도 있다. 첫눈에 관한 추억 한 토막.

박정희가 죽었다는 뉴스를 들은 뒤, 닫혀진 교문 앞을 아무 약속도 없이 서성거리다가 만난 우리들은 '가만히 있을 때가 아니다'라는 비장한 자각으로 숨쉬기조차 버거웠지만, 그 비장함에 비해 '물적 토대'는 턱없이 빈약할 수밖에 없었다. 며칠 뒤에 유인물 1만 장을 찍어 배포한다는 당찬 계획을 세웠지만, 문제는 돈이었다. 등사기는커녕 8절 갱지 1만 장을 살 돈도 없었다.

사무기 상사에서 아르바이트를 하던 친구가 자기네 회사 진열장에 전시되어 있는 수동식 윤전 등사기를 사장 몰래 쓸 수 있도록 배려해주었지만, 등사원지, 등사잉크, 갱지 등을 살 돈과 밤새 일한 뒤 최소한 해장국 한 그릇씩이라도 먹을 수 있을 만큼의 돈은 있어야 했다.

그래도 사람이 모이면 일은 진행되기 마련이어서, 거사 전날 약속 장소에는 유인물의 내용을 토의하고 결정할 사람 몇 명, 문건을 최종적으로 정리할 문사(文士) 두어 명, 외모처럼 단정한 필체를 갖춘 여학생 한 명 등 예정된 인원이 모두 모였다.

　돈 문제는 내가 해결하기로 했다. 그 자리에서 유일한 복학생이었고 학번과 나이가 가장 높아서 어쩔 수 없었다. "걱정 말라"고 장담을 한 뒤 나는 '비트'를 빠져나와 친구에게로 갔다. 친구도 넉넉한 형편은 아니었지만 '그래도 명색이 학교 선생인데 나보다야 낫겠지'라는 생각으로 무작정 찾아간 것이었다. 어렵게 꺼낸 내 얘기를 듣고 나서 친구는 서랍 속에서 무언가 꺼내 방바닥에 놓았다.

　"필요한 만큼 찾아서 써. 부담 갖지 말고······."

　아, 나는 그 예금통장을 받을 수가 없었다. 그가 얼마나 어렵게 공부를 했는지, 어릴 적부터 선생님 되는 것이 꿈이었고, 자라는 동안 그 꿈이 한 번도 변한 적이 없었던 그가 선생님이 되기 위해 4년 동안 장학금을 받느라고 얼마나 어렵게 공부했는지, 그 사정을 조금이라도 알고 있는 나로서는 그의 전 재산을 통장째 받을 수는 없는 노릇이었다. 그렇게 많은 돈이 필요한 것은 아니라고 했더니, 그는 주머니에 있는 돈을 모두 털어 내게 주었다.

　동료들이 모여 있는 장소로 다시 돌아오는 길에 눈이 내렸다. '황골고개'의 긴 언덕을 오를 무렵, 마치 은가루처럼 반짝거리는 조각들이 나풀나풀 떨어지다가 옷에 닿으면 아무 흔적도 없이 녹았다. 언뜻 못 보고 지나칠 만큼 작은 눈송이었다. 10월 말에 무슨 눈이냐고 하겠지만, 나는 분명히 보았다. 매번 첫눈은 그렇게 아무도 모르게 오고 있는 것인지도 모른다는 생각을 했다.

　3년 뒤 봄, 그 선생 친구는 나의 소중한 아내가 되었다.

가족 신문

아들 지운이가 초등학교 4학년이었을 때, 하루는 집에 있는 컴퓨터로 꼬물꼬물 작업을 하더니 유치원 다니는 동생 규운이의 학습지를 하나 만들어주었다. 지운이의 별명이 '하마'였는데 학습지의 제목을 '하마템플'이라고 붙였다. 어디서 '아○템플'을 본 모양이다. 나중에 채점까지 해주었다. 처음에는 매일 한 장씩 만들어주다가 나중에는 꾀가 났는지 하루 이틀 거르더니 결국 '주간 학습지'가 되었다. 그러던 어느 날 아내가 말하기를.

"지운이 저 녀석이 요즘 학습지를 대대적으로 하나 만들고 있는 모양인데, 보여달라고 해도 '다 되면 보라'고 하면서 안 보여주고 있어. 벌써 열흘 넘게 끙끙대고 있는데……."

나중에 다 만들어진 걸 보니, 20여 쪽이나 되었는데 제목은 '하마 월간 학습'이고 그 안에 '재미있고 신나는 준비운동 문제', '본 문제', '쉬어 가는 페이지', '미로 찾기 게임', '연재 만화', '종이 접기를 배워봅시다' 등의 내용이 있고, 별책 부록으로 '재미있는 영어 공부'까지 붙어 있는 것이 꽤 그럴듯했다. 사슴 그림을 그려놓고 "안녕? 내 이름은 사슴

이야. 네 이름은 뭐니? 빈칸에 한번 네 이름을 써봐" 따위로 문제 하나도 나름대로 꽤 신경을 써서 만들었다. 맨 마지막 장에는 '하마출판사'라는 판권 표시와 "저자의 동의 없이 무단 복제할 수 없음"이라는 무시무시한 경고까지 있었다.

회를 거듭할수록 노하우가 쌓여 내용이 충실해졌고 나중에는 정기구독자들에게 한 권에 500원씩 팔기도 했는데, 무료 구독자인 동생까지 포함해서 정기구독자가 모두 여섯 명이 되었다. 방학 때에는 '방학 기념 특별 선물'로 책받침용 그림이 제공되기도 했다.

하루는 아침밥을 먹으면서 지운이가 "오늘이 5월 마지막 날이네. 오늘까지는 6월호를 다 완성해야 되는데……"라고 걱정을 하기도 했다. 정기간행물을 만드는 사람들이 마감을 앞두고 받는 스트레스는 당해본 사람이라면 다 알지.

지운이는 그 유치원생용 월간 학습지를 컴퓨터 꿈나무 선발대회에 출품했다. 예선을 통과하고 경선을 치르는 날, 지운이와 함께 갔다. 면접 구술시험을 기다리는 동안 전국에서 올라온 컴퓨터 영재들과 학부모들은 질문과 답변을 연습하면서 난리도 아니었다. 아이를 앉혀놓고 말씨와 자세까지 가르쳤다. '와, 정말 이런 사람들이 있었구나.' 지루함을 참지 못해 복도에서 뛰어다니며 노는 사람은 지운이와 나뿐이었다.

면접시험을 보러 들어간 지운이가 이상하게 한참이 지나도 나오지 않았다. 다른 학부형들도 "이번에 들어간 아이는 시간이 오래 걸리네"라면서 궁금해 했다. 시험장에 가서 까치발을 하고 창문으로 들여다보니 빙 둘러앉은 심사위원들 앞에서 지운이가 뭐라고 주절주절 열심히 얘기를 하고 있었다. 그 방면에 내로라하는 쟁쟁한 권위자들 앞에 앉아 있던 초등학교 4학년짜리 지운이의 작은 모습이 아직도 눈에 선하다.

심사위원들 중에서는 휴먼컴퓨터의 정철 대표, 글씨체로 유명한 안상수 교수 등이 있었던 것으로 기억한다. 안상수 교수가 지운이에게 "표지에 '그림자체'를 쓴 이유가 뭔가?"라고 물었고 지운이는 "그건 '아래아 한글' 워드 프로세서를 사용한 건데요. '아래아 한글 2.5'의 그림자체는 깊이가 너무 얕아서요. 외곽선체를 우선 만들고 나중에 그림자체를 덧붙였어요"라던가······. 하여튼 그 비슷한 답변을 했더니 안상수 교수가 웃으면서 "네가 나보다 낫다"고 말했다고 지운이가 나중에 전해줬다.

전국의 초·중·고등학교에서 여섯 명의 학생을 선발했는데 지운이는 그 중에 2등으로 뽑히는 분에 넘치는 성적을 올렸고, 부상으로 미국 실리콘밸리에 일주일가량 견학을 다녀오는 호사(好事)를 누렸다. 미국을 다녀와 김포공항에서 일주일 만에 만난 지운이에게 물었다.

"어땠어?"

"좋았어요."

"그런 거 말고, 다른 느낌은 없었어?"

"매우 좋았어요."

그 뒤 잡지사, 신문사, 방송국에서 여러 차례 인터뷰를 해갔는데 한번은 방송국에서 취재를 하러 온, 짧은 치마에 소매 없는 티셔츠를 입은 예쁜 리포터가 지운이에게 마이크를 들이대고 물었다.

"너는 어떻게 유치원에 다니는 동생을 위해 월간 학습지를 만들겠다는 그런 기특한 생각을 다하게 됐니?"

지운이는 멀뚱한 얼굴이 되어 답했다.

"그냥요."

리포터는 다시 밝은 표정을 만들어 짓고 다른 이야기들을 한참 하다가 슬쩍 같은 질문을 또 던졌다. 지운이는 또 멀뚱한 얼굴로 답했다.
"그냥 해봤다니까요."
 초등학교 4학년짜리에게 다른 훌륭한 대답을 기대하는 게 무리지. 리포터는 잠시 난감한 표정이 되더니 또다시 다른 이야기들을 하다가 같은 질문을 슬쩍 던졌다. 이번에는 지운이가 잠시 생각해보는 듯하는 표정이 되더니 답했다.
 "내가 가진 컴퓨터 기술로 다른 사람들을 위해서 무엇을 할 수 있을까 항상 고민하라는 아빠의 말이 생각났어요."
 리포터는 "이제야 정답이 나왔다"는 듯 밝은 표정이 되었고, 아내와 나는 눈이 휘둥그레져서 얼굴을 마주 보았다. 내가 언제 지운이에게 그런 말을 했는지 자세한 기억은 없다.
 지운이는 초등학교 다니는 내내 컴퓨터로 학교 일을 참 많이 했다. 졸업식날 아침까지도 학교 일감을 가져다가 새벽녘까지 컴퓨터와 씨름을 했다. 졸업한 뒤에도 자신이 다니던 초등학교의 일거리를 가져다가 "이제는 중학생이 되어서 많이 바쁜데……"라고 중얼거리며 가끔 하는 눈치였다.
 아주 짧은 기간이었지만 우리는 '가족회의' 제도를 운영해본 적이 있다. 회의 시간에는 가족들 사이에도 높임말 사용하기, 사회와 서기는 돌아가면서 맡기 등 몇 가지 원칙을 정했는데, 아이들이 재미있어 했다. 그도 그럴 것이, 아빠가 아이들에게 숙제 잘하라는 말을 하면서도 "나는 그 문제에 대해서는 이렇게 생각합니다"라고 정중하게 높임말을 해야 하니 재미있을 수밖에. 원칙상으로는 한 달에 한 번씩 열기로 했던 가족회의에서 우리 집도 그 무렵 한창 유행하던 '가족 신문'을 만들기로 결정했다. 컴퓨터로 뭔가 만들어내기를 즐기는 아들아이의 취미를 살려보자는 생각도 있었다.

신문의 이름은 '구름 통신'으로 정했다. 우리 집 아이들의 이름에 모두 구름 운(雲) 자가 들어가는 것에서 따온 것이었지만 "휴전선도 마음대로 넘나드는 구름처럼 소식을 전한다"는 표어를 만들어 붙이니 더욱 그럴 듯했다.

우선 다른 가족들이 만든 가족 신문들을 수집해서 검토해보는 일부터 하기로 했다. 그런데 대부분의 가족 신문들은 "우리는 이렇게 행복하게 산다우" 따위의 내용들을 이렇게 저렇게 표현한 것에 불과하다는 생각이 들었다. '가족 이기주의'를 벗어난 것처럼 보이는 가족 신문은 찾지 못했다. 비단 가족 신문뿐 아니라, 방송에서, 서점의 베스트셀러에서, 각종 육아 교육 서적에서, 여러 사회단체의 프로그램에서 '우리 집 행복하게 만들기'에 대한 내용들은 흘러넘쳤다. 나는 며칠 고민하다가 '가족 회의'에서 말했다.

"우리는 이렇게 행복하게 산다우 따위의 자랑 말고, 우리가 행복하게 사는 기록을 오래도록 남긴다는 의미 말고, 우리가 만드는 가족 신문이 이 땅의 어렵고 가난한, 죄 없이 고통받는 다른 사람들에게 작은 도움이라도 될 수 있는 방법을 찾을 때까지 가족 신문 만드는 것을 연기해야 한다고 생각합니다."

지운이는 매우 섭섭해 했지만 고개를 끄덕였다. 몇 달 뒤, 컴퓨터에서 자료를 찾다가 나는 지운이가 만들다가 만 가족 신문을 우연히 보았다. '구름 통신'이라는 제호 밑에 대강의 레이아웃을 잡았고 "휴전선도 마음대로 넘나드는 구름처럼 소식을 전합니다"라는 표어와 판권이 정성스럽게 들어 있었다.

아들에게는 참 미안한 일이지만, 우리의 가족 신문 〈구름 통신〉은 이 땅의 죄 없이 고통당하는 다른 사람들에게 작은 도움이라도 되는 적절한 방법을 찾지 못한 채, 아직도 그냥 그 상태에 머물러 있다. 가장의 게으름 탓이다.

14년 만에 양복을 입다

연수원에 도착해 '교무과'라는 팻말이 있는 사무실로 들어갔다.
"저, ○○회사 노동조합 교육 진행하는 사람들이 어디에 있나요?"
직원 한 명이 나를 빤히 쳐다보더니 말한다.
"이렇게 늦게 오시면 어떻게 해요? 교육 시작한 지가 언젠데. 이리 오세요. 가서 등록부터 하셔야 돼요."
나는 앞장서서 나가는 직원 뒤를 한참이나 졸졸 따라가다가 말했다.
"제가 다음 시간 강사거든요."
그 직원은 걸음을 멈추고 돌아서더니 손으로 입을 가리고 말했다.
"어머, 강사님이세요? 진작 말씀하시지."
아까 그 사무실로 나를 다시 데리고 가더니 한쪽 편 소파에 앉아 기다리라고는 신문을 갖다주었다. 눈에 들어오지도 않는 신문을 건성으로 들여다보고 있는데, 다른 직원이 들어오더니 아까 그 직원에게 묻는다.
"저 사람은 왜 교육 안 받고 여기 나와 있대?"
나 들으라고 일부러 크게 말하는 것 같았다.
"다음 시간 강사님이셔."

"어머!"
나는 신문에서 눈을 떼지 않은 채 말했다.
"강사처럼 생기지 않은 게 잘못이지요. 뭐."
'나도 앞으로는 넥타이를 맨 양복 차림으로 다녀야 하나' 라는 생각을 잠시 해보았다.

10년 넘는 세월 동안 '양복' 을 입지 않고 살았다. 정확하게는 13년 동안이다. 13년 전 결혼할 무렵 양복을 한 벌 맞춘 뒤, 양복을 사본 적이 없었다. 목에 넥타이를 매본 지도 13년이 넘었다. 동료나 친척의 결혼식에 갈 때, 청바지나 티셔츠 차림으로 가는 것도 몇 번 해보니까 생각만큼 어렵지 않았다. 나이가 좀 들면서부터는 결혼식보다 장례식에 청바지 차림으로 가야 하는 게 더 눈치가 보이는 일인데, 양복 입고 와서 점잔 빼는 사람과 청바지 입고 와서 시신 운구하는 일도 마다하지 않는 사람 중에서 죽은 사람이 누구에게 더 후한 점수를 줄까 생각하면 마음이 편해졌다.

양복을 좀처럼 입지 않는 것이 무슨 대단한 철학이나 원칙이 있어서는 아니었다. 그러한 행동에까지 철학이 필요한 것이라면 그것은 어떤 소설에 나오는 '동침하지 않는 이데올로기' 와 비슷해져서 좀 우스워진다. 그냥 단순히 초등학교 교과서에 나오는 것처럼 '사람의 외모가 중요하지는 않다' 는 생각이었고, 청바지와 티셔츠 열 벌 값을 주고 양복 한 벌을 살 형편이 되지 못했을 뿐이다.

그렇게 버티기가 아주 쉽지는 않았다. 나잇살 꽤나 먹은 놈이 아버님의 정년 퇴임식이나 친척 결혼식에 티셔츠 차림으로 가는 것은 다른 사람은 몰라도 부모님들을 부끄럽게 하는 짓이어서 신경이 무척 많이 쓰였다.

때로는 양복을 입고 싶을 때도 있었다. 철 따라 한 벌씩은 갖추고 있다가 필요할 때 입고 나가 사람들 눈총을 받지 않아도 된다면 얼마나 좋을까 하는 생각을 가끔 하기는 했다. 그래서 13년 동안이나 넥타이를 매지 않고 잘 버텨온 것이 때로는 스스로 대견스럽게 여겨지기도 했던 것이 사실이다.

그런데 후배들을 만나 이야기를 나누다가 내가 양복을 입지 않는 것이 화제가 되었을 때, 한 후배가 말했다.

"그거야 양복이 어울리지 않는 몸매라는 걸 스스로 잘 알았기 때문이지."

나는 그 말을 듣는 순간 피가 거꾸로 솟았다. 나는 키가 작은 편이긴 하다. 그러나 오래전 내가 양복을 즐겨 입었던 철없는 시절, 사람들은 날더러 '정장 차림이 잘 어울리는 사람'이라고 했다. 정말이지, 내가 고집스럽게 양복을 입지 않았던 이유가 '양복 차림이 어울리지 않았기 때문'은 털끝만큼도 아니었다. 아, 내가 10년 넘게 지켜온 원칙을 그렇게 쉽게 깔아뭉개다니······. 사람의 '외모를 중요시하지 않기 때문에' 지킬 수 있었던 원칙을 졸지에 '외모를 중요시하기 때문에' 지켰던 원칙으로 탈바꿈시켜버리다니. 그날 나는 참으로 비참해졌다.

한편으로, 내가 양복을 입지 않거나, 밥 때가 되어 찾아온 손님에게는 무조건 식사를 대접하거나, 잠을 제대로 자지 않으면서 몸을 혹사하는 것 등이 모두 일종의 '위선'이거나 한낱 '양심 위로용'에 불과한 것이라는 어느 똑똑한 후배의 날카로운 지적도 있었다. 꼭 해야만 하는 일을 하지 못하면서 살아가는 열등감을 그렇게라도 보상받는다는 것이었다. 그 후배는 내가 그렇게 '천사표'인 양 행동하는 것조차 보기에 역겹다고 했다. 그러면서 "그런 쓸데없는 위선이 필요 없는 세상으로 빨리 나오라"고 했다. "그 편한 곳에서 이제 그만 기어 나올 때도 되지 않았느냐? 기껏 그 정도밖에 안 되는 선배였느냐?"고 묻기도 했다. 그 지적에 동의한다. 그러한 측면이 분명히 있다. 그러나 그렇게 작은 원칙들을 지켜가면서라도 '그냥 노동 상담이나 하는 사람'이 되지 않으려고 애쓰는 것이 그렇지 않은 것보다는 훨씬 낫다는 생각을 한다. 실제로, 그런 작은 원칙들이 없었다면 내가 지금 하고 있는 일들 중에서 상당히 많은 부분은 이미 오래전에 내 곁에서 사라졌을지도 모른다.

설탕 만드는 큰 회사 노동조합 교육이 경주에서 열렸다. 최근 몇 년 동안 매년 정기적으로 교육을 했던 비교적 친한 노동조합이었다. 나는 평소처럼 허름한 면바지에 카디건 스웨터를 걸치고 경주까지 내려갔다. 강의를 시작한 지 1시간이 좀 넘었을 때, 같은 말을 되풀이하며 자꾸 질문을 해대는 사람이 있었다. 나중에는 "좀 쉬었다 합시다"라고 딴죽을 걸더니 기어이 중간에 나가버렸다. 알고 보니, 간밤에 마신 술이 아직 덜 깬 사람이었다. 개중에는 간혹 그런 노동자들도 있기 마련이다.
교육을 마친 뒤, 노조 위원장이 다가와서 미안하다고 쩔쩔매며 사과를 했다. 내가 오히려 송구스러웠다.
"그 사람 잘못이 아니지요. 무능한 강사 탓이지요."
"아닙니다. 모두 다 제 책임입니다. 노동조합 일하기 정말 힘들어요. 별사람 다 있어요. 아주 죽겠어요. 어떨 때는 '이놈의 노동조합을 뽀개버릴까 보다' 하는 생각까지 든다니까요."
그가 말끝에 한마디 보태기를.
"하 선생님이 만일 양복 입고 넥타이 매고 오셔서 강의하셨더라면, 저 친구가 저렇게까지는 못했을 겁니다. 하 선생님도 이제 양복 좀 입으시지요."

나는 또 잠시 '앞으로는 넥타이를 맨 양복 차림으로 다녀야 하나' 라는 고민에 잠겼다.

바로 다음 날, 청계피복노동조합의 전통을 이어받은 서울의류업노동조합 노동자들과 모임이 있었다. 경주에서 올라오자마자 허름한 바지에 스웨터 차림 그대로 허겁지겁 평화 시장으로 갔다. 청계피복노동조합. 우리 모두, 그 이름만으로도 가슴이 울렁거리던 시대가 있었다고 감히 말하고 싶다. 영화 〈아름다운 청년 전태일〉 이후 그 울렁거림은 국민적 정서가 되기도 했었다. 감개무량한 일이다.

모임 첫머리에 서로 돌아가며 자기소개를 했다.

"27살입니다. 쓰리피스 만들어요. 결혼했구요. 내일 모레가 딸아이 돌입니다. 노동조합에서는 능력도 없지만 부위원장이구요. 이상."

"저는 25살이고요. 남복(남자옷) 만들어요. 부위원장님은 능력 없다고 하셨지만, 저는 능력 있는 선전부원입니다."

"23살인데, 바지 만들어요. 주로 와끼(옆 솔기 재봉선) 박아요. 감투는 없고, 그냥 핵심 조합원입니다. 이쁘게 봐주세요."

"22살이고요. 와이셔츠 만드는 곳에 다니는데, 아직 시다예요. 요즘 미싱에 올라타려고 맨날 사장에게 졸라대고 있어요."

"올해 25살이지만 '평생 시다' 예요. 시다 오야가 꿈이구요. 교육부 맡고 있어요."

나는 타임머신을 타고 세월을 거슬러 20여 년 전 평화 시장으로 돌아와 있는 것 같았다. 80년 9월, 청계피복노동조합 동지들을 처음 만나던 날 나누었던 인사와 어찌 그리 같을 수 있는지……. 우리가 잠시 머물렀다 떠나온 '현장' 은 그렇게 남아 있다.

　모임을 마치고 밤늦게 인적 드문 평화 시장 거리에 나서니, 갑자기 찬 바람이 온몸을 감싸며 휘몰아쳤다. 모두들 춥다고 몸을 움츠렸다. 한 여성 노동자가 내 옷차림을 보더니 말했다.

"하 선생님은 옷을 꼭 우리들처럼 입으셨어요."

"왜, 싫어요?"

"아니요. 그래서 좋다고요."

한 남성 노동자가 말했다.

"왜 그렇게 춥게 입었어요? 변변한 잠바도 하나 없어요?"

막차를 놓치지 않으려고 서둘러 지하철 입구로 들어가는데 먼발치에서 따라오던 노동자들이 서로 주고받는 말이 들렸다.

"미디움이면 될까?"

"아니야, 라지 정도는 돼야 맞겠는데……."

"그래, 라지가 맞겠다."

그 뒤 한동안 나는 꿈에 부풀어 지냈다. 김칫국부터 마시는 일이 될지도 모르지만, 그래도 즐거웠다. 두 달 뒤 그 모임의 마지막 날, 나는 아주 멋진 겨울 잠바를 선물로 받았다. 교육부장이 직접 만든 옷이라고 했다. 내 몸매에 맞게 어깨와 허리 부분을 조금 '빼냈다' 고 했다. 그 잠바를 그해 겨울 내내 잘 입었다. 그리고 나는 당분간 그대로 양복 없이 살기로 했다.

　그 다음 해 겨울, 나는 14년 만에 양복을 한 벌 샀다. 별다른 뜻은 없었다. 백화점에 들렀더니 한 의류회사가 회사 이름이 바뀌면서 예전 상표가 붙은 양복들을 싼값에 팔고 있었다. 값이 별로 비싸지 않은 양복이 걸려 있기에 입어보았더니 "썩 잘 어울린다"고 해서 그냥 샀다. 잠바나 청바지보다 별로 비싸지도 않았다.

그날 저녁 집에 돌아와 양복을 입고 거울 앞에서 자꾸 비춰보는 나를 물끄러미 보던 아내가 말했다.

"그동안 말은 안 했지만, 솔직히 당신 제대로 된 양복 한번 입혀보는 것이 내 소원이었어."

그렇게 말하다가 아내는 결국 목이 잠겨 마지막 말을 하지 못했다. 내 아내는 그 큰 눈만큼이나 눈물이 많다.

대덕 연구단지에 있는 어느 연구소 노동조합의 창립기념식에 강사로 초대받았다. 아침에 무심코 집을 나섰다가 "조합원의 30퍼센트가 박사학위 소지자"라고 했던 위원장의 말이 생각나서, 얼른 집에 다시 들어가 옷을 양복으로 갈아입었다. 그날 가서 보니 양복에 넥타이를 맨 차림새는 나 하나뿐이었다. 요즘 박사들은 청바지에 티셔츠 차림으로 일하고 있더라는, 그런 얘기다.

아들과의 전쟁

중학교 1학년짜리 아들 지운이와 '인격 대 인격'으로 싸움을 했다. 아버지와 아들로서가 아니라 같은 '사람'으로서 치열하게 한 판 붙었다. 중학교 1학년짜리하고 그게 가능하냐고 하겠지만, 충분히 가능했다. 하기는, 내가 자라던 때를 돌이켜보면 '나의 인격은 이제 거의 완성태에 달해서 앞으로 더 이상 부모로부터 정신적으로는 배울 것이 없다'고 착각하고 부모님을 무시하기 시작한 나이가 중학교 2학년 무렵이었으니까, 우리 때보다 훨씬 빨리 자란다는 요즘 아이들은 어련할까.

그날, 아들 방문을 부서져라 닫고 나오면서 나는 두 가지 결심을 했다.
'앞으로 내가 저놈하고 같이 밥을 먹으면 개다. 그리고 아들놈 방에는 절대로 들어가지 않겠다.'

그리고 2주 넘게 그 결심을 지켰다. 지운이하고는 눈도 마주치지 않았고, 지운이 방 근처에도 가지 않았다. 물론 밥도 같이 먹지 않았다. 못난 아비 같으니라고.

어느 날엔가 집에 늦게 들어갔더니 지운이가 컴퓨터 워드 프로세서로 A4 용지에 '사과문'을 빽빽이 출력해서 벽에 붙여놓고 잠이 들기도 했지만, 내 마음은 쉽게 풀리지 않았다.

아내가 "이제 좀 그만하라"고 다그쳤을 때 나는 '극언'을 하고 말았다.

"아이가 제대로 자라기를 바라면서 지켜본다는 것은 너무 힘든 일이야. 저놈이 이다음에 가출을 해서 어디 가서 큰일을 당했다는 그런 말을 들어도 우리 마음이 아프지 않도록, 미리미리 굳게 마음먹고 사는 수밖에 없겠어."

아내는 참 딱하다는 듯이 혀를 찼다. 누가 특별히 잘못한 것도 아니니, 딱히 누가 누구를 용서할 수 있는 일도 아니었다. 아들하고 나하고 요즘 많이 하는 표현대로 '코드가 맞지 않다'는 게 문제였다.

사태를 개선하기 위한 노력에서는 아들이 오히려 나보다 더 어른스러웠다. 내가 자기 동생을 부르는 것인 줄 뻔히 알면서도 얼른 달려와 "저 부르셨어요?" 하고 아버지 앞에 얼굴을 내밀기도 했다.

일요일, 가족들과 함께 외출했는데 지운이가 갑자기 배가 아프다고 온몸을 뒤틀었다. 허겁지겁 집으로 와서 아내가 약을 먹이고, 손으로 문질러주고, 한참 동안 뜨거운 찜질을 해주니 괜찮아졌다.

저녁을 먹다가 지운이는 턱이 삐끗한 것 같다고 했다. 좀 아프다면서 엄마더러 만져보라고 하다가 제 방에 가서 잠이 들었나 싶었는데, 10시쯤 방에서 나오더니, 턱이 좀 이상한 것 같다고 했다. 한쪽 귀 아래가 많이 부어 있었다. 내일 아침까지 두고 보자고, 그냥 들어가서 자라고 했다.

나는 그날 밤 안에 꼭 마쳐야 할 일이 있어서, 자명종을 새벽 2시에 맞춰놓고 안 오는 잠을 억지로 청했다가 비몽사몽 잠이 들었는데, 아내가 흔들어 깨웠다. 시계를 보니 12시 30분쯤이었다. 지운이가 많이 아프니

병원 응급실에라도 가야 할 것 같다고 했다. 지운이는 한쪽 귀 아래가 많이 부어서 얼굴이 거의 두 배나 커져 있었다. 통증도 심하다고 했다.

지운이를 차에 태우고 병원 응급실로 갔다. 가는 동안 옆 자리에 앉은 아들의 얼굴을 자꾸 훔쳐보았다. 우리 둘은 병원에 도착할 때까지 아무 말도 하지 않았다.

의사를 차례로 세 명이나 만났다. 당직 의사, 정형외과 의사, 치과 의사가 번갈아가면서 살펴보더니, 귀 아랫부분 턱관절에 이상이 온 것 같다고, 앞으로 평생 조심하면서 살아야 할 거라고 했다. 엑스레이를 찍고, 주사를 맞고, 약을 타 가지고 집으로 온 시간은 새벽 2시 30분쯤이었다.

나는 밤을 꼬박 새며 할 일을 끝냈고, 아침에 지운이를 학교까지 데려다주었다. 지운이는 턱이 많이 붓고 아파서 고개를 바로 세우지도 못한 채 엉거주춤한 자세로 교문을 들어섰다.

다음 날 아침, 나는 밥상머리에서 지운이에게 말했다.

"내가 그동안 너를 많이 미워했던 것 알지?"

"예."

"그동안 너하고는 밥도 안 먹고, 네 방 근처에는 얼씬도 하지 않은 것도 알지?"

"예."

"네가 갑자기 많이 아파서, 아빠가 어제 하루 종일 생각을 해봤는데 말이다. 아빠가 요즘 너를 너무 많이 미워해서 네 몸속 깊은 곳에 있는 그 무엇이, 그건 요즘 많이 얘기하는 '기(氣)' 일수도 있고, '잠재의식' 일수도 있고, 아무튼 너도 잘 모르는 그 무엇이 너를 많이 아프게 한 것이 아닐까, 그런 생각을 했지. 너를 많이 아프게 해서 아빠의 관심을 끌게 하고, 아빠의 마음을 아프게 하고, 아빠를 반성하게 하고, 그래서, 그동안 지운이가 그렇게 많이 아팠던 것이 아닌가, 그런 생각을 했거든."

옆에서 듣고 있던 아내는 작은 소리로 "아이 어그리(I agree)"라고 중얼거렸다.

"그래서 아빠가 반성을 많이 했으니까, 우리 오늘로 화해하자."

"예."

지운이는 고개를 끄덕이며 답했다. 아내는 흐뭇한 표정이 되어 지운이의 머리를 가볍게 쥐어박으며 말했다.

"네가 원래 잘못했던 것이었으면서 무슨 '예'야, '예'는……."

그렇게 아들과 화해를 했다. 밥은 아들놈과 같이 먹게 되었지만, 아들 방에는 아직 들어가 보지 않았다. 내가 아들 방에 들어가는 것을 아들놈이 지나치게 싫어하는 것 때문에 애초에 문제가 시작된 것이어서, 선뜻 들어가게 되지 않았다. 나는 요즘 아들놈이 먼저 내가 자기 방에 들어가야만 하는 적당한 핑곗거리를 만들어주기를 기다리고 있다. 휴, 애들 키우기 정말 어렵다.

시험 성적

아이들이 잘 자라게 하려면 좋은 학교 교육, 사회 교육을 받아야 하는 것은 물론이려니와 가정에서 전수되는 교육도 그에 못지않게 중요할 텐데, 뭘 어떻게 해야 하는지 도무지 정리가 안 되고 있다. 특히 아이의 학교 성적에 관해서는 더욱 그렇다.

열등생

나는 컴퓨터에 푹 빠져 있는 아들 지운이가 그래도 공부를 꽤 잘하는 편인 줄 알고 있었다. 초등학교 저학년 때는 곧잘 100점짜리 시험지도 가져오고 가끔 반에서 1등을 하기도 했었으니까.

지운이가 초등학교 5학년이었을 때 어느 컴퓨터 잡지의 부탁을 받고 우리 집에 취재를 왔던 자유기고가가 아들 인터뷰를 하면서 "공부는 어느 정도 하니?"라고 물었다. 지운이는 "중위권은 돼요"라고 답하는 것이다. 자기 말로 '중위권'이라면 실제로는 '하위권'이라는 뜻 아닌가 싶은 생각에 나는 조금 놀라서 다시 물어보았다.

"오늘 한자 시험 본다고 어제 공부 좀 하는 것 같던데 몇 점이나 받았어?"

"30점이요."

"몇 점 만점인데?"

"100점이요."

"너희 반에 너보다 낮은 점수 받은 아이는 몇 명이나 되는데?"

"없어요."

지운이가 스스럼없이 그렇게 답하자 그 자유기고가는 아주 즐거운 얼굴이 되어 나한테 "이 내용 모두 기사로 써도 될까요?"라고 묻는다. 나는 "물론이지요"라고 답할 수밖에.

아, 부모가 무책임하게 내버려둔 사이에 우리 아이가 열등생이 되고 말았구나. 그날 밤 우리 부부는 다른 아이들 모두 다닌다는 학원에 우리 아이도 다니게 해야 하나 고민했다.

다음 날 아내가 지운이를 동네 학원에 데리고 가 보았다. 학원 선생님이 테스트한다고 몇 문제를 풀어보라고 내주었는데 지운이는 절반도 못 푼 채 쩔쩔매더라는 것이다. 학원 선생님은 엄숙한 얼굴로 말했단다.

"이 아이는 상태가 심각하군요."

학부형에게 그 말은 거의 '쥐약'이나 마찬가지다. 성적순에 따라서 A반부터 D반으로 나뉘어져 있는 학급 중에서 우리 아이는 당연히 D반으로 편성됐다. 매달 시험을 본 뒤에 반에서 1등을 한 아이는 한 등급 윗반으로 올라가고 윗반에서 꼴등을 한 아이는 아랫반으로 떨어뜨린다는 것이다.

지운이는 첫 달 시험 성적에서 1등을 했다. 그날 저녁 집에서 아들과 우리 부부 사이에 일대 설전이 벌어졌다. 지운이가 윗반으로 올라가지 않겠다고 떼를 쓰는 것이다. 자기는 D반 친구들과 제일 많이 친해졌고, 선생님들 중에서도 D반 선생님과 제일 친한데 왜 C반에 올라가야 하는지 이해를 할 수 없다는 것이다.

온갖 말로 우리가 설득을 해도 지운이는 계속 "이해가 되지 않는다"고 했다. 나중에는 이해시키기를 포기한 채 "그런 문제는 이해할 필요도 없이 당연히 올라가야 하는 것"이라고 윽박질러보기도 했으나, 결국 우리는 한 달만 더 D반에 머물기로 어렵사리 합의하는 수밖에 없었다.

몇 달 뒤, 지운이는 A반까지 올라갔고, 우리는 '이제 되었다' 싶어서 학원을 그만두게 했다.

시험 점수

중학교 1학년이 된 지운이가 어느 날 80점짜리 시험지를 내밀면서 말했다.

"선생님이 '집에 가서 맞을 만큼 맞으라' 고 그랬어요."

나는 아무 말도 안 했다. 잠잘 시간이 다 되었을 때 지운이가 다시 큰 소리로 물었다.

"아빠, 시험지 어떻게 하실 거예요?"

"뭘 어떻게 해?"

"때리실 거냐고요."

"매 맞은 셈치고 다음부터 잘해. 그렇게 할 수 있지?"

"예. 그런데 선생님이 몇 대 맞았는지 시험지에 써오라고 그랬어요."

"선생님한테, 아빠가 '맞은 셈치고 다음부터 잘하라' 고 그랬다고 말씀드려라."

지운이는 잠시 뜸을 두고 다시 말했다.

"아빠가 '다음에도 80점 받아오면 그때는 정말로 매 맞는다'고 그러셨다고 덧붙이는 건 어떨까요?"

"그것도 괜찮겠다."

"우리 집은 시험 점수 때문에 사람을 때리는 집은 아니니까. 헤헤."

성적 하한선

지운이는 공부를 아주 못하는 편은 아니다. 다른 일에 그렇게 시간을 많이 소비하고 공부할 시간이 적은 것에 비하면 놀라울 정도로 괜찮은 성적이다. 그래서 우리가 하게 되는 생각은, 지운이가 다른 일에 관심을 좀 덜 갖게 하고 공부를 좀 더 열심히 하도록 아비 어미가 단속을 조금만 하면 공부를 아주 썩 잘할 놈이라는 생각을 버릴 수가 없는 것이다.

우리 가족이 아들과 같이 상의해서 정해놓은 성적 하한선이 있다. 그런데 지난번 시험에서 아들 성적이 그 하한선 아래로 많이 떨어졌다. 아무 말도 안 하고 지나갈까 하다가, 보통 교육학도 아닌 '특수교육학'을 전공한 아내가 그래도 나보다 나을 것 같아서 "언제 성적에 대해서 지운이한테 따끔하게 이야기 좀 하라"고 부탁을 했다. 며칠 뒤, 아침 잠결에 아내가 아들을 앉혀놓고 길게 하는 말이 들렸다.

"공부 좀 못하면 어떠냐고 생각할 수도 있겠지. 물론 공부 좀 못해도 세상은 살아갈 수가 있어. 엄마가 일하는 학교 장애인들 중에는 1 더하기 1이 얼마인지를 평생 동안 모르고 사는 사람도 있기는 하지. 그 사람에게는 그게 잘못이 아니고 죄도 아니야. 그러나 너는 그렇게 태어난 사람이 아니잖아. 너는 네가 가진 능력만큼 열심히 노력해서 그런 불행한 사람들을 위해서 살아가야 하는 거야. 네가 능력만큼 노력하지 않는 것은 세상에 대해서 죄를 짓는 거야."

아내는 그 다음 날 저녁, 아들을 몇 년 만에 다시 가까운 학원에 데리고 가서 등록시켰다. 종합반이 아닌데도 아들아이는 밤 9시 반이나 되어서야 집에 들어온다. 조금 일찍 퇴근해서 집에 들어가도 현관문을 열어주면서부터 장난을 걸어오는 아들 녀석이 없다. 이게 무슨 사람 사는 꼴인가. 일 년에 수천 억 원이 든다는 '사교육비'만 문제가 아니라, 너도 나도 다 할 수밖에 없는 사교육이 가정을 파괴하고 아이들을 멍들게 하는 게 더 큰 문제라는 생각이 든다. 나는 우리 아이가 어서 빨리 스스로 정한 성적 하한선을 돌파하고 집으로 돌아오기를 학수고대하는 수밖에 없었다.

세상의 모든 아버지들

호랑이 담배 피우던 시절

갑자기 불어온 세찬 바람을 맞고 사정없이 닫혀버린 아파트 현관문에 손가락이 끼는 바람에 딸아이 규운이의 엄지손가락이 거의 절단될 정도로 다친 적이 있었다. 그때 네 살 밖에 안 되었던 딸아이는 말로만 듣던 접합 수술이란 걸 받느라고 병원에 며칠 동안 입원을 해야 했다.

나까지도 때를 맞춘 듯 오랜만에 찾아온 위경련과 감기로 고생하느라고 딸의 병치레를 아내가 열흘쯤 혼자 도맡아야 했다. 아내가 매일 밤마다 병원에서 쪼그리고 자면 나는 아침 일찍 어머니를 모시고 병원에 가서 아내를 데리고 오는 게 고작이었다.

내 몸도 온전치 못하니 아내와 함께 병원에서 집으로 돌아와서 나는 다시 잠자리에 누워버려, 아내는 병원에서 딸한테 시달리다가 집에 와서는 아침밥 차린 뒤에 날더러 "일어나라 일어나라"고 여러 번 외치는 수고까지 해야 했다. 아침에 서둘러 출근을 해야 하는 아내의 마음이 편치 않을 수밖에.

어느 날 아침, 아내가 날더러 뭐라고 말을 했는데 내가 잘 못 알아들어서 다시 물었다.

"방금 뭐라고 했지?"

아내는 양말 신는 동작을 멈추지 않은 채 대수롭지 않다는 듯이 혼잣말처럼, 그러나 단호하게 말했다.

"개는 같은 소리로 두 번씩 짖지는 못해. 알아?"

나는 "표현이 절묘하다"고 적당히 얼버무리는 것으로 그 위기를 넘겼다.

잠시 뒤, 밤새 심한 기침을 하느라고 잠을 제대로 못 잤던 나는 따뜻한 물이라도 한 잔 마시려고 주전자에 물을 담아 가스레인지 위에 올려놓았다. 아내는 주전자를 살피고 오더니 내게 묻는다.

"당신이 물 올려놨어?"

"응, 따뜻한 물이라도 한 잔 마시려고."

아내는 대뜸 따지듯 물었다.

"목욕할 일 있냐?"

으, 두 컵 분량 밖에 안 되었는데…….

마침 어버이날이라고 초등학교 1학년인 아들 녀석이 기특하게도 카네이션 두 송이를 내밀었다. 그런데 모양이 서로 달랐다. 서로 다를 뿐만 아니라 내 것은 티가 날 정도로 많이 못생겼다. 내가 아들에게 물어보았다.

"왜 아빠 거는 엄마 거보다 밉게 생겼냐?"

아들이 답했다.

"엄마 거는 제가 산 거고요. 아빠 거는 오다가 길에서 주운 거라서 그래요."

세상에. 이렇게라도 살아? 말아?

그리 오래되지 않은 과거

지운이가 초등학교 6학년이 되자, 어버이날에 꽃 한 송이조차 없었다. 점심시간에 사무실 직원들이 모여 앉아 자기 아이들이 아침에 가슴에 달아준 꽃 이야기로 그야말로 '이야기꽃'을 피웠지만 나는 꿀 먹은 벙어리가 되었다. 아이가 달아준 카네이션을 가슴에 단 채 자랑스럽게 전철을 탔다는 사무실 동료의 이야기를 들으며, 나는 아무 할 말이 없었다. 아, 가슴을 스치는 비애.

퇴근하면서 집에 있는 지운이를 굳이 무전기로 불러내어 물어보았다. 우리 가족들은 아마추어 무선사다.

"어째서 올해 어버이날에는 꽃 한 송이조차 없는지, 오늘 아빠는 그것이 궁금합니다. 오버."

지운이는 잠깐의 머뭇거림도 없이 쏜살처럼 답했다.

"길에 떨어진 꽃이 없더라고요. 오버."

아, 자식은 다 소용없다더니.

저녁 밥상을 물린 뒤, 아내도 아들에게 섭섭하다고 했다. 교무실에서 선생님들마다 카네이션 이야기를 할 때, 할 말이 없었던 엄마는 참 슬펐다고 했다.

그날 늦은 밤, 잠들기 직전 지운이는 색종이로 제법 복잡하게 접은 꽃 한 송이를 아내와 내 머리맡에 놓고 갔다. 천만다행이었다. 아내와 나는 그날 밤 편히 잠들 수 있었다.

오늘날

지운이가 얼굴에 여드름이 툭툭 돋은 중학교 2학년이 되었다. 툭툭 돋은 정도가 아니라 어떤 때는 수국꽃 무더기처럼 여드름이 온통 만발하기도 한다.

아파트 위층에 우리 아들아이와 동갑나기 여학생이 한 명 사는데 그 아이의 엄마가 "아랫층 남학생 어떻디?" 그렇게 물었을 때, 그 여학생은 단박에 이렇게 반문하더란다.

"그 '포도밭' 말하는 거야?"

그 말을 듣고 나는 당장 지운이를 동네 피부과에 보냈다. 요즘은 여드름이 거의 없어져서 내가 보기에도 '너무' 잘생겨서 걱정이다.

내 생일은 4월 말쯤에 있다. 지운이는 내 생일에 아무런 성의 표시가 없었다. 예전처럼 컴퓨터 그래픽으로 만든 카드 한 장도 없었다. 생일 다음 날, 지운이는 아침 밥상머리에서 말했다.

"올해부터 아빠 생일은 '어버이날' 하고 합치기로 했어요."

짜식, 그런 머리를 공부하는 데 좀 써라.

며칠 뒤, 어린이날이 됐다. 이제는 나와 거의 같은 높이로 키가 훌쩍 자란 아들에게 말했다.

"너는 키가 나보다 커지는 그 순간부터 '어린이날' 하고는 영원히 관계가 없어지는 거야."

지운이는 잠시 생각해보더니 지지 않고 답했다.

"음, 그때부터는 '학생의 날'이 기다리고 있지요. 에헴."

어버이날 하루 전, 광주와 전주에 다녀왔다. 밤늦은 시간의 비 내리는 호남고속도로가 적당히 고즈넉해서 그랬는지 잠이 쏟아졌다. 옥산 휴게소 주차장에 차를 세우고 막 새우잠을 자려고 하는데 지운이가 전화를 했다.

"아빠, 어버이날 선물을 결정하기는 했는데요. 그게 뭐냐 하면요. 아빠 수준에 맞는 아케이드 게임 CD를 한 장 사 드릴게요. 제가 하는 시뮬레이션 게임들을 아빠는 너무 어려워서 못하시잖아요."

나는 고마워서 "돈 모자라면 보태주겠다"는 쓸데없는 말까지 했다. 그런데 두어 시간 뒤, 고속도로를 열심히 달리고 있는데 지운이가 다시 전화를 했다.

"아빠, 제가 요즘 시험 기간이잖아요. 그 게임 CD, 시험 기간 다 지난 다음에 사 드리면 안 될까요?"

짜식, 게임 CD 사는데 30분이 걸리나, 한 시간이 걸리나. 이러다가 이제는 어버이날 선물도 그냥 날아가버리는 거 아닌지 모르겠다.

찹쌀떡

모처럼 집에 일찍 들어와 저녁 식사를 막 하려는 참인데 초인종이 울렸다.

"누구세요?"

"불우 이웃 돕기 찹쌀떡 팔러 온 학생인데요."

내가 "얼마인데요?"라고 물어보았으나, 현관문 너머에 있던 학생은 내 말을 다르게 들었는지 "예, 안녕히 계세요"라고 말하고는 그대로 돌아서 간다. 나는 얼른 현관문을 열고 큰소리로 학생을 불러 세웠다.

"학생, 이리 와봐요. 그거 얼마 받아요?"

"4천 원이요."

눈매가 선하게 생긴 남학생이 빤짝 종이로 포장한 작은 찹쌀떡 상자 한 개를 가슴에 모아 쥐고 내 앞에 와서 섰다. 아이들과 함께 저녁밥을 먹고 있던 아내가 큰소리로 "무슨 일이냐?"고 묻기에 내가 "불우 이웃 돕기 찹쌀떡 팔러 온 학생이야"라고 말하자, 딸이 말했다.

"어떻게 찹쌀떡으로 불우 이웃을 돕지? 찹쌀떡은 먹는 건데."

나는 유치원생이었던 딸을 현관으로 불러 가까이 오게 한 다음에 학생에게 말했다.

"애가 우리 딸인데, 찹쌀떡으로 어떻게 불우 이웃을 돕느냐고 궁금해하고 있거든. 그러니까 어떻게 찹쌀떡으로 불우 이웃을 도울 수 있는지 애가 알아들을 수 있게 잘 설명해주면, 내가 그 떡 살게요."

내복 차림인 딸은 내 다리 뒤에 숨어서 또 중얼거린다.

"찹쌀떡은 먹는 건데……."

학생 아이는 엄두가 잘 안 나는지 어리둥절한 채 서 있기만 했다.

"애한테 한번 잘 설명해봐요. 어서."

학생은 "어휴, 어휴" 하면서 머리만 쓸어 올리면서 난처한 표정을 지었는데, 그 모습이 마치 딸 앞에서도 부끄러워하는 것처럼 보여서 귀여웠다. 내가 다시 재촉하자 학생은 얼굴을 붉히며 딸에게 말하기 시작했다.

"나는 운봉공고 학생인데, 우리 반에 김○○라고 의정부에서 통학하던 학생이 있었거든. 그런데 그 친구가 얼마 전에 교통사고를 당해 다리가 부러져서, 이 떡을 팔아서 남는 돈으로 그 친구의 수술비를 마련해주는 거야."

내가 딸에게 물어보았다.

"이제 찹쌀떡으로 어떻게 불우 이웃을 돕는지 알았어?"

"응. 떡 값 거스름돈을 그 친구에게 주는 거지?"

대충 알아들은 것 같았다. 나는 학생에게 돈을 건네주며 말했다.

"그런데 너무 비싸다. 그 안에 떡 몇 개나 들었어요?"

학생은 기어들어가는 목소리로 말했다.

"일곱 개요."

"암만해도 너무 비싼데, 좀 안 깎아줘요?"

멀리에서 보고 있던 아내가 "그걸 어떻게 깎아줘요?"라고 소리를 지르는 바람에 나는 무안해졌다. 나에게 돈을 받아쥐고 옆집 현관 앞으로 걸음을 옮기는 학생에게 내가 말했다.

"떡이 하나밖에 안 남았었잖아?"

"아니요. 여기 가방에 많아요."

학생은 등을 돌려 가방을 보여주며 말했다.

"그러면 여러 개를 꺼내서 차곡차곡 들고 다녀요. 그래야 잘 팔려요. 하나만 달랑 들고 오면 팔다 남은 찌꺼기 같아서 사람들이 잘 안 사요. 나도 자네 만할 때 다해봐서 하는 소리야."

"예."

학생은 씩 웃더니 가방을 내려놓고 빤짝 종이로 예쁘게 포장한 떡 상자를 여러 개 꺼내서 가지런히 포개 들고 옆집 초인종을 눌렀다.

추운 겨울날, 어려운 처지에 놓인 친구를 위해 찹쌀떡을 팔러 다니는 학생에게 축복 있으라!

돈 봉투와 휴지 한 상자

아내는 농학생들을 가르치는 특수학교 교사다. 어릴 때부터 선생님이 되는 것이 꿈이었고, 자라는 동안 그 꿈이 한 번도 바뀌지 않다가 결국 교사가 된 사람이어서 '천직'이 따로 없다. 내가 옆에서 봐도 학생들을 참 사랑한다. 때로는 남편보다 더…….

아내가 다니는 학교에서 운동회가 열렸던 날, 밤늦게 집에 들어가니 아내는 운동회를 치르느라 피곤했을 텐데도 늦은 밤까지 식탁에 앉아 꼬물꼬물 작은 꾸러미들을 몇 개 포장하고 나서야 잠이 들었다. 학부형들이 와서 찔러주는 봉투를 일일이 거절하면서 난리굿을 치르는 것이 오히려 유난스레 보일 것 같아, 하는 수없이 몇 개를 받아왔다는 것이다.

아내가 파지로 구겨버린 종이를 들여다보니 "마음만 고맙게 받겠습니다. 열어보지 않은 채 돌려드립니다. 다른 뜻은 없으니 오해 마시기 바랍니다"로 시작하는 편지글이 적혀 있다. 학부형들이 행여 액수가 너무 적어 돌려보냈는 줄 오해할까봐—그런 교사도 있다는 얘기가 가끔 사람들 입에 오르내리기도 한다—염려하는, 아내의 마음 씀씀이가 보였다. 학생들 손에 봉투만 달랑 들려서 돌려보내기는 어색했던지 편지와 봉투를 휴지 한 상자씩과 함께 일일이 포장을 한 것이다.

며칠 뒤, 한 학생의 어머니가 아무 연락도 없이 우리 집에 찾아왔다. 시골에서 직접 재배한 무공해 야채라며 무, 배추, 청각 등이 가득 담긴 비료 포대를 두 개씩이나 갖고 왔다. 오다가 길에서 만난 초등학교 5, 6학년쯤 돼 보이는 사내아이에게 자루 하나를 들어달라고 부탁했던 모양인데, 버스를 잘못 타는 바람에 돈이 다 떨어졌다고 난처해하면서 100원짜리 동전 한 개를 달랑 소년에게 주는 것이다. 아내가 얼른 동전 몇 개를 사내아이에게 더 주었다.

"집에 들어왔다 가시라"고 해도 "밭에서 일하던 허름한 차림새로 선생님 집에 불쑥 찾아온 것이 큰 실례"라고 몸 둘 바를 몰라 하더니 신도 벗지 않은 채 현관에서 굳이 돌아가겠다고 했다. 아내가 "돈도 다 떨어졌다는데 차비라도 드리겠다"고 했더니 "큰돈이야 있지요"라며 씩 웃고는 붙잡을 틈도 없이 휑하니 돌아서 가는 것이었다.

나는 그 무와 배추를 사무실에 갖고 와서 여러 집이 나누어 먹었으니, 그 학부모는 여러 사람들에게 좋은 일을 한 셈이다. 이가 훤히 드러나도록 씩 웃으며 돌아서 가던 그 아주머니의 얼굴이 오래도록 잊히지 않는다.

박○스와 떡과 편지

스승의 날, 아내가 어떤 행사장에 가서 상을 받아야 한다고 했다. 별 생각 없이 따라갔었는데 가서 보니 제법 큰 행사가 아닌가. 아무 준비도 없이 따라온 사람은 나밖에 없어 보였다. 모두들 한껏 좋은 옷으로 차려입고 꽃다발과 꽃바구니들을 한 아름씩 준비해서 온 모습을 보며 나는 '아차' 싶었다.

'우리 아내만 오늘 유일하게 꽃다발도 못 받는 신세가 되겠구나.' 난감해 하고 있는데 다행히 아내가 다니고 있는 학교의 선생님 두 분이 꽃다발과 카메라를 들고 들어섰다.

그런 공식 행사에 참석할 때 입는 의상이 따로 있다는 것을 나는 그날 처음 알았다. 선생님들은 대부분 수수한 정장 차림이었지만 학부모들 중의 몇 사람은 아주 화려해 보이는 한복을 갖추어 입고 있었다. '당의'라고 하던가. 옛날 궁궐의 중전마마가 입었을 법한 치렁치렁한 한복을 입은 사람들이 눈에 띄었다. 올린 머리에는 예쁜 액세서리들이 반짝거리기도 했다.

상을 받으러 올라간 사람들 중에 유독 허름한 옷을 입은 여자가 한 사람 눈에 띄었다. 마치 허드렛일을 하다가 연락을 받고 급하게 뛰어나온 듯한 차림이었는데, 번쩍거리는 화려한 옷들 사이에서 주눅 든 몸짓으로 상을 받고 악수를 나누는 그 여자의 모습이 눈에 들어오는 순간, 시려지는 코끝. 으이구, 나는 못 말린다니까.

시상식이 끝나고 아내는 신문사 기자와 인터뷰를 한다면서 시간이 좀 걸릴 거라고 날더러 먼저 가라고 했다. 현관에 나서니, 아까 그 허름한 옷을 입은 여자가 카메라를 멘 어떤 남자와 얘기를 하면서 쩔쩔매고 있었다. 남자는 "시상식 장면을 찍었으니 그 비용으로 4만 원을 내라"고 요구했고, 여자는 "사진을 안 사면 안 되느냐?"고 사정을 하고 있었다. 그냥 지나칠까 하다가 안 되겠다 싶어, 나는 가서 여자를 거들었다.

"아주머니, 그 사진 사기 싫으면 안 사도 되는 거예요."

사진사는 험한 얼굴이 되어 4만 원을 포기하고 갔다. 빠져나가는 자가용 행렬을 보며 망연히 서 있는 여자에게 내가 물었다.

"혹시, 차 가지고 오셨습니까?"

"아, 아니요."

"어디까지 가시나요?"

"서울 쪽인데……"

"저도 서울 사무실로 가는 길인데 제 차로 모셔다드려도 될까요? 차를 먼 곳에 세워놔서 좀 걸으셔야 됩니다."

그렇게 해서 여자는 내 차를 탔다. 한참 갔는데, 여자가 갑자기 말했다.

"제가 생각을 잘못했나봐요. 오늘이 스승의 날인데. 아이들 다니는 학교에 잠깐이라도 들렀다 가야 하는 건데 그랬나봐요. 어떻게 하나."

"그럼 학교로 가시지요, 뭐."

방향을 홱 바꿔서 학교 쪽으로 가는데 여자는 내가 알아채지 못하게 살며시 자기 주머니에서 돈을 꺼내더니 얼마인지 세어보는 눈치다. 얼핏 훔쳐보니 만 원짜리 석 장이 보였다. 여자는 결심한 듯 말했다.

"여기서 내려주세요. 잠깐 들려야 할 곳이 있는 걸 깜박 잊었어요."

나는 망설이다가 그냥 솔직히 '톡 까놓고' 말했다.

"돈 빌리려고 그러시지요? 그럴 필요 없어요. 제 아내도 교사거든요. 오늘 아주머니랑 같이 상 받았어요. 박○스 서너 박스만 사 가지고 가세요. 그게 제일 좋다고 아내가 그러더군요. 교무실에서 그거 한 병씩 나누어 마시는 게 제일 좋다고 하더군요."

"그래도 어떻게, 오늘이 스승의 날인데. 선생님들 점심 값이라도 가져가야 되지 않겠어요? 선생님들 덕에 이렇게 큰 상도 받았는데……."

"선생님 주머니에 돈 봉투 찔러 넣어주실 생각일랑 절대로 하지 마세요. 박○스 갖고 좀 부족하다 싶으면 떡을 좀 사 갖고 가시는 것도 좋겠어요. 선생님들이 한 개씩만 먹을 수 있으면 될 거예요. 제 아내가 그러더라고요. 가끔 떡을 사다가 교무실에서 한 개씩 나누어 먹는데 그게 그렇게 좋다고."

"정말 그렇게만 해도 될까요?"

"그럼요. 그리고 오늘 집에 가시거든요, 식구들이 담임 선생님 앞으로 편지를 하나씩 쓰는 거예요. 우리 집도 오늘 아침에 그렇게 했거든요. 스승의 날이라고 꼭 무슨 선물을 해야 하는 건 아니잖아요. 선생님도 아주 흐뭇해 하실 거예요."

여자는 많이 망설이더니 결국 "아무래도 돈을 좀 빌려야겠다"면서 도중에 내렸다. 그이가 그날 학교에 박○스와 떡을 사 가지고 갔는지는 모르겠다.

그날 아침 내가 아들 담임 선생님께 쓴 편지는 다음과 같이 시작됐다.
"언제 시간 있으면 차라도 한잔 하실까요? 이렇게 쓴다고 하니까 지운이가 옆에서 안 된다고 펄쩍 뛰는군요. '에이, 우리 아빠는 바보인가 봐' 라고 소리를 지르는군요. 그래도 예쁜 처녀 선생님을 꼭 한번 뵙고 싶습니다……. 운운."
나중에 그 편지 얘기를 듣고, 후배 녀석이 말했다.
"이제는 아들 담임 선생님까지 넘보는 거요?"
짜식, 내가 언제 누구는 넘봤냐?

엄마의 생일 선물

아내의 생일이 다가왔을 때, 초등학교 6학년인 아들에게 물어보았다.

"엄마 선물 뭘로 할지 결정했냐?"

"아직 못했어요."

"돈 모자라면 아빠한테 살짝 말해. 보태줄게."

"저도 돈 많아요."

"얼만데?"

"이만 원쯤 모았어요."

아내 생일인 토요일, 퇴근 준비를 하고 있는데 아들이 내 사무실로 불쑥 들어섰다. '코엑스'에서 하고 있는 만화 페스티벌에 가자고 한다.

"엄마 생일인데, 오늘은 집에 일찍 들어가야지."

"전부터 가려고 계획을 다 세워놓았단 말이에요."

"알았어. 엄마한테 전화해보고."

마음 착한 아내는 당연히 다녀오라고 했다. 코엑스에서 열리는 행사에 갈 때마다 느끼는 것이지만, 만화 구경을 하는 것인지, 사람 구경을

엄마의 생일 선물

하는 것인지, 그야말로 '인산인해(人山人海)'다. 뱅뱅 돌아다니는 동안 벌써 저녁 먹을 시간이 다 되었다.

"지운아, 큰일 났다. 엄마 생일인데……"

"다 끝나가요. 몇 군데만 더 보면 돼요."

아들은 '던전스 앤 드래곤스'라는 테이블토크 롤플레잉 게임(이것은 게임 '기계'가 아니다. 깨알 같은 글씨가 빽빽하게 들어찬 백과사전만큼 두꺼운 책이다. 내가 보기엔 차라리 공부를 하는 게 이 게임을 하는 것보다 훨씬 쉬운 일이다. 책상에 둘러앉아 계속 시나리오를 써가듯 이야기를 하면서 진행하는 게임인데, 구경이라도 한번 해보지 않은 사람은 그 진행 방식을 상상하기 어렵다)을 파는 부스 앞에서 발걸음을 멈추었다.

"너 이거 꼭 사야 되겠냐?"

"전부터 사려고 계획을 다 세워놓았던 거란 말이에요."

짜식, '전부터 세운 계획'이 무슨 벼슬이라도 되냐?

"사람들이 전부터 D&D, D&D 할 때마다 그게 뭔지 궁금했었거든요."

결국, 그걸 하나 사서 가슴에 안긴 후에야 코엑스를 나설 수 있었다.

"지운아, 이제 우리는 집에 가면 엄마한테 쫓겨나게 생겼다."

"왜요?"

"엄마 생일인데, 우리끼리만 여기서 놀다가 하루가 다 갔으니."

"어떻게 하지요?"

좋은 수가 없을까 생각하다가 무역회관에 있는 큰 백화점으로 갔다. 우리와는 전혀 관계없는 화려하고 큰 백화점일 거라는 생각으로 평소 한번도 가지 않았던 곳이다. 아들은 8층 팬시 선물코너에서 예쁜 탁상시계 하나를 골랐다.

"엄마가 그 비슷한 시계는 벌써 하나 있잖아. 별로 많이 쓰지도 않을 텐데……."

아들은 시계를 포기했다. 생일 카드만 달랑 한 장 산 뒤 1층으로 내려간 우리는 큰맘 먹고 보석 가게로 갔다. 남자들 군번줄을 본딴 가는 줄에 작은 메달이 하나 달려 있는 금 목걸이를 골랐다. 아들이 직원에게 묻는다.

"이거 얼마예요?"

대답을 들은 아들 녀석은 얼굴이 굳어지더니 혼잣말처럼 중얼거렸다.

"어, 이 정도까지 생각한 건 아니었는데……."

정말로 낭패인 듯한 아들 녀석의 얼굴이라니. 내가 직원에게 물었다.

"메달은 떼어내고 줄만 사면 얼마지요?"

그래도 만만치 않은 가격이었다. 아들이 내 얼굴을 빤히 쳐다보더니 말한다.

"아빠가 많이 내셔야 되겠는데요."

"나하고 너하고 돈을 모아서 같이 사는 것으로 하자. 생일 카드 밑에 아빠도 한 줄 쓰게 해줘야 된다."

내가 직원에게 말했다.

"오늘은 줄만 사고 메달은 이번 크리스마스에 살게요."

아들은 카드를 꺼내서 뭐라고 한참 적더니 맨 끝에 "아빠도 같이요"라고 단 한 줄 덧붙이는 것으로 생색을 끝냈다. 직원은 카드와 제품 보증서와 목걸이를 포장한 다음 예쁜 리본까지 묶어서 내게 건네주며 활짝 웃는 얼굴로 말한다.

"이번 크리스마스에 꼭 들려주세요."

아내는 그 목걸이를 보면서 무척 흡족해했다. 그럴 수밖에, 결혼생활

10여 년 만에 '먹고사는 일'에 소용되는 것과 무관한 선물은 이번이 처음이었으니까. 거울을 보며 좋아하는 아내를 보며 나는 '왠지' 마음이 아팠다.

이번 크리스마스에는 메달을 사러 그 백화점에 다시 가볼 생각이다. 그 보석 가게의 직원은 "크리스마스에 다시 오겠다"는 몇 년 전 우리 약속을 기억하고 있을까?

이대로 살 수 없다!

밤늦게 집에 들어오니 현관에 대자보가 붙어 있었다. 글자 그대로 '대문짝' 만 했다.

'이대로 살 수 없다' 는 커다란 제목 밑에 "우리는 전부터 있어왔으며 현재도 있다고 해서 앞으로도 그대로 있을 그런 무위자연인(無爲自然人)이 아니다"라는 다소 관념적이고 어려운 말로 시작된 대자보는 "아빠와 놀고 싶고 남편과 하루를 이야기하고 싶은 평범한 가족의 소망을 무참히 져버리는 행위는 당연히 규탄받아야만 한다"고 목소리를 높이다가 드디어는 다음과 같은 아주 굵은 글씨의 구호로 끝을 맺고 있었다.

1. 귀가 시간 엄수하라!
1. 아빠와 같이 놀고 싶다!
1. 기본적인 가정생활을 보장하라!

방문을 빼꼼히 열고 들여다보니 아내와 아이들은 이미 잠들어 있었다. 다른 사람들의 일과가 끝나는 시간이 되면 더욱 바빠지는 일을 직업으로 선택한 사람에게 집에 일찍 들어오라니…….

다음 날 아침 아내에게 짐짓 농담처럼 말했다.

"무슨 대자보가 이리 어렵냐? 전혀 대중적이지 못하게. '무위자연인'이 무슨 뜻이야?"

아내가 웃으며 짧게 되받았다.

"무위도식(無爲徒食)하지 말라 이거지. 무식하기는."

화장실에 들어 앉아, 뭐라고 대꾸를 해야 좋을지 궁리를 하느라고 좀 오래 있었더니 아내가 또 한마디 한다.

"당신 지금 화장실에서 '점농' 하는 거야? 30분도 넘었다고요."

출근하면서 나는 손바닥보다 작은 메모지에 짧게 한 줄 써서 아내가 쓴 대자보 위에 척 붙였다.

"'일찍 들어오세요' 라는 말로 남편을 무능하게 만들지 말자!"

큰 대자보의 내용을 압도하는 듯했다. 적어도 내 생각으로는 그랬다.

아내에 관한 추억

오래전에 썼던 글들이다. 지금보다 조금 더 어렵게 살았을 때, 아내에 관한 몇 가지 기억들.

기절하기까지

결혼하기 훨씬 전, 실제와 전혀 다르게 내가 거물로 지목돼 수배된 적이 있었다. 운 좋게도 부천 원미동(양귀자 씨의 소설에 나오는 서민 아파트 앞 바로 그 동네)의 작은 석유 가게에 취직이 되어 두 달 반가량 숨어 지냈다. 슬리퍼를 찍찍 끌고 다방에 석유 배달을 가다 보면 다방 들어가는 계단 입구에 내 현상 수배 사진이 붙어 있기도 했다. 수배 전단에 나와 있는 다른 동료들의 사진은 모두 학적부 등에서 복사한 것이어서 알아보기가 어려웠지만 내 사진만은 유독 시위 현장에서 메가폰을 들고 있다가 찍힌 옆모습이어서 한결 생생했다.

그 무렵, 나보다 훨씬 빨리 대학을 졸업하고 교사로 일하고 있던 아내는 어느 날 수업 중인 교실에 느닷없이 들이닥친 건장한 사내들에게 잡혀가, 어느 건물의 지하실까지 끌려간 뒤 기절해서야 그곳에서 나올 수 있었다. 그때 아내는 내가 어디에 있었는지 알고 있었지만 기절하기까지 말을 안 했던 거다.

그 다음 해, 사흘 밤 사흘 낮을 거꾸로 매달려 있다시피 한 끝에 결국 아끼는 후배의 이름을 일러주어야 했던 내 경험과 비교하면서 나는 평생 빚진 마음으로 살아간다. 죽는 날까지 아무리 애써도 그 빚을 다 갚을 수는 없으리라는 생각으로. 그 마음은 '사랑'보다 귀중한 것이어서 때로 우리 부부 사이에 어려운 일이 생겼을 때에도 마음을 다잡는 기둥이 된다.

경험으로 얘기하건대

해고된 노동자들을 집에 초대했다. 노동조합을 설립한 뒤 2년 동안 '뼈 빠지는' 고생을 하다가 결국 모두 해고된 사람들이다. 그 고생에 내가 보탠 '지은 죄'가 전혀 없지 않다는 생각이 들었고, 저녁 한 끼로 그 죄를 다 갚을 수야 없는 노릇이지만 가만히 있을 수는 도저히 없어서 저녁 자리를 마련했더니 모두들 기쁘게 와주었다. 아내는 처음 만나는 사람들을 위해 직장에서 조퇴까지 해가며 진수성찬을 마련했다.

저녁 식사를 마치고 나서 술도 한 잔씩 하며 '그동안의 아픈 경험들을 안고 앞으로는 어떤 삶을 살아가야 하는지'에 대한 '자기 고백'을 해보는 시간을 가졌다. "우리가 그동안 죽도록 고생했는데, 그런 고생을 한 번도 안 해본 인간들과 똑같이 살아갈 수는 없지 않느냐"고 내가 말문을 열었다. 돌아가면서 이야기를 하다가 아내의 순서가 되었을 때 아내가 말했다.

"내 경험으로 얘기하건대, 거창하게 무슨 '운동'까지는 아니더라도 자기 소신이 있어서 어떤 활동을 해야 할 사람은 아예 결혼을 하지 말아야 할 것이며, 만약 부부가 함께 뛸 거라면 결혼을 하더라도 아기는 낳지 말아야 하겠다는 생각이 들어요. 남편은 남편대로 아내와 아이들에게 충실할 수 없어 죄스럽고 아내는 아내대로 남편의 갈 길을 가로막는 장해물 역할이나 하는 것 같아 죄책감에 시달려야 하니, 그게 무슨 꼴이냐고요."

우리 사무실에 함께 있는 여직원이 그날 음식 차리는 일을 도와주러 우리 집에 왔었는데, 다음 날 아침 출근해서 내게 말했다.

"어젯밤에 집으로 돌아가는 지하철에서 사람들이 지운이(우리 아들) 엄마 칭찬만 했어요. 하 선생님 부인이 정말 훌륭한 분이라고. 자기들은 결혼하면 절대로 그렇게 못할 거라고. 정말 대단한 사람이라고."

작은 것이 아름답다

내가 사무실에서 받던 활동비를 줄이기로 결심한 적이 있었다. 그리고 실제로 줄였다. 다른 운동 단체에서 일하는 친구들의 '기아 임금'(나도 물론 그런 임금을 받으며 일해본 적이 있다)과 비교하면 상대적 고임금, 제조업체 생산직의 나이 어린 노동자들이 한 달에 100시간 넘게 뼈 빠지는 잔업을 해야만 받을 수 있는 돈을 활동비로 받으면서 몇 개월 일을 해보니, 이건 내가 뭘 좀 해보겠다는 놈인지 아니면 그냥 흔해 빠진 월급쟁이인지 영 모르게 되어가는 것이었다.

지금 돌이켜보면, 그것은 한낱 '양심 위로용'에 불과한 것이었지만 그래도 잘한 짓이었다. 그렇게 해서 내가 얻은 유익은 감히 돈으로 계산할 수 없는 것들이다. 내가 이렇게 어쭙잖은 모습으로나마 진솔하게 살아가는 사람들의 삶 주변에서 버틸 수 있는 것은, 감히 말하건대 다른 많은 이유들과 함께 활동비를 스스로 줄인 것에도 힘입은 바가 크다.

혼자 고민하다가, 활동비를 줄이는 수밖에 없다고 결정하고 아내의 이해를 구했다. 아내는 내 말을 듣고는 잠시 아무 말이 없더니, 그 무렵 네 살이었던 아들 녀석을 번쩍 들어 무릎에 앉히면서 말했다.

"지운아, 아빠가 다시 병이 도진 모양이다. 허리띠 졸라매자."

그리고 그것뿐이었다. 단 한마디의 탓하는 말도 없었다.

밤중이나 새벽이나

밤 11시쯤 집에 들어갔다. 며칠째 계속 새벽녘이 되어서야 집에 들어갈 수 있었기에 그날은 모처럼 일찍 귀가한 셈이었다. 속이 불편해서 화장실에 들어가 앉아 있는데 전화벨이 울렸고 아들 녀석이 받았다. 내가 집에 들어선 지 채 10분이 안 되었을 시간이었다.

"아빠! ○○노동조합이래요. 전화 받으실 수 있어요?"

"아빠가 조금 있다가 전화한다고 그래라."

"아빠가 지금 화장실에 들어가셔서 전화 받을 수가 없는데요. 아빠가 이따가 전화하신대요."

볼일을 다 마치고 전화를 했더니, 내일 아침에 있을 유인물 작업에 대해 의견이 일치되지 않는다고 내일 새벽에라도 좀 볼 수 없겠느냐는 것이었다. 나는 "잠시 뒤 다시 전화하겠다"고 말하고는 전화를 끊었다. 아내를 쳐다보니 아내는 전화 내용을 들으며 벌써 입이 이만큼 나와 있다. 아내에게 말했다.

"새벽에 나가느니 지금 나갔다 오는 게 낫겠지?"

아내는 못 들은 척했고 이부자리에 엎드려 잠들 채비를 하고 있던 아들이 혼잣말처럼 말했다.

"지금 나가면 새벽에나 들어오실 텐데 그게 그거지요. 뭐. 밤중이나 새벽이나 마찬가지지."

내가 아들에게 말했다.

"아니야. 오늘은 나갔다가 금방 들어올 거야."

"그래요? 그럼 지금 나가세요."

내가 다시 아내에게 물었다.

"어떻게 해? 지금 나갈까? 아니면 새벽에 나갈까?"

아내는 짐짓 신경질적으로 답했다.

"지운이가 지금 나가는 게 좋다잖아요?"

"그거야 아들 의견이고 나는 어디까지나 당신 의견이 중요하지."

"맘대로 해요. 나는 우리 남편이 아무것도 아니어도 좋다고요. 훌륭한 사람 못 되어도 좋으니, 집 안에 있는 시간만이라도 그냥 남편 그 자체로 좀 충실할 수 없어요?"

"……"

나는 아무 할 말이 없었다. 아내가 계속 말했다.

"결혼한 지 10년이 넘도록 남편을 너무 사랑하는 게 문제지 다른 게 문젠가. 나가 보세요. 사랑하는 사람을 내가 어떻게 미워할 수 있겠어요. 괜히 화난 척해봤어요."

그러나 꼬박꼬박 존댓말을 사용하는 아내의 말씨에서 화가 나 있다는 걸 알 수 있었다. 나는 "고맙습니다"라며 짐짓 고개를 숙여 인사를 하고 나갔다가, 결국 새벽녘에야 들어왔다.

너무 늦게 만났다 싶은

저녁 무렵, 아내와 아내 후배들 몇 명, 나와 내 후배들 몇 명이 우리 집에 모였다. 식사를 마치고 잠시 숨을 돌리는 중에 이를테면 '부부는 무엇으로 사는가?'라는 주제로 이야기가 오갔다. 얘기 중에 내가 말했다.

"살다 보면 '아, 이 사람과는 너무 늦게 만났다' 싶은 느낌을 주는 여인을 만날 때도 있지. 그러나……."

순간, 짧은 긴장이 감돌며 사람들이 아내와 나를 번갈아 쳐다보았다. '어, 큰일 났다' 싶은 눈치였다. 그때 아내가 짧게 말했다.

"그 여인 진작 만났으면, 내가 이런 고생은 안 하잖아."

모두 웃었다.

'그러나'에 뒤이어 내가 하려고 했던 말은 다음과 같은 것이었다.

"그런 여인을 만날 때마다 문제가 복잡해진다면, 인간이 개와 다를 게 무엇이겠는가."

동반자

노동재해 문제에 대한 연구조사 발표회가 있었다. 지역 상담소에서 일하는 사람들과 함께 몇 개월 동안 일주일에 한 번씩 모여 공부한 내용들을 여러 사람들 앞에서 한번 발표해보자는 욕심으로, 주머니 돈을 털어 마련한 행사였다.

그날 아내도 그 자리에 참석했다. "남편이 어디 가서 발제를 한다는데 잘하는지 못하는지 감시하러 가야겠다"고 친구들에게 말하고 왔다고 했다. 아내는 방명록의 직업란에 '하종강의 동반자'라고 적었다.

비교적 성황리에 발표회를 마친 뒤, 사람들이 내게 와서는 "하종강의 동반자가 도대체 누구냐? 얼굴이나 한번 보자"고 했다. 내가 아내를 사람들에게 소개해주었다.

뒷풀이 자리에서 아내는 한 다리 건너 아는 사람을 만났다. 그 친구는 그날 발표회의 사회를 맡아본 사람이었는데, 아내가 다니는 학교에 오래전에 같이 직원으로 있었던 사람이 요즘 그가 일하는 직장에 함께 있다고 했다.

"그 친구가 그러더라고요. 자기가 다니던 학교에 여 선생이 하나 있었는데, 그 선생 남편이 무슨 노동운동을 한대나. 그래서 맨날 후줄근하게 옷 입고 다니는 여 선생이 하나 있었다고……."

아내가 말했다.

"옷 없기는 저 사람도 마찬가지인 걸요. 나만 사 입을 수도 없고."

나는 가만히 듣고 있는데, 마음이 아팠다.

귀밑머리

주변의 많은 사람들이 일자리를 옮겼다. 개인적인 전망과 관련된 고민 끝에 다른 자리를 찾은 사람들도 있고, 늦은 나이에 대학원에 진학한 후배들도 많다. '군사독재 정권'이 물러가고 '절차적 민주주의'를 이루었다는 '문민정부'가 들어선 뒤에는 뒤늦게 대학에 복학하는 사람들의 움직임이 가히 '물결'이라 불리울 만큼 활발했다. 지금까지는 그 중요성을 별로 인정하지 않으려 했던 시민운동 단체로 간 활동가들도 적지 않다.

'이런 때 가만히 있는 사람만 멍청한 것 아닐까?' 하는 불안감이 들기도 했지만, 나는 결국 하던 일을 계속하는 멍청한 사람에 포함되기로 결심했다. 어느 날 아내에게 조심스럽게 물어보았다.
"귀밑머리가 하얗게 되도록 평생 노동 상담이나 하다가 늙어 죽은 사람이 당신 남편이라 해도 부끄러워하지 않겠소?"
아내는 잠시도 지체하지 않고 쏜살처럼 답했다.
"아이고, 나는 당신이 이제 와서 뭐 다른 거 한다고 그럴까봐 겁나는 사람이에요. 그냥 하던 일이나 계속하라고요."

개 뿔

아이들이 벌써 며칠째 '무지개 스프링' 장난감을 사 달라고 졸라대고 있었지만 아내는 "전혀 도움이 안 되는 장난감"이라면서 딱 잘라 거절했다. 아침 밥상머리에서 아이들이 또 졸라대기 시작하자 아내가 말했다.
"개 뿔 나면 사줄게."
아들 녀석이 물었다.
"그게 뭐예요?"
"개 머리에 뿔 나면 사준다고."
"에이, 개 머리에 어떻게 뿔이 나요?"
내가 설명해주었다.
"그 말은, 네가 여자로 변신하면 사주겠다는 거나 마찬가지니까 결국 안 사준다는 뜻이야."
오후에 아내가 사무실로 전화를 했다. 아이들이 집 안에 있는 강아지 장난감마다 모두 머리에 뿔을 하나씩 만들어 붙여놓았다는 것이다. 우리 집에는 아이들이 병원에 입원해 있을 때 사람들이 사준 강아지 봉제

완구를 비롯해서 크고 작은 강아지 장난감이 꽤 많이 있는데 그 강아지들이 모두 머리에 뿔을 하나씩 달고 있더라는 것이다. 색종이를 말아 만든 뿔, 볼펜 꽁다리 뿔, 피리 끝 부분을 빼서 만든 뿔…….

그래도 아내와 나는 "하나 사줍시다"라는 결론을 내리지 못하고 전화를 끊었다. 저녁에 집에 들어가니 아이들이 '무지개 스프링'을 들고 나한테로 달려오는 것이었다. 아내가 말했다.

"애들이 하루 종일 잘 갖고 놀았어. 벌써 본전 뽑았어."

내가 행여 불필요한 거라도 샀다고 생각할까봐 염려하는 아내의 말이다. 아이들에게 '무지개 스프링' 하나도 마음 놓고 사주지 못하도록 하는 무능한 가장이라니.

여자 친구의 편지

내 인생의 첫 번째 '데모'에서 '동을 뜬' 것은 74년 11월이었다. 1학년이었지만 학생운동 층이 워낙 엷어 총대를 멜 수밖에 없는 상황이었다. 결정적인 결단을 앞두고 나는 3일 동안이나 망설였다. 작고 어두운 내 방에 틀어박혀 하루 종일 뒤척이며 나오지 않았다. 유신헌법의 칼날이 서슬 퍼렇게 날뛰던 시대, 고문과 감옥도 두려웠지만 '20대 박사'로 상징되던 온 가족의 꿈이 아까워 고민했다. 그 와중에 여자 친구가 깨알 같은 글씨로 쓴 편지를 보냈다.

"지금 네가 결단을 내리지 못하는 이유가 앞으로 평생 동안 경제적으로 무능력한 인간이 될까봐 두려워하는 것 때문이라면, 최소한 그 걱정은 하지 않아도 돼. 나는 어릴 때부터 교사가 되는 것이 꿈이었고 한 번도 그 꿈이 바뀌어본 적이 없었으니 머잖아 교사가 될 거야. 그러니까 우리가 언젠가 결혼을 하면 네가 경제적으로 완벽하게 무능력한 인간이 된다고 해도, 그 사회에서 교사의 생활수준을 가질 수 있어. 풍족하지는 않지만 오붓하게는 살 수 있어. 네가 다른 이유 때문에 고민하고 있는 거라면 내가 참견할 바가 아니지만, 경제적 이유 때문이라면 최소한 그 걱정은 하지 않아도 돼."

그러한 편지를 받고도 결단하지 못한다면 얼마나 비겁한가. 며칠 뒤 나는 여관에서 밤을 꼬박 새며 등사기로 밀어낸('등사기를 민다'는 표현을 이해하는 사람들이 몇이나 있을까. 생각해보면, 그때는 참으로 원시시대였다) 유인물 뭉치를 라면 박스에 싸들고 학교로 들어가 시간이 되기를 기다렸고, 무사히(?) 거사를 치른 뒤, 손바닥에 잔뜩 묻은 등사잉크도 지우지 못한 채 잡혀갔다. 그날 저녁, 연행된 학생들 중에 유일한 1학년이었던 나는 대공 사무실 구석에 쪼그리고 앉아 '새로운 인생의 분기점에 섰다'는 감격으로 눈물지었다.

그 편지의 주인공은 물론 지금 나의 사랑하는 아내다. 이 이야기를 알고 있는 후배들이 가끔 내 아내에게 "선배님은 어떻게 그런 결심을 다 할 수 있었어요?"라고 물어보면 아내는 이렇게 답하곤 한다.

"그때 내가 판단을 좀 잘 못했지. 깔깔."

광복절과 운동화

1945년 8월에 그 여자는 열아홉 살의, 꽃다운 처녀였습니다. 은행에 다니면서 꽃처럼 아름다운 꿈을 가꾸며 살았습니다. 더운 여름이 시작되면서부터, 그 여자가 살던 평양의 거리에는 갑자기 일본 사람들이 넘쳐나기 시작했습니다. 멀리 북쪽의 만주 벌판에서 피난 내려온 일본 사람들이었습니다. 은행에 출근하기 위해서 지나는 평양의 정거장 앞에는 남루한 차림으로 아이들을 업고 또 손에 딸린 채 일거리를 구하는 일본 여자들이 눈에 띄기 시작했습니다.

어느 날 아침, 은행에 일본군 장교가 들어서더니, 직원들에게 전에 없이 깍듯한 인사를 건네면서 말했습니다.

"고레카라와 아나타가타노 지다이데스네!(이제부터는 당신들 세상입니다!)."

열아홉 살의 그 여자는 그렇게 해방을 맞았습니다. 거리에 이번에는 체격이 남달리 크고 군복을 입은 소련 여자들이 눈에 띄기 시작했습니다. 낯선 이국땅에서, 그 소련 여자들은 '해방군'으로 행세했습니다.

광복의 기쁨도 잠시, 일제의 식민지에서 벗어난 이 땅은 다시 허리가 잘리워졌습니다. 스스로의 힘으로 얻은 '독립' 이 아니라, 남의 도움으로 선물처럼 받은 '해방' 의 대가였습니다.

그 여자에게 어머니는 38선을 넘어 남쪽으로 내려갈 것을 권했습니다. 서울에 시집 가 살고 있는 언니에게 내려가 있으면, 어머니도 곧 따라 내려가마 했습니다. 집을 떠나는 날, 어머니는 그 여자에게 새 운동화를 하나 사주셨습니다. 운동화가 귀하던 시절이어서, 열아홉 살의 그 여자는 새 운동화를 신는다는 기쁨으로 이별의 슬픔을 잠시 잊었습니다.

산을 넘고, 물을 건너고, 몇 날 며칠 동안 걷고 또 걸어서 서울에 도착했을 때, 그 여자의 새 운동화는 밑창이 다 떨어져 있었습니다. 그 여자는 서울 거리의 멋쟁이들이 자신의 다 헤어진 운동화를 보고, 행여 흉이라도 볼까봐 마음을 졸였습니다. 그 여자는 열아홉 살이었으니까요.

그 여자는 언니가 살고 있는 집에 무사히 도착했습니다. 그러나…… 그 여자에게 새 운동화를 사 신겼던 어머니는 끝내 그녀 앞에 나타나지 않았습니다. 새 운동화를 신고 집을 나서던 날, 열아홉 살의 딸에게 손을 흔들어주던 얼굴이 그 여자가 기억하는 어머니의 마지막 모습이 되었습니다.

그 여자는 결혼을 하고 아들을 낳았습니다. 세월이 흘러, 그 여자의 아들도 결혼을 하고 아들을 낳았습니다. 그 여자에게는 귀여운 손자가 생긴 것입니다. 인생의 황혼기에 접어들어 또다시 맞게 되는 광복절 아침, 아파트 베란다에 태극기를 거는 그 여자에게 귀여운 손자 녀석이 물었습니다.

"할머니는 1945년 8월 15일에 몇 살이었어요?"

그 여자는 열아홉 살에 맞았던 광복의 기쁨과 함께, 마음속에 묻어두었던 해진 운동화 한 켤레를 꺼내었습니다. 손자를 무릎에 앉힌 채, 그 여자는 50년 전 열아홉 살의 꽃다운 처녀에게 어머니가 사주셨던 운동화 얘기를 해주면서 다짐합니다. '이제부터 해마다 광복절에는 손자에게 예쁜 새 운동화를 사주어야겠다'고.

그 여자는…… 저의 어머니입니다.

광복절 라디오 방송 원고

6부

아직 희망을
버릴 때가 아니다

자신과 가족의 행복만 열심히 추구하며 성실하게 사는 사람들이 다른 이들의 고통에 관심을 갖지 않는 것에 대해서 부끄러움조차 느끼지 못한다면, 남보다 좋은 직장에 취업하거나 동기생들보다 일찍 승진한 사람들이 인생의 승리자가 됐다는 자부심을 느낄지언정 아무 잘못도 없이 밥을 굶어야 하는 아이들의 고통 때문에 잠 못 이루며 가슴 아파 해본 적이 없다면, 과연 정상적인 인간이 살아가는 모습이라고 할 수 있을까?

노동문제, 좀 제대로 가르치자

새내기 대학생들에게 하는 강연을 끝내고 잠시 숨을 돌리고 있는데 털모자를 쓴 학생이 다가오더니 말했다.

"저는 네덜란드에서 고등학교 과정을 졸업하고 이번에 한국의 대학에 입학한 학생인데요. 며칠 전에 철도 노조 파업할 때, 텔레비전 뉴스에서 시민들 인터뷰를 보다가 깜짝 놀랐습니다. 어떻게 모두들 한결같이 자기가 불편하다는 것만 이야기하는지……. 파업하는 노동자들 입장에서 말하는 사람이 왜 한 명도 없는지, 참 이상했습니다."

그 학생이 살았던 곳에서는 파업을 두고 "노동조합의 이러저러한 요구 사항은 타당한 내용이니 정부와 기업은 빨리 받아들여 사태를 해결해야 한다"고 말하는 시민들의 모습도 적지 않게 보았을 테니 깜짝 놀란 것도 당연하다.

굳이 '똘레랑스'를 들이대며 비교하지 않더라도 우리처럼 노동자들의 파업에 대해 짙은 혐오감으로 무장한 사회는 별로 없다. 한 후배가 얼마 전 프랑스에 갔다가 한국인 관광 안내원에게 똘레랑스에 대해 물었더니 "똘레랑스, 그거 옛날 얘기입니다"라고 답하더란다. 그 안내원이 자신의 천박한 의식수준으로 프랑스 사회를 바라본 탓이거나, 아니면 유럽이라고 비켜갈 리 없는 신자유주의 광풍이 프랑스 사람들의 정서까지 시장경제주의로 물들인 탓인지도 모른다. 그러나 노동자의 권리를 올바르게 이해하는 대중적 정서가 역사 속에서 한 번이라도 자리 잡았던 사회와 그런 경험이 전혀 없는 사회는 마치 산 것과 죽은 것만큼 큰 차이가 있을 수밖에 없다.

대부분의 선진국에서는 제도권 교육에서 상당히 중요한 비중으로 노동문제를 가르친다. 독일에서는 초등학교 정규 수업에서부터 노사관계를 가르칠 뿐만 아니라 모의 노사교섭이 일상화한 특별활동으로 잡혀 있어 일 년에 여섯 차례 정도 모의 노사교섭의 경험을 쌓는다. 교과서에는 노사관계를 "인간이 사회에서 자기를 실현하며 살아가는 가장 중요한 관계"라고 정의한다.

프랑스에서는 중학교 과정 이전에 노동문제를 거의 완벽하게 학습하고, 고등학교 1학년 과정에서는 '단체교섭의 전략과 전술'에 대해 몇 달 동안이나 학습하고 토론한다. 우리 사회에서는 노동조합 간부로 평생 활동해도 배우지 못할 만큼을 이미 제도권 교육 속에서 깨친다. 우리로서는 도대체 학교에서 왜 그런 것까지 가르쳐야 하는지 이해가 되지 않는 일이지만, 그런 지식을 공유하는 것이 사회 발전에 유익한 영향을 끼친다는 것을 역사 속에서 깨달은 나라에서는 충분히 가능한 일이다.

26살 미만의 청년들을 2년 동안 비정규직으로 고용할 수 있다는 프랑스의 '최초고용계약제(CPE)'에 대해서도 단순히 개인적 이익을 침해받았다는 이유만으로 150만 명이 길거리로 쏟아져 나올 수는 없다. 사회문제를 기업의 이익에 바탕을 두고 해소하려는 중도우파 정부의 정책이 프랑스의 미래에 끼칠 영향을 예견하기 때문에 벌어지는 일이다.

노동조합을 비정상적으로 혐오하는 정서와 언론 보도의 홍수 속에서 자라난 학생들이 나중에 기업 인사 노무 관리자가 되면 아무 죄책감도 없이 노동조합을 탄압하고, 언론인이 되면 파업으로 말미암은 경제적 손실과 시민들의 불편에 주목할 수밖에 없다.

　화물연대 파업 첫날, 모두 여섯 개의 기사를 찾아 읽었지만 그 어떤 기사에서도 노동자들의 요구 사항을 알 수가 없었다. 이런 사회에서 우리가 수십 년을 살았다. 노동문제를 바라보는 자신의 시각이 그 왜곡된 환경으로부터 영향받지 않았다고 자신 있게 말할 수 있는 사람이 누구인가.

〈한겨레〉 2006. 3. 31.

제발 열등감이라도 좀 느끼며 살자

소원한 대학 동기생들 사이에서 돈을 걷어야 할 일이 생겼다. 한 해 한두 번쯤 연락을 주고받던 친구가 전화를 하더니 "너, 30만 원쯤 내야 되겠다"고 한다. 내가 "계좌번호 알려주면 오늘 밤 안에 보내마"라고 선선히 답했더니 친구가 깜짝 놀라며 말한다.

"너, 어떻게 그 말이 그렇게 쉽게 나오냐? 내가 요즘 며칠 동안 사람들한테 돈 좀 내라고 전화하다가 아주 인생관이 바뀌어버렸다. 술 마시는 자리에는 그렇게 많이 나오던 사람들이 돈 좀 내라니까 선선히 내겠다는 놈이 없는 거야. 너는 그동안 거의 만나지도 않고 살았으면서 어떻게 그 말이 그렇게 쉽게 나오냐?"

나는 그 말에 이렇게 답했다.

"운동권은 본래 돈 내는 데 익숙하거든. 학교 다닐 때는 화염병 값 서로 보태주고, 수배된 친구들 밥값 모아서 보내주고, 사회에 나와서는 해고된 동료들 생활비 보태주고. 지금도 매달 돈 보태는 데가 아마 열 군데는 될 거다. 그게 다 푼돈이지만……"

말끝에 나는 이렇게 덧붙였다.

"그런데 너, 미국 사람들도 그렇게 사는 거 아냐?"

허리케인 '카트리나'가 미국 사회에 상상을 초월하는 피해를 가져다 준 것이 '미국식 극단적 개인주의의 폐해'라는 지적도 있었지만 어찌 보면 미국은 우리보다 사회적 약자에 대한 시민들의 배려가 더 많은 나라다. '부자들의 천국' 미국에도 시민사회에는 '기부문화'가 자리 잡혀 있다. 부자가 아니더라도 굶어 죽지 않을 만큼 사는 사람이라면 자기보다 훨씬 더 가난하고 고통당하는 사람들을 위해 인권단체에 돈도 내고 자원봉사 활동도 하며 사는 것이 상식적인 삶이다. 그렇게 살지 않으면 저급한 인간 취급을 당하는 정서가 미국 시민사회에 있다.

어릴 때부터 일등을 놓치지 않은 우리의 똑똑한 수재들이 헌혈이나 자원봉사 경력이 전혀 없어서 미국 명문대에 입학하지 못했다는 이야기는 거짓말이 아니다. 이렇게 말하면 또 미국이 '참 좋은 나라'라고 오해할까봐 걱정되는데 유럽 사람들로부터 '천박한 자본주의' 취급을 당하는 사회가 그 정도이니 다른 나라들에 대해선 굳이 설명할 필요조차 없다는 뜻이다.

우리 사무실에서 노동 상담 일을 오랜 세월 해온 공인노무사가 "요즘 노동 상담하러 찾아오는 직장인들과 이야기하다 보면 얼굴 표정이나 눈빛이 섬뜩할 때가 있다"는 이야기를 한다. 외환위기를 겪은 뒤로 조기퇴직과 고용불안이 발생하고 비정규직이 많아지면서 직장인들의 마음가짐이 '내가 언제 명퇴당하거나 비정규직으로 전락할지 모르니까 정규직으로 일할 수 있는 동안 회사에서 최대한 뽑아내자.' 점차 그렇게 바뀌어가는 것이 눈에 보인다는 것이다. 그러한 삶의 방식이나 태도가 초등학교 도덕 교과서에서 배운 원칙에 어긋나는 것은 아닐까 고민하는 기미는 거의 없다는 것이다.

자신과 가족의 행복만 열심히 추구하며 성실하게 사는 사람들이 다른 이들의 고통에 관심을 갖지 않는 것에 대해서 부끄러움조차 느끼지 못한다면, 남보다 좋은 직장에 취업하거나 동기생들보다 일찍 승진한 사람들이 인생의 승리자가 됐다는 자부심을 느낄지언정 아무 잘못도 없이 밥을 굶어야 하는 아이들의 고통 때문에 잠 못 이루며 가슴 아파 해본 적이 없다면, 과연 정상적인 인간이 살아가는 모습이라고 할 수 있을까? "화장실도 마음대로 못 가면서 20년 동안 일했어요.", "어제가 아버님 제삿날인데 가 뵙지 못했어요. 휴가 하루라도 신청하면 내년에 재계약 안 될까봐……." 그렇게 말하는 비정규직 노동자들의 고통 때문에 가슴 아파 해본 적이 없다면, 제발 열등감이라도 좀 느끼며 살자.

〈한겨레〉 2006. 4. 28.

공무원 노조 탄압하는 정부의 '생떼'

'21세기 한국'의 대학 강의실 풍경이다. 다양한 머리 모양을 한 학생들 앞에서 역시 멋들어지게 긴 머리를 한 교수님이 말한다.
"20세기 한국에서는 '장발 단속'이라는 풍습이 있었단다."
학생들이 그 말을 듣고 '까르르……' 웃는다. 경찰이 가위를 들고 다니며 장발 단속을 하던 1970년대 초에 그 시사만화를 보면서 통쾌했던 기억이 새로운 이유는 거의 같은 일을 요즘 가끔 겪기 때문이다. 중고등학교에서 강연을 하면서 "10여 년 전 우리나라에서는 대통령 할아버지가 '신성한 교직이 어떻게 노동자냐? 교사 노조는 절대로 용납할 수 없다'고 고집을 부리는 바람에 1500명이나 되는 선생님들이 길거리로 쫓겨난 적이 있었단다"고 말하면, 학생들은 '까르르'까지는 아니지만 참어이없다는 듯 웃음을 터뜨린다. 조합원이 10만 명 가까이 되는 전교조가 불과 10여 년 전에 그런 일을 당했다는 것을 학생들은 도저히 이해할 수 없다는 듯 신기한 표정이 된다. 과거 대한민국 정부의 엄중한 전교조 탄압은 역사 속에서 이제 한낱 학생들의 웃음거리가 됐다.
행정자치부가 공무원 노조를 탄압하면서 온갖 일들이 벌어지고 있다.

정부가 보기에는 '불법 단체'인 공무원 노조를 반쪽짜리 합법 노조로 전환시키겠다면서 행자부가 각급 기관에 내려 보낸 '추진지침'에는 "엄중 조치", "일체의 대화 및 교섭 불허", "단호하게 조치" 등 단세포적 표현들이 굵은 활자로 거듭 강조돼 있고, 그러한 조처를 "유관기관 간 긴밀한 공조체제 유지" 아래 추진하되, 이러한 "정부 방침을 불이행하는 각급 기관에 대해서는 범정부 차원의 행정·재정적 불이익 조치를 확행"한다고 으름장을 놓는 표현들이 곳곳에 보인다. "1 대 1로 '설득전담반' 편성", "공무원 개별(공동) 면담, 가정 방문, 전화 등을 통하여 본인 및 가족 설득", "이메일을 가족(배우자)·친지 등에 발송" 등 입에 담기조차 민망한 내용들로 가득하다. 이런 일들을 생각해내는 사람들의 역사의식이란 도대체 어떤 것일까?

이행 여부를 점검하러 다니는 행자부 직원들의 기관 출입이 공무원 노조의 반발로 저지되기도 하고, 기관에 따라서는 행자부의 추진지침 공문을 실·과·소와 읍·면·동에 보내지 않기로 공무원 노조와 합의하자 행자부 직원이 "왜 공문을 내려 보내지 않느냐?"고 닦달하는 전화를 해서 야심한 시간에 부랴부랴 공문을 발송하는 일이 벌어지기도 한다. 공무원 노조 간부가 이에 항의하는 단식투쟁을 벌이자 다시 공문을 취소했다는 데 이르면, 세상에 이런 코미디도 없다.

해법은 간단하다. '국제기준'에 턱없이 미달하는 현행 공무원 노조법을 빨리 개정하는 것이다. 단체행동권은 접어두고라도, 단결권과 단체교섭권마저 제대로 보장하지 않는 것에 대해서는 합리적인 설명이 불가능하다. 한편에서 '글로벌 스탠더드'를 주장하는 정부가 노동기본권의 보편적 국제기준을 외면하는 것은 옳지 않다.

한국이 이미 '실효적으로 지배'하고 있는 독도를 두고 '불법 점거'라고 하는 일본의 주장이 '생떼'라면, 같은 원리로 공무원 사회를 이미 '실효적으로 지배'하고 있는 공무원 노조를 '불법 노조'라고 하는 정부의 주장 역시 '생떼'에 지나지 않는다. 공무원 노조를 인정하는 것은 불량주택을 양성화하는 것과는 다른 차원이다. 그것이 옳기 때문에 그렇게 해야 하는 것이다.

머잖은 미래의 교실 모습이 떠오른다. 선생님이 말씀하신다.

"21세기 한국에서는 노동3권 보장을 요구하는 공무원 노조가 불법이라고 온갖 수단으로 탄압한 적이 있었단다."

학생들이 '까르르……' 웃는다.

〈한겨레〉 2006. 5. 17.

여성 노동자 강주룡과 KTX 여승무원

'걸어 다니는 노동운동사'라는 말을 듣는 역사학자 박준성에 따르면 우리나라 최초의 고공농성 노동자는 1931년 5월 29일 새벽, 평양 을밀대 지붕 위에 올라갔던 여성 노동자 강주룡이다. 조선인 남성 노동자들의 임금은 일본인 남성 노동자들의 절반이었고 조선인 여성 노동자들의 임금은 그 조선인 남성 노동자들의 또 절반이었던 상황에서 평양 선교리 평원고무공장이 제멋대로 임금을 깎겠다고 발표하자, 여성 노동자들은 굶어 죽기로 싸우겠다고 아사동맹을 결의하고 단식투쟁에 들어갔다. 회사는 노동자 49명 전원을 해고하고 한밤중에 일본 경찰을 끌어들여 공장 밖으로 쫓아냈다.

　죽음으로써 자신들의 정당한 싸움을 세상에 알리겠다고 마음먹고 광목 한 필을 사서 을밀대에 올라간 강주룡은 주위에 몰려든 사람들에게 외치고 또 외쳤다.

　"우리는 49명 우리 파업단의 임금 감하를 크게 여기지는 않습니다. 이것이 결국은 평양의 2300명 고무공장 직공의 임금 감하의 원인이 될 것이므로 우리는 죽기로써 반대하려는 것입니다. ……(중략)…… 여러분,

구태여 나를 여기서 강제로 끌어낼 생각은 마십시오. 누구든지 이 지붕 위에 사다리를 대놓기만 하면 나는 곧 떨어져 죽을 뿐입니다."

당시 다른 12개 고무공장에서도 평원고무공장의 싸움을 지켜보면서 임금을 깎을 계획을 세우고 있었고, 따라서 평원공장의 결과는 다른 공장에서 일하는 2300여 노동자의 임금에도 영향을 끼칠 문제였다.

KTX(한국고속철도) 여승무원들의 투쟁 100일을 맞아 철도공사가 이들을 직접 고용할 것을 촉구하는 500인 동조단식 현장에 앉아 있으면서 나는 KTX 여승무원들의 얼굴 위로 우리나라 최초의 고공농성 노동자 강주룡의 모습이 겹쳐져 자꾸 목이 메었다. 75년의 세월을 사이에 두고 어쩌면 이렇게 똑같은 일이 되풀이되고 있을까? 오래전 나라를 빼앗긴 노동자들의 처지와 오늘날 비정규직 노동자들의 처지가 어쩌면 이렇게 같을 수 있을까?

KTX 여승무원들이 투쟁을 시작한 지 100일이 되도록 이처럼 중요한 사회적 의제가 제대로 공론화되지 않은 데 대해 부끄러움을 느낀 많은 사람들이 동조단식에 참여했다. 단식 농성장의 KTX 여승무원들은 'KTX 관광레저'에 취업하라는 제안을 받아들이지 않은 채 온갖 어려움을 무릅쓰고 계속 싸우고 있는 이유를 사람들에게 외치고 또 외쳤다.

"우리의 투쟁이 실패하면 결국 이 땅의 1500만 노동자들을 비정규직으로 몰아내는 시금석이 될 것이므로 우리는 죽기로써 외주위탁에 반대하려는 것입니다."

항공사 스튜어디스 출신인 민세원 지부장은 "이대로 가면 지금 철도공사의 정규직들 역시 빠른 속도로 외주위탁 문제에 부딪히게 될 거예요. 항공사 승무원들 역시 몇 년 안에 대부분 우리와 비슷한 처지에 놓이게 될 거예요"라고 말했다.

이제는 이러한 비정규직 고용 형태의 확산이 우리 경제에 결코 유익하지 않다는 것에 주목할 때가 됐다. 사회 구성원 대부분을 차지하고 있는 노동자들의 삶의 질을 저하시키면서 사회양극화를 해소한다는 것은 공염불이다. 비정규직 고용은 한계기업이 노동비용을 줄여 경쟁력을 잠시 회복하는 데 도움이 될 뿐, 새로운 부가가치 창출을 위한 노력을 게을리 함으로써 선진기업으로 도약하는 데는 장애가 된다. 예전보다 더 적은 노동자에게, 더 많은 일을 시키면서, 더 적은 보수를 줌으로써 노동자들을 소모품처럼 전락시킨 기업들의 경영이 대부분 개선되지 않았다는 연구 결과에 주목하자. 기업의 이익이 언제나 사회 전체의 이익과 일치하는 것은 아니다.

〈한겨레〉 2006. 6. 12.

대학생들의 시험 답안지

우리 사회에서 '운동권'이라고 불리는 사람들 중에는 자신의 못다 이룬 꿈을 자녀들의 이름에 담아 지어주는 경우가 많았다. 친구나 후배의 아이들 중에 '동혁(東革)', '승혁(勝革)', '민주(民主)'라는 이름들은 모두 그렇게 지어졌고, 우리 집 큰아이 이름도 그 무렵에 많이 읽었던 '님 웨일즈'가 쓴 김산의 일대기 《아리랑》에 등장하는 수많은 활동가들의 이름에서 골랐다. 아내는 진통이 시작돼 병원에 가면서도 이 책을 손에서 놓지 않았고 진통이 찾아오는 사이사이에 그 책의 마지막 장을 넘기고 분만실로 들어갔다.

대학에서 내 수업을 듣는 학생들 중에도 그런 이름이 가끔 눈에 뜨인다. 지난 학기 첫 수업 시간에 출석을 부르다가 한 학생에게 무심코 물었다.

"부모님이 민주화운동이나 노동운동을 하셨나요?"

그 학생은 처음 듣는 말이라는 듯 무표정한 얼굴로 나를 빤히 쳐다봤다.

기말시험에서 "미래 사회 노동자로서 자신의 대학생활을 한국 사회

정체성과 관련하여 설명하고 스스로 평가하시오"라는 문제를 냈다. 출제자인 나로서도 도대체 정답을 알 수 없는 생뚱맞은 문제였다. 학생들에게는 "이 문제의 배점이 가장 높다"고 강조했다.

며칠 전, 밤새워 채점을 하다가 나는 몇 번이나 손을 놓고 숨을 골라야 했다. 한 학생이 길게 쓴 답안 내용 중 일부를 소개한다.

"살아오는 동안 정말 누구보다도 싫었던 사람이 있다면 내 어린 시절의 아버지였다. 출석을 부르던 교수님이 내 이름을 보고 '부모님이 노동운동을 하셨느냐?'고 물으셨다. 그렇다. 그 시절 아버지는 노동조합의 위원장이셨다. 그때 아버지는 장기파업을 하시느라고 집안일에는 거의 신경을 쓰지 못하셨고 그래서 어머니는 편찮으신 몸으로 식당 일을 나가셔야 했다. 집에는 언제나 동생과 나뿐이었다. 어린 시절 아버지의 모습은 정말 싫은 기억으로만 가득 채워져 있었다. '한국 사회와 노동문제' 강의를 듣던 날, 그날 저녁 아버지와 같이 술을 마셨다. 이제야 아버지를 이해했다고……. 어느덧 어깨가 좁아진 아버지는 내 어깨를 두드리며 아무 말 없이 웃어주셨을 뿐이다."

놀랍게도 이와 비슷한 내용의 답안을 쓴 학생들이 많았다. "야근을 하고 새벽 2시에 들어와 5시에 다시 일하러 나가시는 아버지가 푸념을 늘어놓으실 때 '그럼 그만두시면 되죠'라고 말하던 철없는 딸에게 지어주시던 아버지의 쓴웃음을 이제야 이해하게 됐다"는 학생도 있었고, "부모님이 모두 노동자인 집안에서 자랐으면서도 지금까지 노동문제에 전혀 관심이 없었던 자신에게 스스로 놀랐다"거나 "나도 노동자가 되리라는 것을, 그것도 비정규직 노동자가 될 가능성이 높다는 생각을 한 번도 해보지 못한 자신이 어리석었다"고 한탄하는 내용을 적은 학생들이 대부분이었다.

노동자와 그 가족들이 국민 대부분을 차지하는 사회에서 어떻게 이런 일이 있을 수 있을까? 물론 노동문제에 대한 몰이해 현상이 학생들의 잘못은 아니다. 학생들을 그렇게 만든 사람들의 잘못이다. 화초가 잘 자라지 못한 것은 정원사의 책임인 것처럼. 학생들을 그렇게 만든 사람들에게 분노한다. 그리고 그렇게 자란 학생들에게 조금이라도 진실을 전달하고 가르치려고 애쓰는 전교조 교사들에게 감사한다.

"공부방 교사, 도시락 배달, 독서 토론, 농촌활동, 국가보안법 철폐 농성, 평택 대추리 방문 등으로 점철된 나의 대학생활은 부모님과 교수님들이 보시기에 에프(F) 학점이겠지만 스스로 평가할 때는 에이플러스(A^+)다"라고 적은 학생도 있었다는 것을 '희망의 약속'으로 전한다.

〈한겨레〉 2006. 7. 5.

은행 지점장의 전화

방송에 출연해서 "비정규직을 정규직화해야 한다"는 주장을 했더니 다음 날 한 은행 지점장이 전화를 했다. 해외 근무 경력이 10여 년 된다는 그가 처음부터 끝까지 점잖고 교양 있는 말투로 내게 한 충고의 요점은 다음과 같았다.

"비정규직을 정규직화 할 것이 아니라 현재의 정규직들을 모두 비정규직화해야 한다. 선진국들은 대부분의 직장인들이 연봉계약직이 된 지 오래다. 노동자들도 치열한 경쟁을 통해 업무 수행 능력을 높여야 한다. 그것이 '글로벌 스탠더드'다."

일리 있는 말이다. 경쟁을 통해 노동력 품질이 향상되는 '휴먼 캐피털'은 노동 유연성의 중요한 화두다. 기업이 외부 환경 변화에 신속하게 대응하며 인적 자원을 효율적으로 배분하기 위해서, 업무에 적합한 능력을 가진 사람만 선별해서 채용하고(기능 유연성), 필요한 만큼의 인원만 신축적으로 고용하고(수량 유연성), 다양한 임금체계에 맞춰 사람을 사용할 수 있어야 한다(임금 유연성)는 주장이 완전히 틀린 말은 아니다.

모든 직장인들을 1년 단위 연봉계약직, 즉 비정규직으로 전환하는 것은 기업 경영자들에게 매우 매력적인 고용계약 형태일 수 있다. 다만 기업의 그러한 행태가 허용되기 위해서는 그것이 사회 전체의 이익에 반하지 말아야 한다. 그것은 거의 절대적으로 필요한 전제다.

비정규직 고용이 경제 성장의 발목을 잡지 않으려면 기업이 노동자를 채용하고 고용하는 유연성이 높아지는 것과 동시에 노동자가 기업을 선택하는 유연성이 반드시 같이 높아져야만 한다. 선진국 노동시장 유연화 정책을 특집으로 보도한 한 일간지는 기사의 제목을 "해고 쉽지만, 재취업 더 쉽다"라고 뽑았다. 노동 유연화 정책이 경제에 조금이라도 도움이 된 선진국에서는 그렇게 했다. 다른 나라의 비정규직과 우리나라의 비정규직은 그 처지가 달랐던 것이다.

유럽 선진국들의 국내총생산(GDP) 대비 노동시장 재정지출 비중은 대략 3~4퍼센트대인 데 비해 한국은 0.36퍼센트(2004년)에 불과하다. 전형적인 자본주의 사회인 미국과 일본도 우리의 두 배쯤 된다. 인력시장의 경쟁에서 불리한 처지에 놓인 노동자들을 우리처럼 방치하는 선진국은 거의 없다. 기업 단위에서 독자적으로 노동자들의 '패자부활전' 시스템을 마련한 '유한킴벌리' 같은 경영이 아직도 많은 CEO들에게는 '정신 나간 짓' 정도로 치부된다. 이런 상황에서 기업의 해고 권한만 높여주는 노동 유연성은 노동자들의 구매력 저하와 소비 감소로 인해 발생하는 사회 전체의 경제적 손실을 감당할 방법이 없다.

《화이트칼라의 위기》의 저자 질 안드레스키 프레이저의 연구는 노동자들을 비정규직으로 몰아내면서 그 삶을 파괴한 기업들의 경영이 대부분 개선되지 않았다는 놀라운 결과를 보여준다. 더욱 놀라운 것은 그런 상황에서도 최고경영자의 소득은 꽤 많이 증가했다는 것이다. 노동자들을 극한 상황으로 몰아가는 경영전략은 최고경영자의 사리사욕을 채우는 데만 유익할 뿐, 해당 기업과 국가 경제에는 상당히 부정적인 영향을 끼쳤다는 것이다.

　우리나라에서도 은행 지점장들이 노동조합을 설립하고 지점장급 조합원 수백 명이 가입해 있는 현상은 이러한 기업 행태에 저항하기 위한 수단으로 '화이트칼라' 노동조합이 활성화하고 있는 세계적 추세와 무관하지 않다. 은행 지점장도 노동자라고 깨닫고 노동조합 깃발 아래 모이는 것, 내가 보기에는 차라리 그것이 '글로벌 스탠더드'다.

〈한겨레〉 2006. 7. 31.

병원 파업과 의료 공공성의 관계

서울지방노동위원회 조정위원으로 병원 노사교섭 조정 사건에 참여한 적이 있다. 마라톤 회의가 이어지다가 잠깐 휴식 시간이 있었는데 마침 노조 간부들이 모두 자리를 비우자, 병원 쪽 교섭 대표를 맡았던 대학 병원장이 여담처럼 말한다.
 "나도 병 고치는 의사입니다. 그런데 병원 주차장 경영해서 수익을 남겨야 하는 걱정까지 해야 하니, 이거야 원. 지난해 교섭 끝난 뒤 '무능한 원장'이라고 퇴출된 동료 의사들도 많습니다."
 그 말을 나도 농담처럼 웃으며 받았다.
 "그렇게 살기 싫으시면 노동조합 요구대로 하십시오."
 내가 어쭙잖게나마 노동운동 하는 사람이라고 치자. 내가 만일 노동운동을 빙자해서 큰돈을 벌겠다고 마음먹는다면 사람들은 도저히 나를 용서할 수 없을 것이다. 인간의 생명을 구하고 질병을 치료하는 것은 노동운동보다 몇 배나 숭고한 일이다. 그런데 사람들은 그 숭고한 직업을 가진 사람들이 큰돈 버는 일을 계속 용납해주고 있다. 뭔가 이상하지 않은가?

영국에서는 인간의 생명을 구하고 질병을 치료하면서 돈 벌 궁리까지 해야 하는 병원이 전체의 5퍼센트에 지나지 않는다. 공공의료 비율이 그만큼 높다는 뜻이다. 경제협력개발기구(OECD) 가입 국가들의 병상 기준 공공의료 비율이 영국 95퍼센트, 프랑스 64.8퍼센트, 독일 48.5퍼센트, 우리나라와 비슷한 의료체계를 갖고 있는 일본이 35.8퍼센트, '민간보험의 천국'이라는 미국도 32.2퍼센트인데, 우리나라는 18.5퍼센트에 지나지 않는다. 공공의료 비율이 30퍼센트는 돼야 한다는 것이 전문가들의 공통된 지적이고, 노무현 대통령 후보의 공약이었다.

몇 해 전 보건복지부의 공공 보건의료기관 의료진 현황자료를 보면, 우리나라 의료 인력들 중에서 공공 의료기관에 종사하는 비율이 의사는 9퍼센트, 간호사는 8.5퍼센트, 그 밖의 의료인은 5.8퍼센트로 공공기관 종사 비율이 매우 낮은 것으로 나타난다. 한국 보건의료 체계는 대부분의 동남아시아 나라들이나 개발도상국들보다 공공성이 취약하다.

병원 노동조합이 파업을 하면 사람들은 눈살을 찌푸리고 언론의 보도는 의료 공백 발생에만 초점을 맞춘다. 이런 태도는 국민들의 분노를 촉발시킬 뿐, 사태의 원만한 해결에 도움이 되지 않는다. 그 원인을 의료체계나 의료 환경과 같은 구조적 측면에서 찾아야 한다. 병원 노동자들 중에는 어릴 때부터 '백의의 천사'가 꿈이었던 사람들이 많다. 그런데 많은 노동자들이 병원에 취업하면서 절망감을 느낀다고 한다. 최소의 인원에게 최대의 노동을 시킴으로써 최고의 수익을 창출해야 하는 병원 경영 시스템이 병원 직원들로 하여금 환자와 보호자에게 인간적으로 다가서는 것을 불가능하게 만들기 때문이라는 것이다. 모든 악조건을 노동자 개인의 인격적 완성에만 의지해 친절을 유지하라고 요구하는 것은 무리다. 병원 노조가 파업을 할 때마다 '공공의료 확보'를 중요한 요구

사항으로 내세우는 이유는 그 때문이다.

평소 알고 지내는 종합병원 원장이 "병원은 이제 더는 황금 알을 낳는 거위가 아니야"라고 한탄조로 말하는 것을 들은 적이 있다. 이 말은 과거 우리 사회의 병원이 '황금 알을 낳는 거위'였다는 뜻이다. 의료의 공공성이라는 측면에서는 비극에 가까운 일이다.

존경받는 의사들에 대한 공연한 억하심정이라고 오해할까봐 한마디 덧붙이면, 우리 할아버지도 의사셨다. 일가친척들 중에 의사 일을 하는 사람이 많고 나도 어린 시절에는 나중에 자라면 당연히 의사가 될 줄 알았다. 나는 의사들에게 무한한 애정을 가질 수밖에 없는 사람이다.

〈한겨레〉 2006. 8. 21.

노동자 권리와 역사의 순리

노사관계 법·제도 선진화 방안(로드맵)을 두고 이야기할 때마다 '복수노조 허용'과 '노조 전임자 임금 지급 금지' 조항이 마치 쌍둥이처럼 붙어 다닌다. 많은 사람들이 두 가지를 동시에 시행하거나 아니면 두 가지 모두 시행하지 않는 것이 합리적인 조처인 것처럼 여긴다. 한국경영자총협회(경총)와 한국노총이 두 가지를 모두 5년 뒤에 시행하기로 합의했던 것이나 뒤이어 이뤄진 노·사·정 5자 합의에서도 두 가지 모두 3년 뒤에 시행하기로 합의한 것도 아마 그런 인식에 바탕을 뒀기 때문일 것이다.

과연 그런 것일까? 둘 중의 어느 한 가지만 먼저 시행하면 안 되는 것일까? 예를 들어, 단위 사업장의 복수노조 설립은 허용하고 노조 전임자 임금은 계속 지급하도록 하면 안 되는 것일까? 내가 보기에는 그렇게 법제화하는 것이 오히려 세계적으로 통용되는 노동법의 표준, 곧 국제기준에 가깝다.

지난 7월에 의사 노조가 설립됐다. 한마디로 우리나라 의사들도 자신을 노동자라고 느끼기 시작했다는 뜻이다. 그 얼마 전에는 은행 지점장급 이상 직원들만 가입하는 지점장 노조도 설립됐다. 은행 지점장들이 자신을 노동자라고 느끼기 시작했다는 뜻이다. 우리 사회에서는 언뜻 이해가 안 되는 일일지 모르겠으나, 장관이나 대사도 노동조합에 가입할 수 있는 유럽 선진국의 시각으로 보면 전혀 이상한 일이 아니다.

우리 사회에서 최근에 벌어지는 이러한 현상들은 다른 나라들을 수십 년 뒤늦게 따라가는 것에 지나지 않는다. 다른 나라에 교사 노동조합이 생긴 지 수십 년 지난 뒤에야 우리나라에 전교조가 설립됐고, 다른 나라에 공무원 노동조합이 생긴 지 수십 년 지난 뒤에야 우리나라에 공무원 노조가 설립됐다. 선진국에서는 하청회사 노동자들의 노동 조건을 개선하는 단체교섭 요구에 원청회사가 응하도록 제도화한 지 벌써 수십 년인데, 우리나라에서는 포항의 건설 노동자들 수천 명이 "원청회사가 단체교섭에 나서라"고 요구하면서 포스코 본사를 아흐레 동안이나 '불법 점거' 하고 나서야 원청회사의 단체교섭 응락 의무에 대해 고민하기 시작했다.

노동자 권리에 관한 이해가 이렇게 선진국보다 수십 년이나 뒤처진 것은 자본주의 사회를 설립하는 과정이 식민지 40년, 분단 60년, 군사독재 30년이라는 이상한 역사를 거쳤던 것과 무관하지 않다. 우리 스스로의 계획과 전혀 무관하게 일제 식민지라는 기형적 방식으로 하루아침에 자본주의 사회로 편입되는 바람에 '양반'과 '상놈'으로 구분되는 신분제도를 스스로 무너뜨릴 기회를 박탈당한 것이 지금 우리 사회 노동자 권리에 계속 영향을 끼치고 있는 것이다. 그러한 의미를 강조하며 "과거사 규명이 필요하다"는 글을 썼더니 "노동문제연구소장이 노동자들의 권리를 향상시킬 생각은 안 하고 한가하게 역사나 이야기하고 있다"고 비난하는 사람도 있었고, 많은 사람들이 그 반론에 동감하는 것이 슬픈 우리 현실이다.

  우리 사회에서 노동3권이 점차 확대되는 것은 '정상적인 자본주의'를 건설하는 과정에 지나지 않는다. 노동자의 권리가 점차 확대돼 가는 것이 역사의 순리다. 역사의 순리는 무섭다. 1600여 명의 교사를 해직하고도 전교조가 만들어지는 것을 막지 못한 것이나 수백 명의 공무원들을 파면·해임하고도 공무원 노조 설립을 막지 못한 것도 그것이 '역사의 순리'였기 때문이다. 노사관계 새 방안은 노동자의 권리를 확대하고 노조 설립의 자유를 보장하는 방향으로 나가야 한다. 그것이 역사의 순리다.

〈한겨레〉 2006. 9. 18.

분단이 빼앗은 노동자 권리

한여름 가뭄이 들었을 때 노동자들이 파업을 벌인 적이 있다. 당시 언론은 노동자들의 파업을 사회 전체의 이익을 저버린 이기주의적 행태로 질타했다. "가뭄에 연대파업, 경제 최대 고비", "농토가 타는데 파업이 절박한가", "엎친 가뭄에 덮치는 파업" 따위의 제목들이 신문을 장식했다. 그 한결같은 보도 행태는 기업과 언론 자본의 이해가 맞아떨어진 장난이거나 아니면 우리 언론의 노동자 권리에 대한 이해가 얕은 수준에 머물렀기 때문에 빚어진 일이겠지만, 많은 사람들의 공감을 불러일으키며 사회 구성원 내부에서 자생적으로 발생한 '국민 여론'인 양 포장됐다.

북쪽이 핵실험을 했다는 소식을 처음 들었을 때, 오래전 일이 생각나면서 나도 모르게 입에서 말이 튀어나왔다.

"핵폭탄이 터지는데 무슨 파업이냐고, 또 난리 나겠군."

신문을 장식할 기사 제목들도 자연스럽게 머리에 떠올랐다. '핵 위기에 총파업, 경제 최대 고비', '핵폭탄이 터지는데 파업이 절박한가', '엎친 핵 위기에 덮치는 파업' ······.

일제에 강점당했던 '식민'의 뼈아픈 경험과 함께 우리 사회의 정상적 발전을 왜곡한 중요한 체험은 '분단'이다. 후진국에서조차 일찍이 확보된 기본권들이 우리 사회에서는 '남침의 위협'이라는 두터운 벽에 가로막혀 오랜 세월 유린당했다. 노동기본권을 가로막아온 면죄부는 이를테면 "철도 노동자들 파업으로 기차가 멈추고 공무원들까지 파업을 해서 행정기관이 모두 마비됐을 때, 북쪽에서 쳐들어오면 어떻게 할 거냐?"는 위협이었다. 집권 세력들은 분단 상황과 전쟁의 위험을 몇 배나 과장함으로써 기본권을 박탈했고, 노동자들의 권리가 유린당한 만큼 반대급부로 잇속을 챙겨온 사람들이 줄곧 우리 사회를 지배했다.

우리 사회에서 '개혁'이나 '진보'는 식민지와 분단의 경험으로 비뚤어진 역사를 바로 세우는 일을 필연적으로 요구한다. 그 과정은 우리 사회를 지배해온 기득권 세력의 이익을 침해하는 결과를 초래할 수밖에 없다. 그것에 저항하여 수구세력은 '개혁'이나 '진보'를 '철부지들의 성급한 희망'이나 '시대에 뒤떨어진 낡은 이념' 정도로 평가절하 하면서 자신들의 수구적 경향을 '본래의 소중한 가치를 지키는 일'로 엉뚱하게 미화한다. 자신들이 '건전한 보수'라는 착각에 빠지기도 한다.

보수적 경제 이념의 원조인 국제 금융자본이 한국 땅에 들어와서는 '비정규직 노동자가 너무 많으니 줄이라'거나, '기업 경영 투명성을 높이라'거나, '재벌을 개혁하라'는 '진보적' 요구를 할 수밖에 없는 희극이 벌어지는 것은 우리 사회 자본의 행태가 얼마나 오른쪽으로 치우쳐 있는지 웅변으로 보여주는 일들이다.

경제협력개발기구 집계로, 한국의 노동조합 가입률은 11.4퍼센트다. 스웨덴 81.1퍼센트, 핀란드 76.2퍼센트, 덴마크 74.4퍼센트, 오스트리아 36.5퍼센트, 독일 25.0퍼센트, 일본 21.5퍼센트, 하위 그룹에 속하는 미국이 12.8퍼센트이다. 프랑스가 9.7퍼센트로 우리보다 낮지만 프랑스는 단체협약 적용률이 92퍼센트로 세계 최고 수준이다. 우리나라는 단체협약 적용률이 12.5퍼센트 밖에 되지 않는다. 프랑스에서는 노동조합의 대표성을 사회 전체가 인정하고 있어서 파업이 벌어지면 비조합원들과 노동조합이 없는 회사의 노동자들까지 파업에 참여한다.

노동조합 가입률을 높이고 노동조합의 대표성을 인정함으로써 사회적 비용을 줄이려 노력하는 것은, 북쪽이 핵실험을 했다고 해도 변할 수 없는, 우리 사회가 나아가야 할 방향이다.

〈한겨레〉 2006. 10. 11.

전태일 정신을 아십니까?

전국민주노동조합 총연맹(민주노총)이 여는 노동자 대회가 매년 5월과 11월에 두 차례 열린다. 수만 명의 노동자들이 구름처럼 모이는 이 대회에는 다른 나라 노동 운동가들이 '견학'하러 찾아오기도 한다. '노동자 권리'라는 하나의 주제 아래 수만 노동자들이 모여서 일사불란하게 열기를 뿜어내는 모습은 다른 나라에서 흔히 볼 수 있는 장면이 아니기 때문이다. 그 장관을 바라보는 외국인들은 대부분 한국 노동운동에 대한 경외심으로 자세와 눈빛이 달라지지만, 조금 비판적인 눈으로 바라보는 사람들도 더러 있다.

"한국 노동운동 분위기가 이렇게 전체주의적입니까? 이런 건 히틀러 시대에나 볼 수 있는 전근대적인 모습이 아닙니까?"

민주노총 위원장을 비롯한 지도자들이 단 위에 올랐을 때 수만 노동자들이 열광적으로 환호하는 모습이 그 외국인 활동가의 눈에는 후진적으로 느껴졌던 것이다. 그러자 한국 노동운동을 잘 이해하고 있는 한 외국인 활동가가 정색을 하고 말했다.

"당신이 전태일 정신을 압니까? 수많은 노동자들이 계속 죽음으로써 전통을 이어올 수밖에 없었던 한국 노동운동의 역사를 압니까? 그걸 모르면서 함부로 그렇게 말하지 마십시오."

우리나라처럼 수많은 노동자들이 '열사'라는 이름으로 계속 죽음으로써 전통을 이어가는 뼈아픈 노동운동의 역사를 가진 나라는 지금 지구상에 없다. 한 가지만 묻자. 그 이유가 '경솔하게' 자신의 목숨을 끊는 노동자들 탓인가?

며칠 전, 정부 출연 기관에서 일하는 한 노동자의 결혼식 주례를 맡았다. 그날은 그 기관의 노동조합이 271일째 파업 중인 날이기도 했다. 국회 국정감사에서는 정부 관료가 그 기관장에게 수차례 전화를 걸어 내부 비리를 고발한 노조 간부들을 해고하라고 지시하는 등 정부 관료와 기관장들의 불법적인 노조 탄압, 법인카드의 부적절한 사용, 여성 조합원 폭행과 성희롱 발언, 행정소송 비용 낭비, 파업 유도 행위 등 파행 경영 사실들이 밝혀지면서 장시간 설전이 벌어지기도 했다.

결혼식장에서 만난 노동조합 간부는 "신랑 신부의 부모님들이 아직 파업 사실을 모르고 있으니, 주례사를 하면서 행여 그 일 이야기는 하지 말아 달라"고 신신당부를 한다. 한 가지만 묻자. 파업을 271일이나 하면서도 부모님에게 그 사실을 말하지 못한 이유가 그 파업이 정당하지 못한 탓인가?

며칠 전, 대학 수업에 KTX 승무원들이 참석했다. 승무원들의 파업이 256일째 이어지는 날이었다. 한 학생이 "지금이라도 다른 직장을 찾아 가지 않고 계속 싸우는 이유가 뭐냐?"고 묻자 한 승무원은 "그런 질문을 받을 때, 가장 마음이 아프다"며 목이 잠긴 채 말을 이었다.

"그렇게 하면 저 한 사람의 문제는 해결될 수 있겠지요. 그렇지만 우리 후배들, 이 땅의 800만이 넘는 비정규직 노동자들, 이다음 세상에 태어날 우리의 아이들은 또다시 우리처럼 불행한 일들을 계속 겪을 수밖에 없을 거예요."

두 시간이 넘는 대학생들과의 대화가 끝날 무렵, 한 승무원이 말했다.

"우리는 지금까지 우리 목숨을 스스로 끊는 것 말고는 할 수 있는 모든 것을 다 해봤어요. 전태일 열사가 죽음을 선택할 수밖에 없었던 심정을 충분히 이해할 수 있게 됐어요."

올해에도 어김없이 찾아온 11월 13일을 맞아, 권력과 자본이 만들어낸 억압구조 속에서 살아가면서도 그것을 잘 느끼지 못하는 사람들에게 묻는다. 전태일 정신을 아십니까? 사람들이 계속 죽어가며 쌓아올린 한국 노동운동의 뼈아픈 역사를 아십니까?

〈한겨레〉 2006. 11. 13.

노동조합은 '공공의 적'이 아니다

교원평가제와 차등성과급 제도 문제를 다루는 방송 토론 프로그램에 출연했다. 상대역으로 출연해 맞은편에 앉은 정부 관료가 말한다.

"전교조가 정부중앙청사 앞 길거리에서 거의 한 달째 집회를 했지만 언론이 보도하는 거 보셨습니까? 지금 언론이 전교조의 투쟁에 대해 거의 보도하지 않고 있습니다."

그렇게 말하는 관료의 얼굴에 언뜻 '회심의 미소'가 서려 보였다. 전교조 교사들이 길거리에 나와 아무리 투쟁을 해도 그 문제가 우리 사회의 중요한 '의제'로 설정되지 못하는 것에 대해 거의 고소해 하는 표정처럼 와 닿았다. '정권은 짧고 관료는 영원하다'는 자신감으로 나라의 정책을 결정하는 정부 관료가 '교사 노동자'들의 문제를 바라보는 시각이 그랬다.

1929년에 세계를 휩쓴 대공황은 자본주의 사회에 커다란 교훈을 깨우쳐주었다. 자본의 노동 착취가 무제한 허용됨으로써 노동자들이 구매력을 일정 수준 유지하는 것이 불가능해지면 경제체제 전체가 몰락할 수도 있다는 반성이 '야만적 자본주의'에 의문을 품게 만들었다. '노동3권'이 법률에 체계화된 것이나 케인스주의를 바탕으로 한 미국식 노사간 타협적 질서는 그 성과물 중 일부다. 특별히 진보적인 시각이 아니라 시장경제주의 시각으로 봐도 그렇다는 얘기다.

일제 식민지라는 비정상적인 방식으로 시작된 자본주의 대한민국은 그러한 최소한의 교훈조차 깨달을 기회가 없이 여기까지 왔다. 식민지, 분단, 친일독재, 군사독재로 이어진 자본주의 역사가 다른 나라에 또 있는지 보라. 그 비정상적인 역사 속에서 만들어진 대한민국에서 노동자 권리를 이해하는 수준은 유럽 사회민주주의 나라들과는 비교할 수조차 없고 '천박한 자본주의'라는 미국보다도 훨씬 낮다. 아직도 대학생들이나 대기업 신입 사원들은 노동문제에 대한 강연이 끝난 뒤 "'근로자'와 '노동자'의 차이가 무엇이냐?"고 진지하게 묻고 "회사마다 노동조합이 생겨버리면 도대체 국가 경제를 어떻게 운영하느냐?"고 따져 묻기도 한다.

한 대기업에서는 회사 프로 운동선수단의 기념품을 사원들에게 나눠주면서 노동조합원들에게는 주지 않아 조합원 자녀들이 같은 사택에 사는 비조합원 자녀들과 뼈저린 차별을 느끼게 만들었다. 그 방법을 생각해낸 인사 노무 관리자는 회심의 미소를 지었을 것이다. 업무 능력에 대한 평가항목은 거의 없이 상사에 대한 복종도를 평가하는 기준들로 가득 채워진 '신인사제도'를 도입했다. 이러한 제도는 미국식 주주자본주의 시각으로 봐도 회사가 망하는 지름길이다.

이렇게나마 세상에 알려진 일들은 우리나라 대부분의 회사에서 오늘도 수없이 일어나고 있는 행태 중 '빙산의 일각'에 지나지 않는다. 그러한 일들을 자행하는 인사 노무 관리자들은 전혀 죄책감이 없을 뿐 아니라 오히려 자신들이 '공공의 적' 노동조합에 맞서면서 국가 경제를 살리고 기업 경쟁력을 높이는 정의로운 투쟁을 하고 있다고 착각한다.

오늘날 경제협력개발기구에 가입한 나라 중에서 노동조합의 파업에 대한 손해배상과 가압류를 우리처럼 민법의 원리로 판단해 포괄적으로 적용하는 경우는 없다. 그것은 오래전 '노동자들에게 참정권을 주지 말아야 한다'는 주장만큼이나 야만적인 발상이기 때문이다. 노동자 권리에 관한 한 '신자유주의'도 아닌 '구자유주의' 시대 자본주의를 벗어나지 못하는 사회, 국민 대다수가 노동자임에도 노동자들의 '총파업'에 언론이나 국민들이 별로 주목하지 않는 사회에서 '노동조합을 부정적으로 보지 말라'는 유치한 이야기를 언제까지 되풀이해야 할까?

〈한겨레〉 2006. 12. 11.

분노를 억누를 줄 아는 지혜

흔히 '정규직 기득권자'라고 지탄의 대상이 되는 대기업 노동자가 결혼한 지 10여 년 만에 작은 아파트 한 채를 마련하고 집들이를 했다. 저녁 식사를 마치고 차 한잔 마시는 시간에 그가 두런두런 말한다. 출근할 때 아내한테서 "여보, 일찍 들어와." 그런 말을 못 들어본 지 꽤 오래됐다는 것이다. 요즘 일찍 집에 들어왔다가는 오히려 아내의 곱지 않은 눈총을 받는다는 것이다. 며칠 전에도 일찍 퇴근해 들어왔더니 그의 아내가 "집 안에 꿀 항아리라도 감춰놓은 거 있어? 왜 잔업도 안 하고 벌써 들어와? 해도 떨어지기 전에……"라고 농담처럼 말하더라는 것이다.

그 노동자의 임금은 10여 년 동안 산술적으로 몇 배가 인상됐겠지만 10여 년 전보다 지금이 더 행복하다고 말할 수 있을까? 일찍 퇴근해 집에 들어오면 눈총을 주고받아야 하는 그 부부가 10년 전보다 더 인간답게 행복해졌다고 말할 수 있을까? 임금이 인상돼도 노동자의 삶이 행복해지지 않는 이 기묘한 현상의 이유가 무엇일까?

지금은 해체돼버린 한 재벌 부설 연구소가 〈한국경제연구〉라는 수백

쪽짜리 보고서를 발표했을 때 '수구보수 언론'은 1면 머리기사의 제목을 "소득 늘었으나 빈부격차 더 심해져"라고 뽑았다. 소득 지니계수보다 부동산 지니계수가 훨씬 더 높다. 노동자들의 임금이 인상되는 것보다 노동하지 않는 고소득자들의 소득이 늘어나는 속도가 훨씬 더 빠르다는 것이다. 노동자들은 임금 인상 투쟁을 통해 아무리 임금을 인상시켜도 갈수록 더욱 가난해질 수밖에 없다는 뜻이다.

'대기업 정규직 기득권자' 조차 이러할진대, 비정규직 노동자들의 처지는 두말할 필요도 없다. 대기업 임원이나 관리직 직장인들 역시 이 비정상적 구조로부터 탈출할 수는 없다. 열심히 땀 흘려 일하는 사람들과 불로소득자의 격차가 벌어지는 현상을 바로잡지 못하면 우리 경제는 희망이 없다. 정규직과 비정규직의 차별은 당연히 철폐돼야 하지만 정규직 노동자의 임금을 줄여서 비정규직과의 소득 격차를 줄이겠다는 발상은 자칫 우리 경제를 회복할 수 없는 위기에 빠뜨릴 수도 있다는 것이 경제학 교과서의 기초다.

"지나친 고임금이 한국 경제성장의 걸림돌"이라거나 "노동조합의 이기적인 임금 인상 투쟁으로 기업들이 중국으로 도망가 제조업 공동화 현상이 발생한다"는 주장을 오랜 세월 동안 들어온 사람들에게 "임금 인상이 경제에 유익하다"는 주장은 마치 매국노의 발언처럼 들릴 수밖에 없다.

대학 수업 시간에 초청돼왔던 조종사들이 두 시간 넘는 '학생들과의 대화'를 끝맺으며 했던 말이 생각난다.

"어려운 처지에 있는 비정규직 노동자들의 투쟁에 더 많은 관심을 갖지 못하는 것은 부끄러운 일이지만, 자본가들에게 맞서는 우리의 투쟁이 사회에 해롭다고 생각하지 않습니다."

노동문제에 대한 수업을 한 학기 정도 듣고 난 학생들은 그 말에 겨우 고개를 끄덕일 수 있었지만, 불행하게도 여론은 그렇지 않다. 정규직 노동자들이 자신들의 권리를 위해 노력하는 것만큼, 아니 그보다 더 열심히 비정규직 노동자들의 권리를 위해서 싸우는 모습을 보여줄 때만 사람들은 비로소 노동운동을 이해하게 될 것이다.

현대자동차 시무식에서 벌어진 일은 그래서 '유감'이다. 노사합의의 신뢰를 무너뜨리거나 성과급으로 노동조합을 조율하려고 한 경영진에 잘못이 없다는 것이 아니다. 아무리 잔혹한 수법으로 살인을 한 범죄자라도 똑같은 방법으로 사형에 처하지는 않는다. 노동운동에 대한 이해가 역사 속에서 올바로 자리 잡혀 본 적이 단 한 번도 없는 사회에서는 노동자들이 분노를 억누르고 참을 수도 있어야 한다. 자신의 행동이 얼마나 옳은가 못지않게 중요한 것은 그 행동이 얼마나 옳은 영향을 끼치느냐 하는 것이다.

〈한겨레〉 2007. 1. 8.

30년이 되도록 이뤄지지 않는 꿈

어린 나이에 '노동 상담'을 시작했다. 20대 후반의 '새파랗게 젊은 놈'이 노동법 몇 줄 읽었다고 공단 입구에 상담소를 차리고 앉아, 온갖 풍상을 다 겪고 찾아오는 노동자들에게 도움을 주겠다고 건방을 떨었던 일은, 지금 생각해보면 참 부끄러운 일이었다. 30년 가까운 세월 동안 그 일을 계속하고 있는 것이 신기한 듯, 사람들은 가끔 묻는다.

"많은 사람들이 새로운 길을 모색할 수밖에 없었던 90년대 초, 사상에 대한 믿음이 거의 공황 상태였던 그 어려운 시기에 당신을 지탱한 힘은 무엇이었느냐?"

고백하건데, 나를 지켜준 사람들은 상담소에 찾아오는 노동자들이었다. '내가 오늘 이 서류 뭉치를 붙들고 하룻밤을 새면, 해고당하거나 몸 다친 노동자와 가족들이 따뜻한 밥 한 그릇을 먹을 수 있다.' 그런 생각이 그 혹독한 시기에 나를 구원했다.

아버님뻘 되는 노동자가 찾아와 "이제 불구자가 됐으니 자식들 볼 면목이 없소. 산에 올라가 목 맬 나뭇가지 찾다가 내려오는 길이오"라고 울음 섞인 넋두리를 늘어놓을 때 '새파랗게 젊은 놈'은 차마 할 말이 없어서, 차라리 '내가 나이라도 많이 먹었으면', '나도 그런 불행을 미리 당해보았으면' 싶었다.

많은 사람들이 오래전부터 "노동재해를 당한 노동자들에게는 정신건강 치료가 반드시 의무적으로 병행돼야 한다"는 주장을 해온 이유는 바로 그 때문이다. 노동재해 환자 네 명 중 세 명이 우울증이나 사회적 부적응증을 앓고 있다는 최근의 연구 결과는, 30년 가까운 세월이 지나도록 그 주장이 거의 실현되지 않고 있다는 냉혹한 현실을 보여준다. 노동재해는 경미한 부상이더라도 법률적 다툼이 빈번하고 '외상 후 스트레스 증상' 등이 동반되면서 분노·우울·불안 등 부정적 감정 상태가 지속된다는 것이다.

정신 건강 문제뿐이랴. 최근에 벌어진 '석면' 소동도 마찬가지다. 석면은 한 번만 노출돼도 치명적이어서 '발암성이 의심되는 물질'이 아니라 '확실한 발암물질'이다. 폭발물보다 더 조심스럽게 다뤄야 한다. 그러한 석면이 지하철에서 다량 검출된다는 사실이 노동·환경·보건 운동 분야 활동가들에 의해 본격적으로 제기된 것은 벌써 오래전부터였다. 2001년 4월에도 서울 지하철 역사의 석면 사용과 공기 중 석면 농도가 높다는 사실이 밝혀져 한바탕 소동이 벌어졌고, 노동부와 서울시는 뒤늦게 개선 조처를 취하겠다고 발표했지만 그 조처들은 제대로 이뤄지지 않았다. 노동단체 등이 사실을 폭로하면 관계 당국이 뒤늦게 수습에 나서고, 언론이 잠잠해지면 유야무야되는 일이 되풀이됐다. 우리 사회에서 기업에 비용을 부담시키면서 올바른 목적을 달성하기란 그렇게 어렵다. 지하철이 건설된 뒤 수십 년 동안 노동자와 시민들이 꾸준히 석면을 마시며 살아온, 마치 공포영화에서나 가능한 일이 버젓이 우리 현실이 됐다.

전 세계적으로 해마다 220만 명, 하루 5000명 이상의 노동자들이 노동재해로 희생된다. 그 어떤 전쟁에 의한 희생자보다 많은 수다. 우리나라에서는 해마다 2500여 명, 하루에 일곱 명이 넘는 노동자가 노동재해로 목숨을 잃는다. 오늘도 이 땅 어디에선가는 꼼짝없이 일곱 명의 노동자가 목숨을 잃었을 것이다. 오늘 한 명도 죽지 않았다면, 내일 두 배로 죽을 것이다. 통계에 잡히지 않는 경우까지 포함하면 실제 사망자 수는 1만여 명에 이를 수 있다는 것이 국제노동기구의 추산이다.

선진국에서는 노동재해에 따른 사망을 기업이 태만과 부주의로 노동자를 죽인 '기업 살인'으로 규정하여 사업주를 엄격히 처벌하고 있다. 그래야 실제로 국민의 귀한 생명을 구할 수 있기 때문이다. 건강하게 일하며 살아가는 일터를 만드는 일에 사회 전체가 노력을 기울일 때가 됐다. 비록 그것이 기업에 대한 규제와 비용이 늘어나는 일이라 해도……. 그것이 올바른 경쟁력이다.

〈한겨레〉 2007. 2. 5.

이주노동자들의 작은 승리, 큰 슬픔

기억에도 가물가물한 1980년대 말쯤에 이주노동자들을 처음 만났다. 역사를 항상 나보다 몇 걸음 앞서 내다보는 박석운 씨가 "앞으로 외국인 노동자들의 인권 문제가 심각해질 것이니 당연히 해야 할 일"이라며 나를 끌고 한 성당으로 갔다. 성당 마당에 이주노동자들이 차고 넘쳤다. 책상을 땡볕에 내다놓고 앉아, 몇 시간 동안이나 짧은 영어 실력으로 노동 상담을 했다.

그 뒤로 그 활동을 열심히 계속하지 못한 이유는, 그 사람들이 자신들의 나라에서는 노동자 계급에 속하는 사람들이 아니라는, 지금 생각하면 참으로 어처구니없는 갈등 때문이었다. 자신들의 조국에서는 '신인민군(NPA)'이 총을 들고 싸우고 있는데, 돈 벌겠다고 다른 나라에 온 대학 졸업자들이 당시 경직된 초보 활동가 눈에는 '도망자'처럼 보였을 것이다. 그 사람들 말고도 고통당하는 한국 노동자들이 이 땅에 많다는 생각이 나의 게으름을 합리화했을 것이다.

그 뒤로, 무단 침입한 단속반원들을 피해 도망가던 이주노동자가 건물 고층에서 떨어져 중태에 빠졌을 때도, 공장에 들어온 한국 사람을 단속반원으로 착각한 이주노동자가 심장마비로 숨졌을 때도, 출입국사무소에서 조사를 받던 이주노동자가 공포에 못 이겨 뛰어내려 숨졌을 때도, 단속반원을 피해 산으로 도주한 이주노동자가 숨진 채 발견됐을 때도 남의 일 보듯 했다고 솔직히 고백할 수밖에 없다.

법원의 판결이 오히려 우리를 앞질렀다. 2007년 2월 1일 서울고등법원은 "불법체류 외국인도 노동조합 결성, 가입이 허용되는 근로자"라는 내용의 판결을 했다. 이주노동자들은 "인권과 노동권을 요구하며 처절한 투쟁을 벌여온 성과"라며 "숨죽이고 사는 이주노동자들에게 한줄기 희망이 되기를 바란다"며 반겼다.

이 작은 승리에 대한 기쁨이 채 가시기도 전인 2007년 2월 11일 새벽, 여수출입국관리사무소 외국인보호소에 불이 나 9명이 숨지고 18명이 다치는 참사가 발생했다. 큰 불이 아니었지만 화재에 대비한 시설이 거의 없었고 굳게 닫긴 문이 열리지 않는 바람에 사람들이 철창 안에 갇힌 채 화염 속에서 죽어갔다. 많은 사람들이 "올 것이 오고야 말았다"며 원통해 했고 유족들은 참담한 시신 앞에서 "대체 이주노동자들을 사람으로 보기나 했었느냐?"며 울부짖었다.

많은 이주노동자들을 죽음으로 몰아간 원인은 이주노동자 관련 정책과 함께 그렇게 되도록 내버려둔 우리들이다. 외국인보호소에서 폐쇄회로 티브이나 전기봉 등 반인권적 수단이 사용되고 있다는 사실이 폭로되자 불법 양태를 개선하겠다며 오히려 그러한 반인권적 방법이 가능하도록 규정을 만들어 넣은 사실을 아는가? '고용허가제'는 글자 그대로 기업주의 고용을 위한 제도이니 노동하는 사람을 위한 '노동허가제'로 바뀌어야 한다는 생각을 해본 적이 있는가? 이주노동자들이 자유롭게 회사를 이동하지 못하도록 하는 실제 이유는 그렇게 하면 이주노동자

임금이 상승하고 노동 환경을 일정 수준 이상 보장해야 하는 등 기업의 부담이 늘어나기 때문이라는 사실을 아는가? 텔레비전 프로그램에 나온 이주노동자가 "힘들 때 어떻게 하냐?"는 아나운서의 질문에 "그냥 참아요"라고 대답하는 모습을 보면서 가슴 한구석이 무너져 내린 적이 있는가?

　미등록 노동자들이 양산될 수밖에 없는 체제를 만들고 그 속에서 살아가는 이주노동자들의 인권 침해를 방치한 책임으로부터 우리는 아무도 자유로울 수 없다. "모든 인간은 평등하다"는 도덕률이 수만 년 인류 진화 과정에서 확립된 이유는 그 원칙을 지키는 것이 공동체 전체 구성원들에게 유익했기 때문이다. 이주노동자라고 해서 그 원칙에서 제외돼야만 하는 합리적인 이유는 없다.

〈한겨레〉 2007. 3. 5.

어느 택시 기사와 나눈 대화

부산에서 KTX 막차를 놓치는 바람에 오랜만에 새마을 기차를 타고 올라왔다. 새벽녘에 영등포역에 내려 택시를 타니, 사람 좋아 보이는 늙수그레한 택시 기사는 "무슨 일을 하시는 분인데, 이렇게 새벽에 올라오세요?"라고 말문을 튼다. 내 답을 듣고는 대뜸 "우리나라 노동문제는 도대체 어떻게 돼가는 겁니까?"라고 다그치듯 묻는다. 그의 말씨로 미루어 성향을 짐작한 내가 "공무원까지 노동조합을 만들고 파업할 수 있는 권리를 보장하라고 요구하는 세상이라 걱정되시죠?"라고 대꾸하자 그는 "나라가 망할 징조지요"라며 이야기 봇물을 열었다.

비분강개한 그의 열변을 듣고 있다가 내가 넌지시 말했다.

"전 세계에서 공무원 노조가 없는 나라가 우리나라까지 포함해 딱 두 나라 밖에 없었다는 거 아세요?"

조금 과장된 표현이지만 일단 그렇게 이야기를 시작했다. 다른 나라에 교사 노조, 공무원 노조가 만들어지고 나서 수십 년 지나서야 우리나라에 전교조, 공무원 노조가 만들어졌다는 얘기를 거쳐, 언젠가는 우리나라에도 다른 선진국들처럼 경찰 노조, 변호사 노조, 판사 노조가 만들어질 것이고 작년에는 우리나라에도 은행 지점장 노조, 의사 노조가 만들어진 것이 그 '조짐'이라는 대목에 이르니 "그런 이야기는 처음 들었다"며 놀라는 반응이다.

수천 명의 교사와 공무원들을 해직, 파면, 해임하면서도 전교조와 공무원 노조가 만들어지는 것을 막을 수 없었던 것처럼, 아무리 많은 경찰들을 파면, 해임한다 해도 경찰 노조가 설립되는 것을 막을 수 없을 터이니, '역사의 순리'를 거스르며 그렇게 억지로 막을 것이 아니라 경찰 노조가 잘 활동해서 사회에 도움이 될 수 있도록 미리 준비하는 것이 훨씬 더 현명하다는 얘기를 상대방 심기를 거스르지 않게 조심스레 했다.

다행히 그 택시 기사가 "오늘 좋은 것 배운다"며 적당히 부추기는 바람에 집까지 오는 동안 일장 연설을 할 기회가 나에게 주어졌고 대화가 자연스레 택시 기사들의 문제로 이어졌다. 한 달에 120만 원 벌이가 어렵다는 얘기, 택시 기사들은 거의 대부분 위장병 등 질병을 앓고 있다는 얘기, 앞으로 나아질 희망이 보이지 않는 '도시의 막장'이라는 얘기, '완전월급제'가 돼야 한다는 얘기를 하다가 집에 거의 도착했을 무렵 내가 말했다.

"우리나라처럼 택시 기사들이 분신자살을 많이 한 나라가 없습니다. 그게 택시 기사 탓이겠어요?"

그러고 나흘 뒤, 또 한 사람의 택시 노동자 허세욱 씨가 한미 자유무역협정(FTA) 중단을 요구하며 분신했다. 한 인터넷 언론의 기자는 며칠 전 만났던 그의 이름을 취재 수첩 속에서 찾아내고는 "한미 FTA에 관한 선전물을 주었더니 거스름돈을 받지 않는 손님도 있었다"며 기뻐하던 그이의 모습이 생각나 눈물이 앞을 가렸고, 온몸으로 한미 FTA에 맞서는 경제학자 정태인 씨는 파김치처럼 지쳐 길가에 서 있던 자신을 집까지 태워다주고는 "저 같은 사람도 인사는 할 수 있어야죠"라면서 한사코 택시비를 받지 않던 그를 기억하며 "허세욱 동지, 꼭 살아야 합니다. 그래서 이겨야 합니다. 이 말도 안 되는 싸움을······"이라고 서러워했고, 인권실천시민연대 오창익 사무국장은 청와대 앞에서 단식농성 중이던 민주노동당 문성현 대표를 만나 "제일 두려워하던 일이 일어나고 있습니다. 빨리 성명 내세요. 절대로 아무도 죽으면 안 된다고······, 살아서 이긴 싸움을 끝까지 싸워내야 한다고"라고 호소했다.

이런 사람들과 "민주화된 사회에서 분신을 투쟁 수단으로 삼는 시대는 지났다"고 비난하는 대통령 사이에서 중립을 지키는 것이 가능한가?

〈한겨레〉 2007. 4. 2.

언제 적 '나체 시위' 인가

우리나라 '위장 취업 노동자 제1호' 조화순 목사님 생신 축하 모임에서 동일방직 노동자들을 오랜만에 만났다. 노동문제를 내 인생의 중심에 가져다준 주인공들이다. 알몸으로 '나체 시위'를 하고 '똥물' 세례를 받아가며 치열하게 싸워야 했던 가슴속 아픈 이야기들을 정작 본인들은 잘 꺼내지 않는다. 오히려 남들이 더 많이 이야기한다.

내가 불쑥 말했다.

"돌아다니면서 보면…… 30년 전 그때랑 똑같이 싸우고 있는 노동자들이 지금도 너무 많아."

잠깐 동안 아무도 말이 없다가 한 사람이 말했다.

"우리가 지금 그거 모를까봐 얘기해주는 거야? 우리도 27년 만에 다시 길바닥에 나앉아 복직투쟁 하면서 생생하게 겪어봤잖아."

또 한 사람이 말한다.

"우리가 돈이나 바라고 그러는 줄 아는 한심한 사람들도 많았는데, 하종강 씨 그때 뭐 했어?"

예나 이제나 '지식인' 하종강은 이 알짜배기 '노동자'들이 무섭다.

용역업체가 바뀌면서 집단 해고된 울산과학대 청소 미화원 여성 노동자들이 2007년 3월 7일 강제 해산에 맞서 옷을 벗고 저항했다. 한 달 70만 원도 못 받는 일자리를 지키기 위해 비정규직 노동자들은 그렇게 싸워야 한다. '여성의 날' 인 3월 8일에는 광주시청에서 "시장님 뵙고 고용승계, 비정규직 철폐에 대해 얘기 좀 하고 싶다"던 청소용역 여성 노동자들 역시 강제 해산에 맞서 옷을 벗고 싸워야 했다. 날짜와 장소만 바뀌었을 뿐 비정규직 노동자들은 똑같은 일들을 수도 없이 겪고 있다. 이들은 '불순한 사상' 으로 무장한 투사가 아니라 '우리도 노조 하면 좀 나아질까 싶어서 노조에 가입했을 뿐' 인 노동자들이다.

기업 경쟁력이 모든 인류와 도덕 위에 군림하는 이런 일들을 어떻게 바람직하다고 할 수 있겠는가. '노동 유연성' 등의 개념으로는 합리화할 수 없다. 노동자들에게 한미 자유무역협정이란 '개방' 을 통해 그 치열한 '경쟁' 에 더욱 내몰리게 된다는 것을 의미한다. '그 경쟁을 싫어하는 사람들이 반대하는 것' 이고 치열한 경쟁을 위해 '좀 더 개방을 했어야 하는데 아쉽다' 는 것이 추진하는 사람들의 생각이다.

성실한 노동자에게는 좋은 대우를 해서 행복하게 살 수 있도록 하고 불성실한 노동자에게는 불이익을 주는 대우를 해서 고통을 겪게 해야 한다는 것이 시장경제를 신봉하는 사람들의 생각이다. 그러나 그와 같은 방식으로 경쟁력을 높이는 것이 가능하려면 부패한 재벌 설립자나 무능한 2세 경영진을 퇴출시키는 것이 먼저 가능해져야 한다. 그것이 영미식 시장경제를 가능하게 만드는 최소한의 조건이다.

한미 자유무역협정으로 인해 노동 유연성에 대한 압력이 높아져 비정규직 수요가 증가할 것이고 기업 구조 조정, 업종 변경, 폐업 등으로 실업과 비정규직을 오가는 노동자들이 많아질 수밖에 없으리라는 것을 부인할 수는 없다. '11만 5510명의 일자리 창출 효과가 있다'거나 '일자리가 13만 5천 개나 늘어날 것'이라는 주장도 있지만 1997년 외환위기가 코앞에 닥치도록 짐작하지 못했던 관료와 학자들이 주장하는 장밋빛 미래를 믿으라는 것은 무리다. 업종별 실직자 수와 구조조정 예상 기업의 규모를 분석한 '6만 7806개에서 적게는 7793개의 일자리가 줄어들 것'이라는 보고서가 그나마 신뢰할 만하다.

회사 건물을 다시 짓기 위해 허물고 임시로 지어진 가건물에서 일하는 노동자가 쓸쓸한 얼굴로 한 말이 귓가에 맴돈다.

"건물 헐리고 기숙사 없어진다니까, 그 짐을 들고 갈 곳 없는 사람들이 많았어요."

그런 노동자들이 더욱 많아질 것이다. 노동자의 고통이 장기적으로 '국익'이 될 수는 없다.

〈한겨레〉 2007. 4. 25.

부자 정치인의 계급의식

노동계에 널리 알려진 일화가 있다. 학원 강사가 학생들에게 물었다. "너희들 왜 이렇게 열심히 공부하니?" 한 학생이 답했다. "나중에 노동자 될까봐요."

아파트 환경 미화원이 복도에서 열심히 청소를 하고 있는데, 한 엄마가 아이를 데리고 엘리베이터에 타면서 하는 말이 들렸다. "너 공부 열심히 안 하면, 저렇게 노동자 된다."

이명박 전 서울시장이 이와 비슷한 자신의 노동자관을 당당하게 밝히는 '돌발영상'을 보면서 나는 그것이 최근에 찍은 장면일 것이라고는 상상하지 못했다. '중동 건설 현장에 나가 몇 년씩이나 있느라고 그동안 한국 사회가 얼마나 발전했는지 모르고 그런 말실수를 했지' 싶었다. 마침 대학에 특강을 하러 왔다가 그 동영상을 함께 본 고속철도 승무원 노조의 민세원 지부장에게 "지금보다 머리숱도 많고 얼굴도 한결 젊어 보이잖아. 한 10년쯤 전의 일일 거야"라고 장담했을 정도였다.

교수와 예술인 노조에 대해 반대하는 이명박 씨의 발언이 알려진 뒤에 노동계에서는 "스스로 대통령 자격이 없다는 것을 고백한 것과 같다"

고 질타했고, 민주노동당은 "노동자를 맹목적으로 거부하는 의식을 가진 이 전 시장의 대선 출마 선언은 결국 재벌을 대신해 권력을 잡겠다는 것"이라는 논평을 냈고, 열린우리당은 "이 전 시장의 발언은 '무노조'를 칭송하고 나선 것이며, 개발독재 시대의 빈곤한 노동 철학을 그대로 보여줬다"고 비판했다.

이명박 씨는 소신을 굽히지 않았다. 한 방송사의 인터뷰에서는 한발 더 나아갔다.

"대학교수는 방학이 있고, 일 안 해도 봉급이 나오고, 출퇴근 시간도 없고, 오후에 강의가 있으면 오후에 나오고 다른 자리에 참석해 보수를 받을 수도 있다."

"오케스트라 연주가도 한 달에 한 번 두 번 공연하면 나머진 자유시간이잖아요."

이명박 씨의 이러한 발언은 전교조가 처음 설립될 무렵 대통령이 "신성한 교직자가 어떻게 노동자냐? 교사가 왜 자신을 노동자라고 비하시키느냐?"고 비난했던 노동자관에서 한 걸음도 나가지 못했다는 것을 보여준다.

더 큰 문제는 국민들의 반응이다. 확인하지 못했지만, 문제의 발언으로 이명박 씨에 대한 지지율이 오히려 올랐다는 것이다. 문제의 '돌발영상'에서는 이명박 씨가 예술인 노조에 대해 비웃듯 말했을 때, 청중들이 거의 환호작약하는 소리가 들린다. 노동운동에 대해 거부감을 갖고 있는 중산층이 확실한 표밭인 정치인에게는 현명한 선택이었던 셈이다. 부자들은 자신의 이익에 부합하는 확실한 계급의식을 갖고 있는데, 정작 서민들은 계급의식이 없다.

이러한 기묘한 현상은 다른 나라에서 거의 찾아볼 수 없다. '일제 식민지'와 '분단'과 '친일독재'와 '군사독재'라는 비정상적인 자본주의 역사를 가진 사회에서만 볼 수 있는 현상이다. 부당한 방법으로 재산을 모으며 우리 사회를 지배해온 세력은 '노동자'와 '노동조합'에 대한 올바른 인식이 사회에 형성되는 것을 철저하게 막았다. 자신의 노동자관이, 왜곡된 100년의 역사 속에서 주입된 틀린 생각일 수도 있다는 의심을 한 번쯤 해봐야 한다. 그래야 진실이 보인다.

교수와 예술인 노조가 만들어지지 않도록 하는 방법은 간단하다. 노조를 만들어야 할 필요성이 없는 상황을 만들면 된다. 그러나 우리 사회의 모든 분야를 관철하는 신자유주의의 공격적 경영이 대학과 예술 분야라고 비켜갈 리는 없다.

"교사와 공무원이 무슨 노동자냐?"라고 고집을 부렸던 사람들의 생각이 결국 틀렸다는 것을 보여준 것이 최근 우리 역사였다. 그것은 교수노조, 예술인 노조에 대해서도 마찬가지일 것이다.

〈한겨레〉 2007. 5. 21.

민주화의 진짜 주역들은

'6월 항쟁' 20돌을 맞아 모든 언론들이 그 역사적 의미를 되짚어보는 내용들을 다루고 있지만 노동자들에게는 '6월 항쟁'이 아니라 '7, 8월 대투쟁'이었다. 처음에 대학생들을 중심으로 시작된 '6월 항쟁'은 점차 참여의 폭을 넓혀 서울 도심에 150만 명의 인파가 모일 정도로 대단했지만, 노태우의 '6·29 선언'이 나온 뒤 급격하게 투쟁을 정리했다. 그렇게 도시의 거리에서 최루탄 가스가 사라질 무렵, 노동자들은 울산에서부터 새로운 투쟁의 서막을 열었다.

1987년 7월부터 10월까지 3천 건이 넘는 파업이 발생했고 파업에 참가한 노동자 수는 122만여 명으로 당시 10명 이상 사업체 노동자 수 333만 명의 37퍼센트에 이르렀다. 공단에 들어선 공장들마다 파업, 점거 농성, 조업 중단, 휴업이 이어졌고 "그 사이에 가끔 정상조업을 하는 이상한(?) 사업장이 끼어 있다"고 말할 정도로 전 산업에 걸쳐 동시다발적으로 진행된 사실상의 총파업이었다. 활동가들은 이동하는 버스 안에서 노조 설립 신고 서류들을 꾸미느라 바빴다.

이러한 양상에 대해서는 "6월 항쟁의 계급적 한계와 6·29 선언의 기만적 성격을 꿰뚫어본 노동자들이 형식적 민주화 요구를 실질적 경제 민주화 투쟁으로 발전시켰다"는 평가와 함께 "정치적 민주화에 무관심했던 노동자들이 세상이 좋아진 뒤에야 비로소 이기적 유익을 챙기기 위해 거리에 나섰다"고 폄하하는 극단적인 시각이 공존하지만, 그러한 논쟁은 "민주화가 밥 먹여준다"고 어느 노동자가 투박하게 내뱉은 말 한마디로 역사 앞에서 무색해진다.

새삼 '6월 항쟁'의 주역이었노라고 화려한 조명을 받으며 방송에 소개되는 사람들 말고, 그때 대열의 끄트머리쯤에 겨우 참여했다가 전투경찰에 쫓기면서 골목에 숨어 두려워 떨었던 수많은 시민들은 지금 어떻게 살아가고 있을까? '7, 8월 노동자 대투쟁'의 중심에 우뚝 서 있던 훌륭한 '투사'들 말고, 겁먹은 눈으로 대오의 끄트머리를 졸졸 따라다니다가 저녁에 친구들과 둘러앉아 "생전 처음 어깨를 당당하게 펴봤노라"고 막걸리 잔을 기울이던 노동자들은 지금 어떻게 살아가고 있을까?

직장에서 거의 정년퇴임을 앞두고 있는 '6월 항쟁'과 '87년 노동자 대투쟁'의 주역들은 대학 다니는 자식들 학비와 결혼 비용 마련 걱정으로 표정들이 어둡다.

몇 년 전, 서울의 한 구청에서 민주화운동 보상신청 사실조사 업무를 담당했던 공무원이 애타게 말하던 모습이 떠오른다.

"가장 안타까운 사람들은 올바르게 살겠다고 애쓴 진짜 노동자들이야. 지금 운동권에서 어떤 직책을 갖고 있거나 노동조합 간부도 아닌 사람들, 농성장에서 말 한마디 제대로 못한 채 구사대나 전경한테 얻어맞고 쫓겨나 그 뒤에는 취업도 안 돼 고생하는 사람들, 진료받았다는 기록도 없고 활동을 입증해줄 자료도 없는 사람들, 어떻게 좀 유인물 한 장이라도 찾아보시라고 부탁을 해보지만 어디서 구해볼 엄두도 못 내는 사람들……. 내가 그 사람들을 위해서 할 수 있는 일은 진술조서를 최대한 잘 받아주는 일 밖에는 없어. 정말 안타까워."

우리 사회의 진정한 민주화란 바로 이러한 사람들이 걱정 없이 살 수 있는 사회가 되는 것이다. 그런데 오늘도 인터넷 게시판에는, 몇 년 전에 했던 파업 때문에 어느 병원에도 취업이 되지 않는다고 절규하는 간호사의 편지가 올라와 있고, 그렇게 애타는 모습으로 말했던 공무원은 노조의 간부가 되어 정부청사 옆 거리에서 10여 일째 단식농성을 하고 있지만 정부는 대화조차 마다하고 있다. 우리 사회는 과연 민주화됐는가?

〈한겨레〉 2007. 6. 13.

아직 희망을 버릴 때가 아니다
© 하종광 2008

초판 1쇄 발행 2008년 2월 25일
초판 6쇄 발행 2014년 6월 3일

지은이 하종강
펴낸이 이기섭
편집인 김수영
기획편집 김윤정 임선영 정회엽 최선혜 이지은 이조운 김준섭
마케팅 조재성 성기준 정윤성 한성진 정영은 박신영
관리 김미란 장혜정

펴낸곳 한겨레출판(주) www.hanibook.co.kr
등록 2006년 1월 4일 제313-2006-00003호
주소 서울시 마포구 효창목길6(공덕동) 한겨레신문사 4층
전화 02-6383-1602~3 팩스 02-6383-1610
대표메일 book@hanibook.co.kr

ISBN 978-89-8431-255-5 03810

• 값은 뒤표지에 있습니다.
• 파본은 구입하신 서점에서 바꾸어 드립니다.
• 이 책의 내용 일부 또는 전부를 재사용하려면 반드시 저작권자와 한겨레출판(주) 양측의 동의를 얻어야 합니다.